W0180646

PAOLA GIOVETTI

ENGEL

die unsichtbaren Helfer der Menschen

WILHELM HEYNE VERLAG

MÜNCHEN

HEYNE ESOTERISCHES WISSEN
Herausgegeben von Michael Görden
08/9634

Aus dem Italienischen übersetzt
von Giovanni Bandini und Ditte König

2. Auflage

Copyright © 1989 by Edizioni Mediterranee, Rom
Copyright © der deutschsprachigen Ausgabe 1991
by Ariston Verlag, Genf
Genehmigte Taschenbuchausgabe
im Wilhelm Heyne Verlag GmbH & Co. KG, München
Printed in Germany 1994
Umschlaggestaltung: Atelier Adolf Bachmann, Reischach
Umschlagillustration: Fra Angelico, Das Jüngste Gericht
(Ausschnitt) / Archiv für Kunst und Geschichte, Berlin
Druck und Bindung: RMO-Druck, München

ISBN 3-453-06940-4

Inhalt

Einführung 7

1. Die Engel in den religiösen Überlieferungen 10
   Die Engel im Alten Testament 17
   Das Äthiopische Henochbuch 23
   Die Engel im Neuen Testament 27

2. Dionysius Areopagita und die
   himmlischen Hierarchien 35

3. Luzifer, der gefallene Engel 43
   Der gefallene Engel nach Jakob Lorber 47

4. Der Papst und die Engel 54

5. Die Engel der Mystiker und der Heiligen.
   Monte Sant'Angelo und Loreto. Der Engel
   von Fátima und der Engel von Garabandal 60
   Die Engel der Natuzza Evolo 76
   Monte Sant'Angelo 77
   Loreto 80
   Der Engel von Fátima und der Engel
   von Garabandal 83

6. Die Engel des Emanuel Swedenborg 88

7. Das Lichtwesen 101

8. Der Engel in uns 120

9. Engel und Naturgeister –
   Rudolf Steiner und das Abenteuer von Findhorn.
   »Wir wachen über die Erde« 127
   »Wir wachen über die Erde« 141

10. Engel als Retter in der Not 146
    Ein besonderer Fall von Rettung durch die Engel 157

11. Eine Umfrage über die Engel 160

12. Thomas von Aquin und der Schutzengel.
    Ein Engel für Giorgia 171

13. Die Engel in Kunst und Literatur 177

14. Zwei Interviews zum Thema Engel 196

15. Die »bikamerale Psyche« und die Fähigkeit,
    den Göttern Gehör zu schenken 212

Anstelle eines Nachwortes:
Ein Märchen über die Engel 218
Der Engel 219

Anmerkungen 223

Literaturhinweise 226

Einführung

Ein Theologe hat die Engel unlängst als eine »vergessene Kategorie« definiert. Tatsächlich spricht man heute immer häufiger und mit immer größerem Interesse von Teufeln, Dämonen und Besessenen, von schwarzen Messen, Hexerei und Exorzismus; man widmet diesen Themen Bücher und Kongresse; den himmlischen Heerscharen aber, den geflügelten Boten, den Engeln und Erzengeln, schenkt man nur noch geringe oder überhaupt keine Beachtung mehr.[1]

In nicht allzuferner Vergangenheit waren die Engel noch ein natürliches und selbstverständliches Element der religiösen Vorstellungen unzähliger gläubiger Menschen. Heute scheinen sich nicht einmal mehr die Theologen eingehender mit ihnen befassen zu wollen. Das braucht uns jedoch wahrlich nicht zu verwundern: In einer alles in allem areligiösen, naturwissenschaftlich-technisch fortschrittsgläubigen und metaphysischen Fragen abgeneigten Welt ist es schon schwer genug, von Gott und der Unsterblichkeit der Seele zu sprechen. Wieviel mehr erst von einem so ätherischen und ungreifbaren Gegenstand wie den Engeln!

Dies tut indes der in vielen heiligen Schriften bestätigten metaphysischen Wirklichkeit der Engel keinen Abbruch. Die Tatsache, daß von diesen Wesen nicht mehr oder nur noch selten die Rede ist, läßt sie keineswegs mit einem Schlag inexistent werden – worauf übrigens auch der Papst vor nicht allzulanger Zeit im Rahmen verschiedener öffentlicher Audienzen hingewiesen hat.

Die Engel spielen in zahlreichen religiösen Überlieferungen eine wichtige und klar umrissene Rolle als Mittler zwischen der menschlichen und der göttlichen Sphäre. Das Wissen um ihre Funktion datiert bis in das *Alte Testament* und noch weiter zurück und hat den Menschen jahrhundertelang, bis in die Neuzeit hinein, begleitet.

Als die Spanier 1781 eine Mission in Kalifornien gründeten, gaben sie ihr den Namen *Los Angeles* (El Pueblo de la Reyna de Los Angeles). Wenn heute von dieser Metropole, der flächenmäßig und ihrer Einwohnerzahl nach drittgrößten Stadt der Vereinigten Staaten, die Rede ist, macht sich in der Regel niemand bewußt, daß sie nach den Schutzengeln benannt ist – ja es erschiene den meisten von uns sogar unvorstellbar, diesen mythischen Wesen auch nur eine Straße zu weihen (was indes beispielsweise in London der Fall ist, wo es *Angel Road*, *Angel Street* und *Angel Place* gibt). Das war indes nicht immer so; unsere Vorfahren fühlten sich von den Engeln begleitet, sie errichteten ihnen Kirchen und Kapellen und versuchten, ihre übernatürliche Erscheinung bildlich darzustellen.

Trotz der allgemeinen Gleichgültigkeit werden allerdings auch heute noch von Zeit zu Zeit Stimmen laut, die uns die Existenz der Engel ins Gedächtnis zurückrufen: seltene Stimmen zwar, doch deswegen nicht weniger beredte. Es scheint Menschen zu geben, die Engel gesehen, die deren Hilfe und Schutz erfahren haben; andere haben über diese himmlischen Wesen Umfragen durchgeführt und wissenschafliche Untersuchungen angestellt; manche machen sich die Mühe, den Schutzengeln eine kulturhistorische Ausstellung zu widmen (siehe Anmerkung 1); wieder andere berichten von unaussprechlichen »englischen Erfahrungen«[2].

Warum also nicht diese Überlieferungen und Zeugenaussagen sammeln? Warum sie nicht den Lesern vorstellen, die wahrscheinlich mehr Sehnsucht nach den Engeln als Interesse für die Dämonen verspüren?

Dies habe ich versucht zu tun – selbstverständlich ohne den Anspruch, ein abschließendes Urteil fällen zu wollen, und einzig in der Absicht, durch die Wiedergabe von Geschichten und Erfahrungsberichten Denkanstöße zu liefern. Für mich persönlich sind diese »Engelbegegnungen« in einer Zeit, in der die Teufel eine Renaissance erleben und Computer unser Leben beherrschen, eine Quelle der Freude und Heiterkeit gewesen. Ich bin zuversichtlich, daß jeder, der willens ist, dieses Buch bis zum Ende zu lesen, die gleichen positiven Erfahrungen machen wird.

PAOLA GIOVETTI

Erstes Kapitel

Die Engel in den religiösen Überlieferungen

Im Prolog zu LUIGI SANTUCCIS Drama *L'angelo di Caino* (»*Der Engel des Kain*«) wendet sich ein weißgekleideter, strahlender Engel an das Publikum und spricht die folgenden – im buchstäblichen Sinne – geflügelten Worte: »Getaufte, schenkt mir Gehör. Ich bin der Engel. Wer sind die Engel? Kann sich noch einer unter euch daran erinnern? ... Ich habe eure Gedanken vernommen. Nein, nicht all diese Dinge, nicht nur all diese Dinge ... Du hast an deine Mutter gedacht. Und du an dein Kind, das gestorben ist. Und ihr anderen an eine Melodie, an ein weißes Bildnis, das über dem Kopfende des Bettes hängt. Aber es ist nur recht und billig, daß ihr wißt. Vielleicht könntet ihr unsere Gegenwart nicht ertragen, wenn ihr so an uns dächtet, wie wir wirklich sind, ganz nah bei euch, in jedem Augenblick, in jedem Augenblick! ... Ob ihr nun daran denkt oder nicht, wir sind bei euch, ihr Getauften, in der bestimmten und unabänderlichen Weise, die Gott gewollt hat, immer, immer. Ohne eine Ablenkung, ohne eine Ruhepause!«

In Wirklichkeit stehen die Engel nicht nur den Getauften, sondern allen Menschen, ungeachtet ihrer Religionszugehörigkeit, ständig und in jedem Augenblick zur Seite. Ihre Funktion als Mittler zwischen Himmel und Erde, als göttliche Boten und Beschützer des Menschen ist tatsächlich unzähligen religiösen Traditionen vertraut.

In erster Linie sind es die monotheistischen Religionen, die Engel im engeren Sinne des Wortes kennen. Andererseits finden wir auch in vielen anderen Glaubenslehren und mythologischen Systemen übernatürliche Wesen, die eine für Engel charakteristische Funktion von Führern, Beschützern und

Tröstern der Sterblichen innehaben: Zwischenwesen, die sich ihrer Natur nach auf halbem Weg zwischen dem Heiligen und dem Profanen, zwischen Himmel und Erde, zwischen Gott und Mensch befinden (wie die Halbgötter und Heroen des Altertums: dem *Numinosen* verbunden, den Irdischen vorstellbar, *begreifbar*) – Schutzengel, Engel des Lebens und Engel des Todes.

Untersuchen wir die frühesten Anfänge der Religionen der Welt, finden wir darüber hinaus auch »neutrale« Naturgeister – grundsätzlich weder wohl- noch übelwollende Hüter natürlicher Phänomene – sowie die Dämonen, welche das Prinzip des Bösen verkörpern.

In den polytheistischen Religionen ist die Grenze zwischen diesen übernatürlichen Wesen und dem eigentlich Göttlichen oft fließend. In den monotheistischen Systemen hingegen gelten Engel und andere Geister grundsätzlich als qualitativ von Gott verschieden.

Die einschlägigen literarischen und religiösen Zeugnisse sind außerordentlich zahlreich und mannigfaltig, und die Forscher haben, auf ihnen aufbauend, mitunter recht widersprüchliche Theorien über die Entstehung des Engelbegriffs und die wechselseitigen Beeinflussungen verschiedener Völker und Religionen aufgestellt. Für unsere Zwecke erscheint es mir allerdings sinnvoller, die alten Texte so zu nehmen, wie sie sich selbst verstehen: als Ausdruck einer – zu allen Zeiten und in den verschiedensten Kulturen in ihrem Kern offensichtlich gleichbleibenden – realen Erfahrung.

Die ersten Spuren der Engelgestalt finden sich in der Religion der Assyrer und Babylonier, wo jede Gottheit eigene Herolde besaß: geflügelte Wesen, die vom Himmel auf die Erde herabstiegen und die Funktion von Boten innehatten. Schon die Babylonier kannten die Vorstellung von individuellen, persönlichen Schutzgottheiten. Sie glaubten an die Existenz übernatürlicher Wesen, die sich für ihren jeweiligen menschlichen Schützling bei den Göttern einsetzten, ihn verließen, wenn er sich etwas zuschulden kommen ließ, jedoch zu ihm zurückkehrten und ihm vergaben, wenn er sich reumütig zeigte.

Bei den Parsen finden wir eine doppelte Schöpfung, die zwei ewigen, gegensätzlichen und einander feindlichen Prinzipien entspringt. Das Prinzip des Guten, Lichten, Geistigen – *Ahura Mazda* oder *Ohrmazd* – ist von den sogenannten *Fravashi* umgeben, einer Klasse göttlicher Wesen, die in vielfacher Hinsicht an Engel erinnern. Jedem Menschen steht ein solches Wesen als Beschützer und Helfer im Kampf gegen die Dämonen zur Seite.

Auch in den Traditionen Südasiens begegnen wir komplexen Kosmogonien mit einer Vielzahl »englischer« und dämonischer Wesen. In Indien etwa wird das Universum noch heute, mehr als dreißig Jahrhunderte nach Abfassung der *Weden*, als eine Hierarchie verschiedenartigster unentwegt wirkender, von den Gläubigen in mannigfacher Weise verehrter Mächte konzipiert. Diese Tatsache kommt auch im üppigen Bilderschmuck hinduistischer Tempel deutlich zum Ausdruck: Neben Göttern und Göttinnen finden wir eine unüberschaubare Vielfalt von Nebengestalten, von Engeln und Dämonen, Genien und Nymphen, Luftgeistern und chthonischen Ungeheuern. Ebenso enthalten die weltlichen und religiösen Schriften der Hindus unzählige Berichte, in denen Feen, Sylphen und Dämonen auftreten.

Auch in Tibet und im gesamten Himalajagebiet, in Hinterindien und Indonesien glaubt man an die Existenz zahlreicher, sowohl den Menschen wohlgesonnener als auch ihnen übelwollender, schädlicher Zwischenwesen. In Birma und Pakistan etwa kennt man die *Nats*, Geister, die in der Nähe des Menschen – und bisweilen auch in seinem Körper – leben; ihre Zahl ist unendlich und ihre Bedeutung mannigfaltig. Ihre Anwesenheit, die sich nicht selten durch allerlei übernatürliche Ereignisse bemerkbar macht, wirkt sich in der Regel wohltätig aus – zumindest nachdem diese mächtigen Wesenheiten durch

entsprechende Riten freundlich gestimmt worden sind. Es
fehlt indes auch nicht an bösartigen und feindseligen *Nats*.

All diesen Wesen wird ein mehr oder weniger starker –
positiver oder negativer – Einfluß auf den Gang der äußeren
Ereignisse und des menschlichen Lebens zugeschrieben. Die
uns vertraute Gestalt des persönlichen schützenden Engels
findet sich jedoch vor allem in der *semitisch-abendländischen
Tradition*.

Das Wort »Engel« stammt, durch das Lateinische vermittelt,
vom griechischen *ángelos* ab, das soviel wie »Bote« bedeutet.
Bei den alten Hellenen hatte dieser Terminus allerdings eine
engere, technische Bedeutung. Er bezeichnete nämlich vor
allem diejenigen Gottheiten, die in einer besonderen Beziehung zu den Verstorbenen standen: HERMES, den Führer der
Seelen, ARTEMIS, die Todesgöttin, HEKATE, die Herrin der
Unterwelt, und den Götterkönig ZEUS (der *agathós ángelos*
oder »guter Bote« genannt wurde). In der griechischen Mythologie, insbesondere in den homerischen Dichtungen, finden
wir allerdings Gottheiten, deren Funktionen durchaus denen
der Engel unserer Tradition vergleichbar sind: So bemüht sich
ATHENE im ersten Gesang von HOMERS *Ilias* in einer Weise
um ACHILLES, die sehr stark an die Tätigkeit des christlichen
Schutzengels erinnert. Sie ist nur ihm sichtbar, und sie erteilt
ihm Ratschläge bei seinem Streit mit AGAMEMNON. Doch auch
Agamemnon wird göttliche Hilfe zuteil. Ihm erscheint
NESTOR im Traum: Er bezeichnet sich selbst als »Boten des
Zeus« und hat die Aufgabe, ihn zu beraten. Und im 24. Gesang
tröstet IRIS, die Göttin des Regenbogens, den greisen König
PRIAMOS, als er seinen gefallenen Sohn HEKTOR beweint: Sie
ist die Abgesandte des Zeus, seine Botin.

Auch der listenreiche Held der *Odyssee* wird wiederholt
vom Göttervater – durch Athene und den geflügelten Hermes – beraten und beschützt.

Dank Hermes' Vermittlung gelingt es ODYSSEUS, dem Zau-
berbann der KALYPSO zu entfliehen; der geflügelte Gott teilt

nämlich der Nymphe den Entschluß der Unsterblichen mit, dem König von Ithaka die langersehnte Freiheit wiederzugeben.

Sowohl im Lande der Phäaken als auch später, unter den Kyklopen, hat Odysseus selbst das deutliche Bewußtsein, von einer schützenden Gottheit geleitet zu werden. Und als er schließlich die Ufer des heimatlichen Ithaka erreicht und befürchtet, seine zahlreichen Widersacher nicht überwinden zu können, ist es, wie schon mehrmals zuvor, »Zeus' blauäugichte Tochter« Athene, die ihm Mut zuspricht und ihn seines letztendlichen Sieges versichert.

Bei PLATON wiederum – um nur den berühmtesten griechischen Philosophen zu erwähnen – finden wir zahlreiche Aussagen über mächtige Wesen, die zwischen Himmel und Erde existieren. Zu ihnen gehört auch EROS, der Halbgott der alten Mythen, der so oft in den Homerischen Dichtungen erwähnt wird. Im *Gastmahl* etwa können wir über Eros lesen, er wirke »als Dolmetsch und Bote von den Menschen bei den Göttern und von den Göttern bei den Menschen; von diesen übermittelt er die Gebete und Opfer, von jenen Befehle und Vergeltungen der Opfer ...«

Kraft ebendieses »dämonischen« – das heißt hier übernatürlichen und unsterblichen – Elementes, schreibt Platon, manifestiert sich auch die Kunst der Priester, die es mit Opfern und Weihungen, Besprechungen, Wahrsagung aller Art und Zauberei zu tun haben. »Gott gesellt sich« nämlich, wie wir im *Gastmahl* weiter lesen, »nicht unmittelbar zu den Menschen, vielmehr vollzieht sich aller Verkehr und alle Zwiesprache der Götter mit den Menschen durch Vermittlung dieses Dämonentums, sei es im Wachen oder im Schlaf. Solcher Dämonen gibt es viele und von mancherlei Art, einer von ihnen ist auch der Eros.«

Auch wenn der Begriff *ángelos* hier noch nicht vorkommt, ist die an Engel erinnernde Rolle dieser unsterblichen Zwischenwesen bereits fest umrissen.

SOKRATES selbst berief sich häufig auf seine innere Stimme, die er als *daimónion* bezeichnete und die ihn zeit seines Lebens nicht verließ – ein Mittelding zwischen dem Schutzengel und dem Gewissen: »Mich hat diese Erscheinung schon gleich von Kindheit auf begleitet: es ist eine Stimme, die sich immer nur im abmahnenden Sinne vernehmen läßt, um mich von einem Vorhaben abzubringen, niemals aber in zuredendem Sinne« (*Apologie*, 31 d).

Viele der bereits besprochenen Elemente, und namentlich die aus dem assyrisch-babylonischen und dem persischen Kulturkreis stammenden, finden sich in der jüdischen Religion wieder: So thront JAHWE, der alleinige Gott, im Himmel, umgeben von einem Hofstaat von Engeln, seinen Ministern und Boten. Judentum und Christentum haben ihre gemeinsame Wurzel im *Alten Testament,* und mit diesem Text werden wir uns im folgenden eingehender befassen.

Bevor wir unsere Aufmerksamkeit den heiligen Schriften unserer eigenen Tradition zuwenden, wollen wir uns allerdings kurz ansehen, welche Rolle die Engel im Islam spielen – einer Religion, die gleichfalls in hohem Maße vom *Alten Testament* beeinflußt wurde. Die Araber – und damit indirekt alle Moslems – verstehen sich als Nachkommen ISMAELS, dessen Geschichte im 21. Kapitel der *Genesis* erzählt wird.

Ich werde hier den biblischen Bericht nur in stark verkürzter Form wiedergeben. Die hochbejahrte SARA hat ABRAHAM durch ein Wunder Gottes ISAAK geboren und verlangt von ihrem Mann, aus Rücksicht auf diesen langersehnten Sohn die ägyptische Magd HAGAR fortzujagen, mit der er Ismael gezeugt hatte. Abraham möchte diesen Erstgeborenen nicht verlieren, aber Gott befiehlt ihm, auf Sara zu hören, und verheißt ihm, er werde sowohl Saras Sohn, Isaak, als auch den der Magd, Ismael, zu einem großen Volk machen.

Also gibt Abraham Hagar Brot und einen Schlauch voll Wasser, setzt ihr den Knaben auf die Schulter und schickt sie fort. Hagar verirrt sich bald darauf in der Wüste von Beer-

scheba. Als ihr das Wasser ausgeht, beginnt das Kind laut zu
weinen. »Aber Gott hörte die Stimme des Knaben; und der
Engel Gottes rief der Hagar vom Himmel zu und sprach zu
ihr: Was ist dir, Hagar? Fürchte dich nicht! Denn Gott hört
auf die Stimme des Knaben eben da, wo er ist. Stehe auf, nimm
den Knaben, halte ihn mit deiner Hand; denn ich will ihn zum
großen Volke machen. Da öffnete Gott ihre Augen, und sie
sah einen Wasserbrunnen ...« (1. *Mose* 21, 17–19)³.

Im *Koran* werden häufig Engel und Erzengel (namentlich
Gabriel und Michael) erwähnt. Mohammeds Berufung um
das Jahr 610 n. Chr. erfolgte bespielsweise durch den Erzengel
Gabriel, der ihm im Traum erschien. Auch in der Todesstunde
des Propheten waren islamischer Tradition zufolge göttliche
Boten zugegen. Als Mohammed im Sterben lag, hatten seine
Verwandten eine Vision: Eine Heerschar von Engeln erschien
plötzlich im Zimmer und erfüllte es mit einem überirdischen
Glanz. Dann trat der Engel des Todes an Mohammeds Lager
und bat den Propheten um Erlaubnis, seine Seele mitzuneh-
men. Mohammed willigte ein, ja ersuchte ihn sogar, sein Werk
möglichst rasch zu vollbringen.

Wir wissen nicht, aus *welchen* Quellen Mohammed Kenntnis von der jüdischen und der christlichen Tradition erhielt;
daß er von diesen beeinflußt wurde und reichlich profitierte,
steht jedoch ganz außer Zweifel. So ist es auch nicht verwun-
derlich, daß sich die Engel des Islam funktional kaum von
den christlichen unterscheiden: Sie sitzen um den Thron
Allahs, preisen ihn, von dessen Hauch sie erschaffen wurden,
und bitten um Vergebung für die Sünder – spielen also die
gleiche Mittlerrolle, die uns vom Christentum her vertraut ist.

Schreiten wir weiter in der Zeit voran, so finden wir bei
dem großen moslemischen Philosophen, Dichter und Theologen Avicenna (980–1037), der in Persien geboren wurde und
dort sein ganzes Leben verbrachte, eine äußerst interessante
Engelslehre. Avicenna entwarf eine doppelte Kosmologie, der
zufolge der sichtbare Himmel der Astronomie und Meteoro-

logie mit unsichtbaren Himmelssphären verbunden ist – den englischen Intelligenzen, die alle wahrnehmbaren Phänomene des Universums ins Dasein treten lassen. Avicenna erwähnt häufig den Erzengel GABRIEL, den Engel der Menschheit, und MICHAEL, den Engel der Propheten.

Außer – wie bereits erwähnt – in der hinduistischen und der buddhistischen Mythologie erscheinen geflügelte Wesen, die zwischen Himmel und Erde vermitteln, auch in den mystischen Schriften der *Sufis,* in den Visionen der *Schamanen* und in den Mythen der *Indianer.*

Man kann wohl ohne Übertreibung sagen, daß es auf der ganzen Welt kaum eine religiöse Tradition gibt, die der Rolle und Funktion der Engel nicht Rechnung getragen hätte.

Die Engel im Alten Testament

Das *Alte Testament* kennt noch keine *Angelologie* im strengen Sinne des Wortes – kein dogmatisches Lehrgebäude bezüglich der Engel, ihrer Natur und ihres Verhältnisses zu Gott und den Menschen. Wohl aber finden wir darin zahlreiche Belege für die Auffassung, daß Gott *durch Boten* in ein Verhältnis zu den Menschen tritt. So waren die Israeliten fest davon überzeugt, daß Gott sich der Engel bediente, um die Welt und den Gang der Geschichte zu leiten.

Die Engel stellen also die Zwischenstufen der Leiter dar, die vom Menschen zu Gott führt – dem Göttlichen näher als die Menschen, doch für die Menschen faßbarer als Gott. GIUSEPPE DEL TON, der bedeutende Angelologe, hat es folgendermaßen formuliert: »Die Natur macht keine Sprünge. Zwischen dem Menschen und dem Einzeller spannt sich ein ganzes harmonisch abgestuftes Spektrum unterschiedlichster Lebewesen, das uns mit Bewunderung für die unendliche Weisheit und die *schöpferische Phantasie* Gottes erfüllt.

Die Kontinuität zwischen uns und dem Thron der göttlichen Majestät aber stellen die Engel her: reine Geistwesen, strahlende Intelligenzen, starke Willenskräfte. Feuer der Liebe und der Macht, denen es – anders als dem Menschen – nicht bestimmt ist, physische Organismen auszubilden.«

Bereits in der *Genesis* sehen wir die Engel am Werk. Ihr erster Auftritt erfolgt in 1. *Mose* 3, 23–24: »Da trieb Gott, der Herr, ihn fort aus Edens Garten, die Erde anzubauen, von welcher er genommen war. So jagte er Adam fort und lagerte östlich von Edens Garten die Cherubim mit der Flamme des blinkenden Schwertes, zu hüten den Weg zum Baume des Lebens.«

In 1. *Mose* 16 finden wir den Anfang von ISMAELS Geschichte, auf die wir bereits im Zusammenhang mit dem Islam kurz eingegangen waren. Die kinderlose SARA (oder *Sarai,* wie sie hier noch genannt wird) rät ihrem Manne ABRAHAM, sich mit der Magd HAGAR zu vereinigen, um vielleicht durch sie den ersehnten Erben zu erhalten.

Abraham tut wie geheißen, und Hagar wird schwanger. Von diesem Augenblick an beginnt die Magd ein respektloses Verhalten an den Tag zu legen; die Herrin erzürnt sich und mißhandelt sie, worauf Hagar flieht.

Dann heißt es weiter: »Aber der Engel des Herrn fand sie an der Wasserquelle in der Wüste ... und sprach: Hagar, Sarais Magd, woher kommst du, und wohin gehest du? Sie sprach: Von meiner Frau Sarai entweiche ich. Da sprach der Engel des Herrn zu ihr: Kehre zurück zu deiner Frau, und schmiege dich unter ihre Hand. Weiter sprach zu ihr der Engel des Herrn: Deinen Samen will ich so sehr vermehren, daß man ihn vor Menge nicht wird zählen können. Auch sprach der Engel des Herrn zu ihr: Siehe, du bist schwanger und wirst einen Sohn gebären, dessen Namen sollst du Ismael (das ist: Gott hört) nennen; denn der Herr hört auf deine Bedrängnis« (1. *Mose* 16, 7–11).

In Kapitel 18 der *Genesis* wird Abraham von drei Engeln

aufgesucht, die ihm unter anderem mitteilen, seine unfruchtbare und hochbejahrte Frau Sara (Abraham selbst ist bereits hundert Jahre alt!) werde einen Sohn, ISAAK, empfangen und gebären. Und als der Herr Abraham auf die Probe stellt und ihm befiehlt, Isaak zu opfern, ist es wieder ein Engel, der ihm im allerletzten Augenblick Einhalt gebietet: »Da rief ihm der Engel des Herrn vom Himmel zu und sprach: Abraham, Abraham! Und er sprach: Hier bin ich! Und er sprach: Lege deine Hand nicht an den Knaben und tue ihm nichts; denn nun weiß ich, daß du Gott fürchtest, da du sogar deinen Sohn, deinen einzigen, mir nicht verweigert hast!« (1. *Mose* 22, 11–12).

Etwas weiter im Text finden wir die Beschreibung von JAKOBS berühmtem Traum von der Himmelsleiter: »Da träumte er. Und siehe, da war eine Leiter aufgestellt von der Erde auf, und ihre Spitze reichte an den Himmel; und siehe, die Engel Gottes stiegen daran auf und ab« (1. *Mose* 28, 12). Dann folgen Jakobs Ringkampf mit dem Engel (1. *Mose* 32, 25–26) sowie MOSES »brennender Dornbusch«: »Da erschien ihm der Engel des Herrn in einer Feuerflamme aus dem Busche …« (2. *Mose* 3, 2).

Im *Buch der Richter* (13, 3–22) kündigt ein Engel eine weitere wunderbare Geburt an: die des Helden SIMSON. Ich gebe hier eine kurze Zusammenfassung der Vorgeschichte. Die Israeliten hatten sich Gott gegenüber als undankbar erwiesen und waren von ihm für die Dauer von vierzig Jahren in die Hände der Philister gegeben worden. Simson wurde vom Herrn dazu ausersehen, sein Volk nach Ablauf dieser Frist zu befreien.

»Und es war ein Mann … und sein Name war Manoah, und sein Weib war unfruchtbar und gebar nicht. Und es erschien dem Weibe ein Engel des Herrn und sprach zu ihr: Siehe doch! Du bist unfruchtbar und hast nicht geboren; aber du sollst schwanger werden und einen Sohn gebären … und er wird beginnen, Israel zu retten aus der Hand der Philister« (*Richter* 13, 2–5).

Die Frau begibt sich zu MANOAH und erzählt ihm, ein Mann, der wie ein Engel Gottes aussah, sei ihr erschienen und habe ihr verkündet, sie werde bald schwanger werden. Manoah bittet daraufhin den Herrn, seinen Engel ein zweites Mal zu schicken, damit dieser ihm erkläre, was mit dem erwarteten Sohn zu geschehen habe; der Engel kehrt tatsächlich zurück, erteilt der Frau einige Ratschläge und gestattet Manoah, zur Feier des Ereignisses ein Ziegenböcklein zu opfern. Und nun folgt ein weiteres Wunder: »Es geschah nämlich, als die Flamme vom Altare [auf dem das Zicklein verbrannte, A. d. V.] aufstieg gen Himmel, fuhr auch der Engel des Herrn auf in der Flamme des Altares …« (*Richter* 13, 20).

Der Engel erschien Manoah und seiner Frau nicht wieder, seine Weissagung ging jedoch in Erfüllung. Wie es im Bericht ausdrücklich heißt, hatte der Engel zwar menschliche Gestalt, doch er war so ehrfurchtgebietend in seinem Auftreten und ein so starkes übernatürliches Licht verklärte ihn, daß Manoahs Weib sein wahres Wesen intuitiv erkannt hatte. Manoah selbst war hingegen erst dann von der besonderen Natur seines Gastes überzeugt, als er ihn, von der Opferflamme getragen, zum Himmel aufsteigen sah.

Wieder ist es ein Engel, der den in die Wüste geflohenen Propheten ELIA tröstet: »Und er … ging in die Wüste, eine Tagereise weit, und kam und setzte sich unter einen Ginsterstrauch und wünschte zu sterben und sprach: Genug nun, Herr! Nimm meine Seele, denn ich bin nicht besser als meine Väter. Als er sich niedergelegt hatte und eingeschlafen war unter einem Ginsterstrauche, siehe, da rührte ihn ein Engel an und sprach zu ihm: Stehe auf und iß! Und er schauete, und siehe, zu seinem Haupte lag ein Kuchen, gebacken auf heißen Steinen, und ein Krug Wasser. Und er aß und trank und legte sich wieder schlafen. Und es kam der Engel des Herrn zum zweiten Male und rührte ihn an und sprach: Stehe auf und iß! Denn du hast einen weiten Weg vor dir. Und er stand auf und aß und trank; und er ging durch die Kraft derselben

Speise vierzig Tage und vierzig Nächte ...« (1. *Könige* 19, 4–8).

Bei *Jesaja* (6, 1–7) lesen wir, wie der Prophet seine Weihe erhielt. Dort heißt es: »Im Todesjahre des Königs Usias sah ich den Herrn auf einem hohen und erhabenen Throne sitzen und sein Gewand den Tempel füllen. Seraphim standen um ihn her; sechs Flügel hatte jeder: mit zweien deckte er sein Angesicht, mit zweien seine Füße, mit zweien flog er. Und einer rief dem andern zu und sprach: Heilig, heilig, heilig ist der Herr, der Weltenherrscher. Es ist von seiner Majestät der ganze Erdkreis voll. Der Säulen Vesten bebten vom Schall der Rufenden; und der Tempel ward voll Rauches. Da sprach ich: Wehe mir, ich muß vergehen! Denn ich bin ein Mensch von unreinen Lippen, und unter Menschen von unreinen Lippen wohne ich; denn meine Augen sahen den Herrn, den Weltenherrscher. Nun flog der Seraphim einer hin zu mir, mit einem Glühstein in der Hand, den er mit der Zange vom Altar genommen. Er berührte meinen Mund und sprach: Siehe! Dies berührt deine Lippen, nun ist das Unreine von dir entfernt und deine Sünde ausgetilgt.«

Besonders interessant ist in unserem Zusammenhang das Buch des Propheten DANIEL. SCHADRACH, MESCHACH und ABED-NEGO, die drei Männer, die sich geweigert hatten, den Gott des Königs NEBUKADNEZAR anzubeten, werden in den glühenden Ofen geworfen, doch der Herr läßt ihnen seine Hilfe zuteil werden: »Hierauf erstaunte der König Nebukadnezar, stand schnell auf, redete und sprach zu den Hofbeamten: Haben wir nicht drei Männer gebunden mitten in das Feuer geworfen? ... Ich sehe vier Männer gelöst mitten in dem Feuer umhergehen, und keine Verletzung ist an ihnen, und der Anblick des Vierten ist einem Sohne der Götter gleich.« Der König läßt die Männer also aus dem Ofen steigen, und alle Anwesenden können sich davon überzeugen, daß sie keinerlei Schaden genommen haben. »Nebukadnezar redete und sprach: Gepriesen sei der Gott Schadrachs, Meschachs und Abed-

Negos, welcher seinen Engel gesandt und seine Diener gerettet hat, die auf ihn vertrauten und den Befehl des Königs nicht achteten; sondern ihre Leiber hingaben, um außer ihrem Gott keinen andern Gott zu verehren und anzubeten.« (*Daniel* 3, 24 f.; 28)

Später läßt Nebukadnezar DANIEL in die Löwengrube werfen, und der Prophet verbringt darin eine ganze Nacht; anderntags begibt sich der König zur Grube und fragt Daniel, ob der Herr ihm geholfen habe. Da erwidert Daniel: »Mein Gott hat seinen Engel gesandt und den Rachen der Löwen verschlossen; und sie haben mich nicht verletzt ...« (*Daniel* 6, 23).

Im selben Buch der Bibel wird auch erstmals der Name eines Engels genannt: GABRIEL. Er ist es, der Daniel seine Vision erläutert: »Und es geschah, als ich, Daniel, das Gesicht gesehen hatte und dessen Verständnis suchte, siehe, da stand jemand, der wie ein Mann aussah, vor mir, und ich hörte die Stimme eines Menschen ... welcher rief und sprach: Gabriel! erkläre diesem das Gesicht. Und er kam dahin, wo ich stand, und als er kam, geriet ich in Angst und fiel auf mein Angesicht ...« (*Daniel* 8, 15–17).

Weiter unten im Text finden wir auch den Namen des Erzengels MICHAEL: »Und am vier und zwanzigsten Tage des ersten Monats war ich an dem Ufer des großen Flusses, des Tigris. Und ich hob meine Augen auf und sah, und siehe, da war ein Mann in Leinwand gekleidet, und seine Lenden mit Gold von Uphas umgürtet. Und sein Leib war wie Chrysolith, und sein Gesicht wie der Anblick des Blitzes, und seine Augen wie Feuerflammen, und seine Arme und seine Füße wie das Aussehen des Glanzerzes, und der Laut seiner Worte wie das Getös einer Volksmenge ... Alsdann sprach er zu mir: ... Der Fürst des Königreiches Persien stand mir zwar ein und zwanzig Tage entgegen, aber da kam mir Michael, einer der ersten Fürsten, zu Hilfe ... Jetzt aber bin ich gekommen, dich zu belehren über das, was deinem Volke in der Folgezeit begegnen wird ...« (*Daniel* 10, 4–6; 12–14).

Der junge TOBIA schließlich wird auf seiner gefährlichen Reise vom Erzengel RAPHAEL begleitet und beschützt: »Tobia ging aus, einen [wegkundigen] Mann zu suchen, [der ihn nach Medien führen könnte,] und fand Raphael, das war ein Engel, aber Tobia wußte es nicht.« (*Tobia* 5, 4)[4] Der Engel antwortete, er sei mit der fraglichen Gegend vertraut, und erklärte sich bereit, ihn dorthin zu begleiten. Vor ihrer Abreise tröstete Tobias Vater die weinende Mutter und versicherte ihr, der Sohn werde heil und gesund nach Haus zurückkehren, weil ein Engel Gottes ihn führe.

Damit kommen also alle drei Erzengel, und zwar mit den uns bekannten Namen, bereits im *Alten Testament* vor.

Die Engel des *Alten Testaments* sehen wie Männer aus, sie essen und trinken wie die Menschen und haben nicht immer Flügel.

In seinem *Philosophischen Wörterbuch* läßt sich VOLTAIRE folgendermaßen über diese Körperlichkeit der alttestamentarischen Engel aus: »Diese Engel besaßen einen physischen Leib; sie hatten Flügel auf dem Rücken – ebenso wie Merkur sie nach heidnischer Auffassung an den Füßen hatte; und bisweilen versteckten sie sie unter ihrem Gewand. Und wie hätten sie keinen Leib besitzen können, wenn sie doch aßen und tranken und wenn doch die Einwohner von Sodom versuchten, die Engel, die Lot besuchten, geschlechtlich zu mißbrauchen?«

Und er fügt hinzu: »Ich weiß nicht genau, wo die Engel leben, ob in der Luft, im leeren Raum oder auf den Planeten; Gott hat nicht gewollt, daß wir davon Kenntnis erhielten.«

Das Äthiopische Henochbuch

Das *Äthiopische Henochbuch* gehört zu den sogenannten »Apokryphen« oder »verborgenen Schriften«: Das sind in den Jahrhunderten um die Zeitenwende entstandene jüdische und christliche Texte, die einen dogmatischen Anspruch erhoben, von der Kirche jedoch nicht als kanonisch anerkannt und deshalb von der gottesdienstlichen Lesung ausgeschlossen wurden. Die Apokryphen gerieten aus diesem Grunde mit der Zeit in Vergessenheit oder gingen sogar ganz verloren, und sie wurden erst in relativ junger Vergangenheit wiederentdeckt. Das *Äthiopische Henochbuch* etwa (es gibt auch ein *Slawisches* und ein *Hebräisches*) fand man erst Ende des 18. Jahrhunderts wieder.

Diese Schrift genoß im Christentum der ersten Jahrhunderte ein beachtliches Ansehen und wird sogar im *Neuen Testament* erwähnt. So heißt es im *Sendschreiben des Judas* (14 f.): »Gegen solche [Lästerer] hat auch schon Henoch, der siebente von Adam, geweissaget mit den Worten: Siehe! Der Herr kommt mit vielen Tausenden seiner Heiligen, Gericht zu halten über alle und zu bestrafen alle Gottlosen unter ihnen wegen aller ihrer verübten Ruchlosigkeiten und wegen aller Lästerungen, die sie gegen ihn ausgestoßen, die gottlosen Sünder.«

Es bestehen außerdem enge formale und inhaltliche Parallelen zwischen dem *Neuen Testament* und dem *Henochbuch*, das indes, auch wenn die Kirchenväter fortfuhren, aus ihm zu zitieren, von der Kirche bald als pharisäisches Werk verurteilt wurde.

Für denjenigen, der sich mit Engeln befaßt, ist das *Henochbuch* eine wahre Fundgrube: Man kann sogar sagen, daß darin erstmals eine wirkliche systematische Angelologie entwickelt wird.

Gleich am Anfang beruft sich der Verfasser auf die geflügelten Gottesboten, von denen er alles erfahren haben will, was er im folgenden verkünden wird: »Ein Gesicht war ihm von Gott enthüllt, und er schaute ein heiliges und himmlisches Gesicht, das mir die Engel zeigten. Von ihnen hörte und erfuhr ich alles, was ich sah. Nicht für das gegenwärtige Geschlecht dachte ich nach, sondern für das künftige ...«

Doch der für uns wichtigste Teil des *Henochbuchs* ist das

sechste Kapitel, auch *Buch der Wachsamen* genannt, das als
der älteste Beleg für die jüdische Vorstellung vom Engelsturz
angesehen werden muß. Hier die relevante Passage:

»Nachdem die Menschenkinder sich gemehrt hatten, wurden ihnen in jenen Tagen schöne und liebliche Töchter geboren. Als aber die Engel, die Himmelssöhne, sie sahen, gelüstete
es sie nach ihnen, und sie sprachen untereinander: Wohlan,
wir wollen uns Weiber unter den Menschentöchtern wählen
und uns Kinder zeugen.

Semjasa aber, ihr Oberster, sprach zu ihnen: Ich fürchte, ihr
werdet wohl diese Tat nicht ausführen wollen, so daß ich allein
eine große Sünde zu büßen haben werde. Da antworteten ihm
alle und sprachen: Wir wollen alle einen Eid schwören und
durch Verwünschungen uns untereinander verpflichten, diesen
Plan nicht aufzugeben, sondern dies beabsichtigte Werk auszu-
führen. Da schwuren alle zusammen und verpflichteten sich
untereinander durch Verwünschungen dazu. Es waren ihrer
im ganzen 200 ...«

Es folgt eine lange Liste von Engelsnamen: URAKIB, ARA-
MEEL, SAMMAEL, AKIBEEL, TABIEL, RAMUEL und viele andere
mehr.

Dann heißt es im *Henochbuch* weiter:

»Diese und alle übrigen mit ihnen nahmen sich Weiber, jeder
von ihnen wählte sich eine aus, und sie begannen zu ihnen
hineinzugehen und sich an ihnen zu verunreinigen; sie lehrten
sie Zaubermittel, Beschwörungsformeln und das Schneiden
von Wurzeln und offenbarten ihnen die heilkräftigen Pflanzen.
Sie wurden aber schwanger und gebaren 3000 Ellen lange
Riesen, die den Erwerb der Menschen aufzehrten. Als aber
die Menschen ihnen nichts mehr gewähren konnten, wandten
sich die Riesen gegen sie und fraßen sie auf, und die Menschen
begannen sich an den Vögeln, Tieren, Reptilien und Fischen
zu versündigen, das Fleisch voneinander zu essen, und tranken
das Blut. Da klagte die Erde über die Ungerechten.«

Das Böse wäre diesem Bericht zufolge also durch den Sturz

der Engel auf die Welt gekommen, die – wie es weiter bei HENOCH heißt – die Menschen lehrten, sich Waffen und Rüstungen zu schmieden, den Wert des Goldes und der Edelsteine zu erkennen, Zauberei und Sterndeutung zu treiben und Krieg gegeneinander zu führen. Den Frauen brachten die gefallenen Engel bei, sich zu schminken, Juwelen zu tragen und sich die Wimpern zu schwärzen. Die Folgen dieser Unterweisungen waren nicht nur praktische Kenntnisse und Fertigkeiten, sondern auch Kriege, Unreinheit und Sünde.

Nicht minder interessante Informationen über die Engel enthält ein weiterer apokrypher Text: das *Buch der Jubiläen*, das wegen seiner inhaltlichen Parallelen zum 1. Buch *Mose* auch *Kleine Genesis* genannt wird.

Während das *Alte Testament* jedoch nichts über die Erschaffung der Engel sagt, erklärt das *Buch der Jubiläen* ausdrücklich, daß zu den Werken Gottes am ersten Schöpfungstag auch die Geister und Engel gehörten. Folgendermaßen erläutert der *angelus faciei* oder »Engel des Angesichts« – so genannt, weil er immer das Antlitz Gottes schaut – dem MOSES den Prozeß der Schöpfung:

»Schreibe die ganze Geschichte der Schöpfung auf, wie Gott der Herr am sechsten Tag alle seine Werke und alles, was er geschaffen hat, vollendete und am siebten Tage Sabbat hielt und ihn für alle Ewigkeiten heiligte und ihn zu einem Zeichen machte für all sein Werk. Denn am ersten Tage schuf er die Himmel droben und die Erde und die Wasser und alle Geister, die vor ihm dienen: die Engel des Angesichts und die Engel der Heiligung und die Engel des Feuergeistes und die Engel des Windgeistes und die Engel des Geistes der Wolken der Finsternis und des Schnees und des Hagels und des Reifs und die Engel der Stimmen und der Donnerschläge und der Blitze und die Engel der Geister der Kälte und der Hitze und des Winters und des Frühjahrs und der Erntezeit und des Sommers und aller Geister seiner Werke in den Himmeln und auf Erden und in allen Abgründen der Tiefe und aller Geister der Finsternis und des Abends ... und des Lichts und der Morgenröte und des Morgens, was er mit dem Wissen seines Herzens bereitet hat.«

An den folgenden Tagen schuf der Herr die Feste des Himmels, schied das Wasser von der Erde, schuf die Sonne, den Mond und die Sterne, die Pflanzen, die Tiere und den Menschen – wie es auch in der *Genesis* beschrieben wird. Die Erschaffung der Engel am ersten Tag aber, von der das *Buch der Jubiläen* berichtet, ist ein neues Element, das den kanonischen Schriften zwar unbekannt ist, gleichwohl unsere Aufmerksamkeit verdient.

Die Engel im Neuen Testament

Im *Neuen Testament* sind die Engelerscheinungen noch zahlreicher als im *Alten Testament,* und sie haben die Künstler der folgenden Jahrhunderte zu einer unübersehbaren Vielfalt an bildlichen Darstellungen inspiriert.

Die (chronologisch) erste Engelbegegnung wird von LUKAS beschrieben (1, 11 f.): Der Priester ZACHARIAS und seine Frau ELISABETH hatten keine Kinder, denn sie war unfruchtbar, und beide waren schon recht betagt. Eines Tages aber, als Zacharias sich im Tempel aufhielt, »erschien ihm ein Engel des Herrn, stehend zur rechten Seite des Rauchaltars. Zacharias wurde bestürzt, als er ihn sah, und es überfiel ihn Furcht.« Bekanntlich verkündigte ihm der Engel, daß seine Frau ihm einen Sohn gebären würde, dem er den Namen JOHANNES geben sollte. Da Zacharias aber auf diese Mitteilung ungläubig reagierte, raubte ihm der Engel die Sprache und bewirkte, daß er stumm blieb bis zum Tag der Niederkunft. Diese Ankündigung erinnert sehr stark an diejenige, die der Engel dem ABRAHAM und der SARA sowie dem MANOAH und seiner Frau im *Alten Testament* macht. Es handelt sich dabei um ein in der Heiligen Schrift relativ häufig wiederkehrendes Motiv.

Aber die schönste Verkündigung durch einen Engel wird
MARIA zuteil. Auch darüber schreibt LUKAS: »Im sechsten
Monat [von Elisabeths Schwangerschaft, A. d. V.] wurde der
Engel Gabriel von Gott in eine Stadt in Galiläa namens Nazareth gesandt, zu einer Jungfrau, die mit einem Manne namens
Joseph, aus dem Hause Davids, verlobt war. Der Name der
Jungfrau war Maria. Als der Engel zu ihr hineintrat, sprach
er: Sei gegrüßt, voll der Gnade! Der Herr ist mit dir, du
Gesegnete unter den Weibern!« (*Lukas* 1, 26–28) »Sie erschrak
über diese Rede und fragte sich, was der Gruß zu bedeuten
habe; der Engel aber sprach: Fürchte dich nicht, Maria, denn
du hast Gnade gefunden bei Gott. Siehe, du wirst schwanger
werden und einen Sohn gebären, den sollst du Jesus nennen ...«
(*Lukas* 1, 30 f.).

MATTHÄUS berichtet (1, 19 f.), daß JOSEPH MARIA verlassen
wollte, als er von ihrer Schwangerschaft erfuhr: »Joseph aber,
ihr Mann, der gerecht war und sie nicht öffentlich beschimpfen
wollte, beschloß, sie in der Stille zu entlassen. Als er darüber
nachsann, siehe, da erschien ihm ein Engel des Herrn im
Traume und sagte: Joseph, Sohn Davids, scheue dich nicht,
Maria als dein Weib zu dir zu nehmen, denn was in ihr erzeugt
ist, das ist von dem heiligen Geiste.« Der Engel erinnert Joseph
dann an die Prophezeiung des JESAJA (7, 14): »Siehe, eine
Jungfrau wird schwanger sein und einen Sohn gebären ...«.
Weiter heißt es beim Evangelisten: »Da nun Joseph vom
Schlafe aufstand, tat er, wie ihm der Engel des Herrn befohlen,
und nahm sie als sein Weib zu sich« (*Matthäus* 1, 24).

Auch JESU Geburt wird von Engeln verkündigt: »In derselben Gegend waren Hirten auf dem Felde, die bei ihrer Herde
Nachtwache hielten. Und siehe! Diesen erschien ein Engel des
Herrn; ein göttlicher Lichtglanz umleuchtete sie, und sie
fürchteten sich sehr. Da sprach der Engel zu ihnen: Fürchtet
euch nicht! Denn siehe! Ich verkündige euch eine große
Freude, die dem ganzen Volke zuteil werden wird; denn heute
ist euch ... ein Heiland geboren ...« (*Lukas* 2, 8–11). Und als

Jesus beschnitten wird, ist erneut vom Engel die Rede: »Als
der achte Tag da war, wo er beschnitten werden sollte, wurde
ihm der Name Jesus gegeben, wie ihn der Engel schon genannt
hatte, ehe er im Mutterleibe empfangen war« (*Lukas* 2, 21).

Von Matthäus erfahren wir weiter, daß dem Joseph, als
HERODES den Kindermord befahl, ein Engel im Traum
erschien, um ihn zu warnen: »Steh auf, nimm das Kind und
seine Mutter und fliehe nach Ägypten; daselbst bleibe, bis ich
es dir sage; denn es steht bevor, daß Herodes das Kind suche,
um es zu töten« (*Matthäus* 2, 13). Als die Gefahr vorüber ist,
kehrt der Engel zurück: »Da aber Herodes gestorben war,
erschien ein Engel des Herrn in Ägypten dem Joseph im
Traume und sprach: Stehe auf und nimm das Kind und seine
Mutter und ziehe in das Land Israel; denn die dem Kinde
nach dem Leben stellten, sind tot« (*Matthäus* 2, 19 f.).

Nachdem Jesus vor Beginn seines öffentlichen Wirkens vierzig Tage gefastet und anschließend den Einflüsterungen des
Versuchers widerstanden hatte, »... verließ ihn der Teufel. Und
siehe, es kamen Engel herbei, die ihn bedienten« (*Matthäus*
4, 11).

Immer wieder tauchen Engel im Leben Jesu auf, und wiederholt erwähnt er die himmlischen Boten in seinen Lehrreden.
So lesen wir im Gleichnis vom guten Samen: »Der Sohn des
Menschen wird seine Engel senden; diese werden alle Verfüh-
rer und alle, die Böses tun, aus seinem Reiche sondern und
sie in den Feuerofen werfen ...« (*Matthäus* 13, 41 f.). Und
später heißt es: »Denn der Sohn des Menschen wird in der
Herrlichkeit seines Vaters mit seinen Engeln kommen und
dann einem jeden nach seinem Tun vergelten« (*Matthäus*
16, 27).

Im Gleichnis von der verlorenen Drachme erklärt Jesus
wiederum: »Ich sage euch, so wird auch vor den Engeln Gottes
Freude über einen Sünder sein, der Buße tut« (*Lukas* 15, 10).

Bei LUKAS erfahren wir auch, daß Engel die Seelen der
Verstorbenen in Empfang nehmen: »Nun kam es, daß der

Arme starb, und Engel trugen ihn in den Schoß Abrahams ...«
(*Lukas* 16, 22). Bei MATTHÄUS wiederum spricht JESUS von
den Engeln der Kinder: »Nehmet euch in acht, daß ihr keinen
von diesen Kleinen gering achtet; denn ich sage euch: Ihre
Engel im Himmel schauen allezeit das Angesicht meines
himmlischen Vaters« (*Matthäus* 18, 10).

JESU Auferstehung wird von einer Fülle von Engelerscheinungen begleitet: »Und siehe, man verspürte einen starken
Erdstoß; denn ein Engel des Herrn war vom Himmel gekommen, war herzugetreten, hatte den Stein von der Öffnung
gewälzt und sich darauf gesetzt. Sein Anblick war wie Blitz;
sein Kleid glänzend weiß, wie Schnee. Die Wachehaltenden
gerieten darüber in Furcht und waren wie tot. Der Engel aber
sprach und redete zu den Frauen: Fürchtet euch nicht! Ich
weiß, daß ihr Jesum, den Gekreuzigten, suchet; er ist nicht
hier, sondern er ist auferstanden, wie er es gesagt hat ...«
(*Matthäus* 28, 2–6). Und weiter: »Da sie nun in die Gruft
hineingingen, sahen sie einen Jüngling in einem weißen langen
Kleide zur rechten Seite sitzen und erschraken sehr« (*Markus*
16, 5). »Und sie fanden den Stein von der Gruft weggewälzt.
Sie gingen hinein, fanden aber den Leichnam des Herrn Jesu
nicht. Da sie nun darüber sehr verlegen waren, siehe, da standen zwei Männer in glänzenden Kleidern neben ihnen« (*Lukas*
24, 2–4).

Dieselbe Begebenheit beschreibt JOHANNES folgendermaßen: »Maria aber blieb außen vor der Gruft stehen und weinte.
Indem sie nun weinend sich in die Gruft bückte, sah sie zwei
weißgekleidete Engel da sitzen; den einen, wo das Haupt, den
andern, wo die Füße des Leichnams Jesu gelegen« (*Johannes*
20, 11 f.).

In der *Apostelgeschichte* (1, 9–11) wird von JESU Himmelfahrt berichtet: »Nachdem er dieses gesagt hatte, ward er vor
ihren Augen erhoben, und eine Wolke entzog ihn ihren Blik-
ken. Indem sie nun nach seiner Auffahrt mit unverwandten
Blicken zum Himmel hinauf sahen, siehe, da standen zwei

Männer bei ihnen in weißem Gewande; diese sprachen: Ihr
Galiläer! Was stehet ihr noch und schauet zum Himmel? Dieser Jesus, der von euch weg in den Himmel genommen ward,
wird eben so wiederkommen, wie ihr ihn sahet in den Himmel
sich erheben.«

Derselbe Text berichtet noch von mehreren weiteren Engelerscheinungen; so wird PETRUS beispielsweise von einem
himmlischen Boten aus dem Kerker befreit: »In eben der
Nacht, nach welcher ihn Herodes vorführen wollte, schlief
Petrus zwischen zwei Soldaten, mit Ketten geschlossen. Auch
an der Türe des Gefängnisses stand Wache. Und siehe, es stand
ein Engel des Herrn da; lichthelle wurde es an dem Orte. Er
stieß den Petrus an die Seite, weckte ihn auf und sprach: Stehe
geschwind auf! Und die Ketten fielen von seinen Händen. Da
sprach der Engel zu ihm: Umgürte dich und binde die Schuhe
unter. Er tat es. Weiter sprach er zu ihm: Nun wirf dein Oberkleid um und folge mir. Er ging hinaus und folgte ihm, wußte
aber nicht, ob dies wirklich durch den Engel geschehe; er hielt
es vielmehr für ein Traumgesicht« (*Apostelgeschichte* 12, 6–9).
PHILIPPUS wiederum wird von einem Engel auf Missionsreise
geschickt: »Aber ein Engel des Herrn redete zu Philippus und
sprach: Mache dich auf und begib dich südwärts auf den Weg,
der von Jerusalem nach Gaza führt ...« (*Apostelgeschichte* 8,
26). Im selben Text ist auch vom Todesengel die Rede: »An
einem bestimmten Tage erschien nun Herodes im königlichen
Staatskleide ... Mit einmal schlug ihn ein Engel des Herrn, weil
er Gott nicht die Ehre gegeben. Er wurde von Würmern verzehrt und starb« (*Apostelgeschichte* 12, 21; 23).

Als PAULUS nach Italien gebracht werden soll und das Schiff
im Sturm zu sinken droht, spricht er den Seeleuten Mut zu:
»Ein Engel des Gottes, dem ich angehöre und diene, trat die
letzte Nacht zu mir und sprach: Fürchte dich nicht, Paulus!
Du mußt dem Kaiser vorgestellt werden; und siehe, Gott
schenkt dir alle, die mit dir im Schiffe sind« (*Apostelgeschichte*
27, 23 f.).

Auch in seinem ersten *Brief an die Korinther* erwähnt Paulus
die Engel: »Wenn ich die Sprachen der Menschen und der
Engel redete, hätte aber die Liebe nicht, so wäre ich ein tönen-
des Erz oder eine klingende Schelle« (1. *Korinther* 13, 1).

Am Ende der *Offenbarung* schließlich lesen wir: »Und ich,
Johannes, bin es, der dies sah und hörte. Und als ich es gehört
und gesehen, fiel ich nieder, um anzubeten, vor den Füßen
des Engels, der mir dieses zeigte« (*Offenbarung* 22, 8). Denn
es ist der Engel, der JOHANNES die in seiner *Offenbarung*
geschilderten Visionen gezeigt hat; und ebenso war der Befehl,
alles Gesehene niederzuschreiben, vom Engel an ihn ergangen
(*Offenbarung* 1, 11).

Die Heilige Schrift enthält keine »Angelogonie«, keine Entstehungsgeschichte der Engel, sondern konfrontiert uns gleich
von Anfang an mit der Feststellung ihrer Existenz. Wann wurden die Engel geschaffen? Im *Buch Hiob* (38, 4–7) finden wir
eine Passage, die die Vermutung nahelegt, daß sie bereits vor
der Erschaffung der materiellen Welt freudig und voller
Lebenskraft ins Dasein traten: »Wo warst du, als ich gründete
die Erde?« fragt Gott HIOB. »Laß hören, wenn du Einsicht
hast ... Worauf wurden ihre Grundfesten eingesenkt? Oder
wer hat ihren Eckstein gelegt beim Jubel aller Morgensterne,
da alle Söhne Gottes jauchzten?« Das apokryphe *Buch der
Jubiläen* erklärt jedenfalls, wie wir bereits sahen, der Herr
habe die Engel am ersten Tag erschaffen.

Ebensowenig finden wir in der Bibel konkrete Aussagen
über die Natur der Engel oder über ihre genaue Beziehung
zu Gott und den Menschen. Immerhin läßt sich aus den zahlreichen angeführten Stellen wenigstens erschließen, daß sie
Boten sind, deren Gott sich bedient, um zu den Menschen zu
sprechen.

Die Engel, denen wir in der Bibel begegnen, sind geistiger
Natur, doch sie können durchaus physische Merkmale annehmen und sich sinnlich wahrnehmbar machen – sie können

TAFEL 1

Nach traditioneller Auffassung besitzen die Engel keine Präkognition von der Fleischwerdung, dem Leiden und dem Tod Jesu Christi: Jeder Aspekt seines Lebens und Sterbens ist für sie ebenso wunderbar und unbegreiflich wie für den Menschen. Diesen Umstand bringt Giottos Fresko in der Cappella degli Scrovegni (Padua), aus dem hier ein Ausschnitt wiedergegeben wird, in vollendeter Weise zum Ausdruck. Das Gemälde stellt die Kreuzigung dar. Die Verzweiflung der Engel, die wie wahnsinnig gewordene Schwalben das Kreuz umschwirren, unterstreicht die Tragik des Geschehens.

TAFEL 2
*Das Motiv der Verkündigung hat die bildenden Künstler von jeher fasziniert.
Diese Plastik stammt aus der ersten Hälfte des 14. Jahrhunderts und befindet sich
in der Kollegiatkirche von Notre-Dame in Écouis (Frankreich).*

TAFEL 3
Der unbekannte Meister, der diesen sitzenden Engel in Stein ausführte, scheint sich bei seiner Arbeit, wie man namentlich am Faltenwurf erkennt, von der Metalltechnik inspiriert haben zu lassen. Die kunstvolle Plastik entstand zwischen 1270 und 1280 und befindet sich im Chor der Kathedrale von Lincoln (England).

TAFEL 4
Die ägyptische Göttin Isis ist Beschützerin, Jungfrau und Mutter und manifestiert sich in der Gestalt eines Engels. Ihre großen, vielfarbigen Schwingen umfangen das All. Bekanntlich findet sich das Engelmotiv in allen Kulturen wieder, und zwar bereits in vorchristlicher Zeit.

erscheinen und ebenso wieder verschwinden. Offenbar altern und erkranken sie nicht und sind geschlechtslos; so lesen wir bei MATTHÄUS (22, 30): »Denn bei der Auferstehung werden sie weder zur Ehe nehmen noch genommen werden; sondern sie werden wie die Engel Gottes im Himmel sein.« Daran könnten wir die Vermutung knüpfen, daß sie über angenehmere Betätigungen als die Sexualität verfügen. Im Kapitel über den schwedischen Visionär EMANUEL SWEDENBORG werden wir uns mit der Frage beschäftigen, worin diese Aktivitäten möglicherweise bestehen.

Im *Alten* und im *Neuen Testament* werden die Engel an insgesamt etwa dreihundert Stellen erwähnt. Ihre Zahl scheint beträchtlich zu sein: Nach DAVID gibt es ihrer »viele Tausende« (*Psalm* 68, 18), und im 5. *Buch Mose* (33, 2) ist von »Myriaden Heiligen« die Rede, die Gott begleiteten, als dieser auf den Berg Sinai herabstieg, um MOSES die Gesetze zu offenbaren.

Wie man aus den biblischen Aussagen folgern kann, sind die Engel gleich den Menschen Geschöpfe Gottes; ihnen oblag es, unter anderem, die Pforten des Gartens Eden zu bewachen (1. *Mose* 3, 24). Sie waren also die himmlischen Wächter, die den Menschen daran hindern sollten, den Garten, aus dem Gott ihn vertrieben hatte, wieder zu betreten.

Zusätzlich zu ihren Funktionen als Boten, als Mittler zwischen Gott und den Menschen und als Wächter des irdischen Paradieses haben die Engel auch eine weitere, bereits im *Alten Testament* angedeutete Aufgabe: den Menschen zu behüten. So lesen wir in *Psalm* 91, 11 f.:

»Denn seinen Engeln befiehlt er deinetwegen,
dich zu bewahren auf allen deinen Wegen.
Auf den Händen werden sie dich tragen,
daß an keinen Stein stoße dein Fuß.«

Noch heute lehrt die katholische Kirche, daß jeder Mensch einen Schutzengel hat – und ebendiesem Engel ist auch ein

Fest geweiht, das am 2. Oktober mit einer besonderen Liturgie
begangen wird: das Schutzengelfest.

»Die Zerbrechlichkeit der Natur des Menschen«, schreibt
Giuseppe Del Ton, einer der größten heutigen Angelologen,
»der so hinfällig und unsicher durch sein irdisches Leben wan-
dert, und die unfaßbare Erhabenheit seines Schicksals, des
grenzenlos und ewig seligen Lebens im Himmel, machten es
erforderlich, daß der Seele ein Geist schützend an die Seite
gestellt wurde.«

Und übrigens hatte sich schon Paulus über diese Beschützerfunktion der Engel geäußert: »Sind sie nicht alle dienstbare
Geister, zum Dienste derer ausgesandt, welche die Seligkeit
ererben sollen?« (*Hebräer* 1, 14)

Nach Auskunft der Heiligen Schrift ist den Engeln weit
mehr bewußt als den Menschen – allwissend sind sie jedoch
nicht. So sagte Jesus, als er von seiner künftigen Wiederkehr
sprach: »Allein von jenem Tage oder jener Stunde weiß niemand; auch die Engel im Himmel nicht ...« (*Markus* 13, 32).

Dasselbe gilt in bezug auf ihre Macht: Die Engel vermögen
weit mehr als die Menschen, doch sie sind nicht allmächtig.
Ein einziger Engel reichte zwar aus, um alle Erstgeborenen
in Ägypten zu töten oder um Daniels Löwen den Rachen
zu schließen, trotzdem sind sie alle dem Herrn untertan:
»Preiset den Herrn, ihr seine Engel, ihr Starken an Kraft, ihr
Täter seines Wortes, höret auf die Stimme seines Wortes!«
(*Psalm* 103, 20)

Die Bibel kennt auch unterschiedliche Gattungen von
himmlischen Boten und erwähnt Engel, Erzengel, Seraphim,
Cherubim und andere mehr, ohne indes ein hierarchisch struk-
turiertes System zu formulieren. Erst im fünften Jahrhundert
unserer Zeitrechnung unternahm es jemand, unter Einarbei-
tung uralter, von den Kirchenvätern tradierter Überlieferungen eine ausführliche Beschreibung der himmlischen Hierarchien und der Engelschöre anzufertigen: Dionysius Areopagita, mit dem wir uns im nächsten Kapitel befassen werden.

Zweites Kapitel

Dionysius Areopagita und die himmlischen Hierarchien

DIONYSIUS war nach *Apostelgeschichte* 17, 34 ein Athener (Mitglied des Areopags, daher sein Beiname AREOPAGITA), der von PAULUS bekehrt wurde; er gilt als der erste Bischof von Athen. Unter seinem Namen erschienen im fünften oder sechsten Jahrhundert einige Schriften, die aber aller Wahrscheinlichkeit nach – auch wenn sie es an manchen Stellen ausdrücklich vorgeben – *nicht* vom Paulusjünger stammen. Deshalb wird der Verfasser dieser Werke oft als der PSEUDO-DIONYSIUS AREOPAGITA bezeichnet. Nach dieser Vorbemerkung werden wir aber im folgenden der Kürze halber die vom Autor selbst gewählte Namensform verwenden.

DIONYSIUS AREOPAGITA dürfte wohl *die* Autorität auf dem Gebiet der christlichen Engelslehre sein. Seine Werke – *Über die himmlische Hierarchie, Über die kirchliche Hierarchie, Mystische Theologie, Über die göttlichen Namen* und die *Briefe* – galten ein Jahrtausend lang als hochheilig. Zahlreiche Päpste, darunter GREGOR DER GROSSE sowie THOMAS VON AQUIN und mehrere andere Scholastiker, DANTE und der heilige JOHANNES VOM KREUZ gehörten zu ihren Bewunderern, Verehrern und Kommentatoren.

Der Verfasser schreibt von sich, er sei von Paulus bekehrt worden, er habe in der ägyptischen Stadt Heliopolis die Sonnenfinsternis miterlebt, die den Tod Christi begleitete, und er habe zusammen mit den Aposteln MARIAS Begräbnis beigewohnt.

Seine *Himmlische Hierarchie,* ein wertvolles Zeugnis abendländischer Mystik und frühchristlichen Glaubens, ist das berühmteste und geschätzteste Werk über christliche Angelologie. In ihr hat Dionysius eine uralte, von den Kirchenvätern überlieferte Weisheit gesammelt und kodifiziert, und sie ist in den folgenden Jahrhunderten eine unerschöpfliche Quelle der Inspiration für die erlauchtesten Geister des Christentums gewesen. Wir können aus dieser Schrift viel über die »seligen Chöre der Engel« erfahren, »in denen der Vater großmütig sein Licht geoffenbart hat und durch die wir bis zu Seiner unbedingten Herrlichkeit emporsteigen können«.

Dionysius erklärt beispielsweise, die Engel seien makellos reinen Spiegeln vergleichbar, »geeignet, den Strahl des göttlichen Lichtes aufzunehmen, aufs heiligste angefüllt vom ihnen gespendeten Glanz und ihrerseits weithin strahlend für die Augen derjenigen, die ihnen folgen«. Weiter schreibt er: »Mit dem Wort *Hierarchie* meinen wir eine die Schönheit des göttlichen Urgrunds widerspiegelnde heilige Ordnung, welche die heilige Aufgabe besitzt, ... die Geheimnisse ihrer eigenen Erleuchtung zu offenbaren, und die danach strebt, sich, soweit es ihr gestattet ist, ihrem Urgrund anzugleichen«, und zwar dadurch, daß sie zum »Mitarbeiter Gottes« wird und aufzeigt, »wie sich in ihr selbst, sofern dies möglich ist, das göttliche Wirken vollzieht«.

Die diese himmlische Hierarchie ausmachenden Engelchöre, erklärt der Areopagite weiter, haben in größerem Maße teil am göttlichen Prinzip als die Menschen: »Die Erleuchtung des göttlichen Urgrunds ereignet sich nämlich zuerst in ihnen, und von ihnen werden dann die höheren Offenbarungen an uns weitergeleitet.«

Jetzt mehr ins einzelne gehend, schreibt Dionysius Aeropagita weiter: »Ich sehe[5], daß die Engel als erste eingeweiht wurden in das göttliche Mysterium der Liebe Jesu zu den Menschen und daß die Gnade dieses Wissens dann durch ihre Vermittlung zu uns gelangte. So offenbarte der göttliche Gabriel dem Hohenpriester Zacharias das Geheimnis, daß ihm wider alle Erwartung und kraft göttlicher Gnade ein Kind geboren und daß es ein Prophet von Jesu, des künftigen Heilands der Welt, göttlichem und menschlichem Wirken werden würde. Ebenso offenbarte Gabriel der Maria, auf welche Weise sich das Mysterium des Urgrunds in ihr erfüllen würde, das unaussprechliche Geheimnis der Fleischwerdung. Ein anderer Engel verkündigte dem Joseph, inwiefern die seinem Ahn David gemachten göttlichen Versprechen sich wahrlich erfüllt hatten. Wieder ein anderer überbrachte den Hirten, die sich durch ihr Leben in Einsamkeit und Stille hinlänglich geläutert hatten, die frohe Botschaft, und mit ihm kam die ›Schar himmlischer Mächte‹, welche der Menschheit jenes berühmte Preislied[6] mitteilte. Aber ich werde mich auch bis zu den höchsten Offenbarungen der *lógia*[7] emporschwingen: Denn ich sehe, daß selbst Jesus, der doch Grund und Ursache der himmlischen Wesenheiten ist, ohne Veränderung dieses seines Wesens zu uns gelangt, sich nicht dem zum Wohle der Menschheit von Gott Vater festgelegten und ausgewählten guten Plan entzieht, sondern sich in jedem Fall gehorsam seinem von den Engeln übermittelten Willen unterwirft – wie ja auch die vom Vater angeordnete Flucht des Sohnes nach Ägypten sowie dessen spätere Rückführung nach Judäa dem Joseph gleichfalls durch die Engel verkündigt wurde. Eben durch die Vermittlung der himmlischen Boten sehen wir ihn sich also den Geboten des Vaters unterwerfen. Ich erspare es mir, dir[8], der du darum weißt, alles auseinanderzusetzen, was in den priesterlichen Überlieferungen über den Engel geschrieben steht, der Jesum tröstete, oder auf die Tatsache hinzuweisen, daß Jesus selbst, durch sein wohltätiges Erlösungswerk in die Hierarchie der Offenbarer aufgenommen, zum ›Engel des großen Rates‹ erklärt wurde. Und zu Recht, da er doch selbst in der den Engeln eigenen Weise sagt, er verkündige uns alle Dinge, die er vom Vater vernommen habe.«

Was die eigentliche Natur der himmlischen Hierarchie anbelangt, glaubt Dionysius nach eigener Aussage, daß sie »mit Gewißheit einzig ihrem göttlichen wirkenden Urgrund«

bekannt sei; für uns Menschen sei es nämlich unmöglich, die himmlischen Geheimnisse zu erfahren. Daher, fügt Dionysius hinzu, »werde ich nichts sagen, was nur von mir kommt, sondern gemäß meiner Einsicht jene himmlischen Visionen darlegen, die von den heiligen Kennern des Göttlichen geschaut wurden und in die auch ich eingeweiht worden bin«.

Nach Dionysius gibt es neun in drei *Hierarchien* zusammengefaßte *Chöre* von himmlischen Wesenheiten. Die erste Hierarchie, die immer bei Gott bleibt, umfaßt die *Seraphim,* die *Cherubim* und die *Throne;* die zweite die *Herrschaften,* die *Kräfte* und die *Gewalten;* die dritte schließlich die *Fürstentümer,* die *Erzengel* und die *Engel.*

Die Namen dieser himmlischen Intelligenzen zeigen ihren jeweils spezifischen göttlichen Charakter an. So erklärt Dionysius Areopagita: »Der heilige Name der Seraphim bedeutet sowohl ›die Brennenden‹ als auch ›die Wärmenden‹, und Cherubim bedeutet ›Vollkommenheit der Erkenntnis‹ oder ›Ausströmen von Weisheit‹. Der Name der Throne zeigt dieser Geister Nähe zum göttlichen Thron an; es handelt sich bei ihnen also um überaus hohe Wesenheiten, die unmittelbar neben Gott sitzen und in direkter und unmittelbarer Weise die göttlichen Vollkommenheiten und Erkenntnisse empfangen.«

Der Grund für den Namen der *Seraphim,* schreibt Dionysius, ist »ihre fortwährende und unaufhörliche Bewegung um die göttlichen Wirklichkeiten; die Hitze, die Glut, das Gebrodel dieser ihrer ewigen, fortwährenden, beständigen und unveränderlichen Bewegung; ihre Fähigkeit, sich die ihnen Untergeordneten ähnlich zu machen, indem sie sie machtvoll emporheben, sie aufbrodeln und entflammen lassen bis zum Erreichen derselben Hitze, die ihnen eigen ist; ihre läuternde Kraft, die dem Blitz gleicht; sowie ihre sich niemals verbergende, unerschöpfliche, leuchtende und strahlende Natur, die jede düstere Finsternis vertreibt«. Der Name der *Cherubim* wiederum »offenbart uns ihr Vermögen, die Gottheit zu erken-

nen und zu schauen, ihre Eignung, die höchste Erleuchtung
zu empfangen und sich in die Erhabenheit des göttlichen
Urgrunds in seiner ursprünglichen Macht zu versenken, ihre
Fähigkeit, sich von der Gabe der Weisheit erfüllen zu lassen
und sie neidlos den Wesenheiten der zweiten Hierarchie zu
übermitteln ... Der Name der *Throne* schließlich, dieser sehr
hohen und erlauchten Geister, gibt uns zu verstehen, daß sie,
makellos rein, jede niedere Neigung hinter sich lassen, daß sie
sich in alles irdische Maß übersteigender Weise zum höchsten
Gipfel emporschwingen, daß sie aufs entschiedenste von jeder
Niedertracht abstehen, daß sie vollkommen, in fester und
wohlgegründeter Weise um ihn, der wahrhaft der Höchste ist,
sitzen, daß sie mit einer völlig immateriellen Gelassenheit alles
entgegennehmen, was vom göttlichen Urgrund herabfließt,
und daß sie schließlich Träger des Göttlichen sind, stets offen
und bereit, seine Gaben zu empfangen.«

Wenden wir uns nun der mittleren Hierarchie himmlischer
Intelligenzen zu, den Herrschaften, Kräften und Gewalten.
Zur Bedeutung dieser Namen schreibt Dionysius: »Nach meiner Überzeugung offenbart uns der vielsagende Name der
heiligen *Herrschaften* ihre unbeugsame, über jede niedere Neigung erhabene Kraft, sich zu erheben; sie lassen sich niemals
und in keiner Weise zu wesensfremden, tyrannischen Wirklichkeiten herab, sie überwinden ... jede entwürdigende Ver-
sklavung ... und treten in möglichst enge Gemeinschaft mit
der ewigen Göttlichkeit des Prinzips der Herrschaft. Der
Name der heiligen *Kräfte* wiederum bezeichnet ihren niemals
wankenden Mut und ihre Unerschrockenheit in jeglicher
Unternehmung, einen Mut, der niemals müde wird, die vom
göttlichen Urgrund gewährten Erleuchtungen zu empfangen,
sondern kraftvoll und mit aller Macht danach eifert, Gott
nachzuahmen ... Was den Namen der heiligen *Gewalten* anbelangt, so offenbart er uns die Ranggleichheit, die sie mit den
göttlichen *Herrschaften* und mit den *Kräften* verbindet; die
überaus harmonische Empfänglichkeit, mit der sie die göttli-

chen Gaben entgegennehmen; die Überirdischkeit und Ver-
nünftigkeit ihrer Macht, die ihre gewaltige Stärke niemals
tyrannisch mißbraucht, indem sie sie zum Bösen verkehrt,
sondern sich und die ihr Untergeordneten voller Güte zu den
göttlichen Wirklichkeiten emporhebt, danach strebt, sich *dem
Urgrund der Herrschaft,* dem Quell aller Herrschaft, anzugleichen, und Ihn soweit als möglich auf die *Engel* reflektiert ...«

Die dritte himmlische Hierarchie schließlich umfaßt, wie
wir bereits sahen, Fürstentümer, Erzengel und Engel. Dionysius schreibt:»Der Name der *Fürstentümer* gibt uns zu verstehen, daß sie eine göttlich erhabene Natur besitzen und innerhalb derjenigen heiligen Hierarchie, welche die stärkste
Affinität zu fürstlicher Macht aufweist, die Befehlsgewalt
innehaben; daß sie sich, soweit ihnen möglich, dem Allerhöch-
sten, dem Ursprung aller Macht und Herrschaft, angleichen;
und daß sie schließlich, durch die weise Ausübung ihrer fürstli-
chen Verfügungsgewalt, ihn als den ersten Fürsten und all-
durchdringenden Verfüger der Ordnung vertreten ... Der heilige Chor der *Erzengel* hat kraft der mittleren Stellung, die er
in dieser Hierarchie einnimmt, teil an beiden Extremen: So ist
er den hochheiligen *Fürstentümern* ebenso wesensverwandt
wie den *Engeln* ... da er die in hierarchischer Abfolge durch
die hohen Mächte weitergeleiteten Erleuchtungen des göttlichen Urgrunds empfängt und sie wohlwollend den *Engeln*
verkündigt, durch diese aber sie uns offenbart, und zwar
gemäß den heiligen Anlagen derjenigen, die göttlich erleuchtet
werden.«

»Mit den Engeln«, fährt Dionysius Areopagita fort, »enden
und vollenden sich, wie wir schon sagten, die Chöre der himmlischen Intelligenzen, da sie als die letzten der himmlischen
Wesenheiten den Charakter von Botschaftern besitzen und
uns am nächsten sind; folglich trifft die Bezeichnung *Engel*[9]
auf sie in größerem Maße zu als auf die vorhergehenden Geister, insofern ihr Chor sich mit dem befaßt, was am wenigsten
verborgen ist, sowie, in noch größerem Maße, mit den Dingen

dieser Welt ... Aus diesem Grunde hat die göttliche Allwissenheit den *Engeln* unsere menschliche Hierarchie anvertraut, wobei er Michael zum Fürsten des jüdischen Volkes ernannte und auch weitere *Engel* als Fürsten über verschiedene Völker einsetzte. Denn ›als der Höchste die Völker teilte, setzte er die Grenzen der Völker nach der Zahl der Engel Gottes‹[10].«

Folgendermaßen faßt Dionysius die Aufgaben und Funktionen der himmlischen Hierarchien zusammen: »Die himmlischen Intelligenzen sind sämtlich Offenbarende und Boten des ihnen jeweils Vorausgehenden: Die würdigsten offenbaren Gott, der sie bewegt, die anderen wiederum die von Gott bewegten Wesenheiten, und zwar gemäß ihrem jeweiligen Vermögen. So weise hat nämlich die höchste Harmonie aller Dinge für die geregelte Erhöhung und die heilige und harmonische Anlage jedes vernunftbegabten erkennenden Wesens gesorgt, daß sie jede Hierarchie in drei heilige Chöre oder Ordnungen unterteilt hat, weshalb wir auch alle [irdische] Hierarchie in erste, mittlere und unterste Mächte eingeteilt sehen. In Wahrheit hat sie auch noch jeden Chor nach denselben göttlichen Verhältnissen in sich dreifach geschieden. Deshalb erklären die Kenner des Göttlichen, daß sogar die unendlich Hohen, die *Seraphim,* ›einer dem andern‹ zuriefen[11], um damit, wie ich meine, zweifelsfrei anzuzeigen, daß sie als erste ihre Erkenntnisse über das Göttliche den anderen mitteilten.«

Schließlich richtet Dionysius seine Aufmerksamkeit auf die Zahl der himmlischen Intelligenzen. Er schreibt:

»Mir will scheinen, daß ein weiteres Ding eine einsichtsvolle Erwägung verdient: So erklärt die Tradition der *lógia,* die *Engel* seien ›tausendmal tausend‹ und ›zehntausendmal zehntausend‹[12] – sie wiederholen also und vervielfachen mit sich selbst die höchsten uns bekannten Zahlen, um uns dadurch mit aller Deutlichkeit zu verstehen zu geben, daß die Chöre der überirdischen Intelligenzen für uns unzählbar sind. Viele sind nämlich der seligen Heerscharen himmlischer Intelligenzen, weit mehr, als unsere unzulängliche Zählung es fassen

kann, und vollkommen bestimmt einzig durch ihr Denken
und ihr überirdisches, himmlisches Wissen – Gnadengaben
des göttlichen allwissenden Urgrunds und Quells aller Weisheit, des allumfassenden Ursprungs und Grunds, der schöpferischen Ursache des Seins, der Macht und Grenze, die alle
Geschöpfe umfaßt und begreift.«

*Albrecht Dürer: Michaels Kampf mit dem Drachen, Holzschnitt
um 1497/98.*

Drittes Kapitel

Luzifer, der gefallene Engel

Wie bist du gefallen vom Himmel,
du glänzendes Morgengestirn!
Wie bist du geschleudert zur Erde,
du Völkerbezwinger!
Du sprachst wohl in deinem Herzen:
Ich will in den Himmel aufsteigen
und über die Sterne Gottes meinen Thron erheben
und mich auf den Sammelberg am äußersten Norden setzen.
Ich will zu der Wolken Höhen hinaufsteigen,
dem Höchsten gleich sein.
Doch zur Unterwelt hinab bist du gestürzt,
in des Grabes Tiefen!

Diese Verse aus *Jesaja* (14, 12–15) umreißen die Geschichte von der Auflehnung LUZIFERS, des »glänzenden Morgengestirns«, und seines Sturzes – des Ereignisses also, aus dem die Feindschaft zwischen den Engeln, die Gott die Treue hielten, und denen, die sich auf die Seite des Empörers schlugen, herrührt: ein Mythos, der von jeher die Menschen gefesselt und die Dichter, von DANTE bis BYRON, zu bedeutenden Werken inspiriert hat.

Nach ORIGENES, dem größten Theologen der alten Kirche, gab es neben diesen zwei Gruppen auch noch die »unsicheren Engel« – diejenigen also, die sich weder für Gottes noch für Luzifers Seite entscheiden konnten. Von diesen unentschlossenen und zaudernden Geschöpfen würde nun der Mensch abstammen, der ja wie sie ständig in der Schwebe zwischen Gut und Böse ist und es oft genug nicht schafft, eindeutig Stellung zu beziehen.

Wann erfolgte die Spaltung? Offensichtlich bevor Gott
ADAM und EVA in den Garten Eden setzte, denn als die beiden
ihn betraten, war der »Versucher« bereits da und lauerte auf
seine Opfer. Andererseits hatte Gott am Ende des Schöpfungs-
werkes, ehe er am siebten Tage ruhte, gesehen, daß alles, was
er geschaffen hatte, »sehr gut« war: Der Abfall der Engel
konnte also da noch nicht stattgefunden haben.

Einen ausführlichen und zusammenhängenden Bericht über
die Empörung gegen Gott enthält die Heilige Schrift nicht;
wohl aber finden wir sowohl im *Alten* als auch im *Neuen
Testament* – vor allem, wie wir gesehen haben, beim Propheten
JESAJA – Stellen, die auf dieses Ereignis anspielen. In der *Offenbarung* des JOHANNES lesen wir darüber hinaus, daß Luzifer
bei seinem Sturz den dritten Teil der Sterne mit sich hinabriß:
»Noch ein anderes Zeichen erschien im Himmel: Ein großer
feuerroter Drache mit sieben Köpfen, zehn Hörnern, und auf
seinen Köpfen sieben Diademe. Sein Schwanz zog den dritten
Teil der Sterne des Himmels nach sich und warf sie auf die
Erde ...« (*Offenbarung* 12, 3 f.).

Eine andere Stelle[13] deutet einen weiteren möglichen Grund
für den Abfall und die Verirrung der Engel an: Die Nachkommen der »Söhne Gottes«, die sich auf der Erde mit den Töch-
tern der Menschen vereinigt hatten, wurden mit der Zeit immer
gottloser. Daraufhin erzürnte sich der Herr und beschloß, sie
alle, ausgenommen NOAH, von der Erde zu vertilgen. Es ist
die Geschichte von der Sintflut. In dieser zweiten Überlieferung – sie ist, wie wir sahen, auch in das apokryphe *Henochbuch* eingeflossen – wird Luzifer allerdings nicht erwähnt,
und so bleibt sein Verhältnis zum »Fürsten, der in der Luft
herrscht« (*Epheser* 2, 2) ungeklärt. Von ihm heißt es bei
EZECHIEL:

> »... Du warst das Abbild der Vollkommenheit,
> voller Weisheit und über die Maßen schön.
> In Eden warst du, im Garten Gottes,

> geschmückt mit Edelsteinen jeder Art,
> mit Sarder, Topas, Diamant, Türkis, Onyx, Jaspis,
> Saphir, Malachit, Smaragd ...
> Du warst ein glänzender, schirmender Cherub ...
> Weil sich dein Herz erhob, daß du so schön warst,
> und du deine Weisheit verdorben hast in all deinem Glanz,
> darum habe ich dich zu Boden gestürzt ...«
> (*Ezechiel* 28, 12–17)[14]

LUZIFER, »der Lichtbringer«, war der vollkommenste, der strahlendste unter den Engeln, die Gott zu seiner Verherrlichung erschaffen hatte. Es gelang ihm indes nicht, sich mit dieser dienenden Rolle zu begnügen, und er begehrte, an Gottes Stelle den Himmel zu beherrschen, maßte sich die höchste Autorität an. Er beging die Sünde des Stolzes und strebte danach, sich anzueignen, was ihm nicht gehörte.

Bei Licht betrachtet ist dies auch der Grund, aus welchem die Menschen sich gegenseitig bekämpfen und Kriege führen. Der im Himmel entbrannte Konflikt setzt sich auf der Erde fort und zieht jeden von uns hinein. Tag für Tag ringen in uns seit Anbeginn der Zeiten die Kräfte des Guten und des Bösen miteinander: Heute wie damals – auch wenn uns verheißen wurde, daß die Mächte des Bösen nicht gewinnen werden (*Matthäus* 16, 18).

Die Existenz des Teufels ist ein integraler Bestandteil der katholischen Doktrin; sie wurde immer wieder von den Päpsten bestätigt – und nicht selten von den Gläubigen in Frage gestellt.

Monsignor CORRADO BALDUCCI, ein Theologe, der sich sehr eingehend mit dem Problem des Teufels beschäftigt hat, schreibt in seinem Buch *La possessione diabolica* (»*Die Teufelsbesessenheit«*):

»Zunächst ist der Satan, allgemein gesprochen, ein Geschöpf Gottes und unterscheidet sich in dieser Hinsicht nicht vom Menschen – wenn er ihm auch, was seine Natur und seine

Fähigkeiten angeht, bei weitem überlegen ist. Dann aber ist er, genauer gesagt, ein gefallener Engel.

Auch die Engel mußten, um der ewigen Glückseligkeit teilhaftig zu werden, eine Prüfung bestehen: Viele von ihnen lehnten sich auf und verloren aufgrund ihres klaren Bewußtseins von ihrem eigenen Rang und von der Gottheit – anders als der Mensch – die Hoffnung auf die Erlösung. Von diesem Augenblick an sprach man von Dämonen und Hölle ...

Während die Engel ihre Macht zum Guten einsetzen, verfolgen die Teufel, von Haß auf Gott und die Menschen erfüllt, damit ausschließlich unheilvolle und verderbte Zwecke. Der Herr hätte alle ungehorsamen Engel in die Hölle verweisen und ihnen damit jede Möglichkeit zu schaden nehmen können; in seiner unendlichen Weisheit und Güte läßt er es jedoch zu, daß ein großer Teil von ihnen auf der Erde bleibt und Absichten verwirklicht, die zwar für sich genommen böse sind, aber nichtsdestoweniger einen Anreiz und ein Mittel zu moralischer Vervollkommnung darstellen. In diesem Sinne kann der Teufel als ewiges Instrument und mitwirkende Ursache des Heils bezeichnet werden – eine für die göttliche Ökonomie, die bei der Lenkung der Welt alles, auch das Schlechteste, zu einem guten Ende zu nutzen weiß, überaus vorteilhafte Einrichtung ...«

Ein gewaltig angelegtes und weitsichtiges Projekt also, das einen Akt der Auflehnung, der eine endgültige Spaltung zu bedeuten schien, in ein potentielles Gutes verkehrte: Der rebellische Engel wird gegen seinen Willen in den göttlichen Heilsplan eingebunden und zum Werkzeug der Vervollkommnung des Menschen gemacht, der siegreich aus seinen Anfechtungen hervorgeht. So jedenfalls lehrt die katholische Kirche.

Der gefallene Engel nach Jakob Lorber

Eine ausführliche, poetische und fesselnde – wenn auch vielleicht nicht sehr orthodoxe – Schilderung von Luzifers Empörung und Fall findet sich in einem bemerkenswerten Text, der vor etwa 140 Jahren aus der Feder eines bescheidenen österreichischen Musikers floß: Sein Name war JAKOB LORBER. Bevor wir auf den Inhalt seiner Schriften eingehen, wird es von Interesse sein, ihre Entstehungsgeschichte kennenzulernen.

Jakob Lorber (1800–1864) wurde in Graz geboren und verbrachte dort sein ganzes Leben. Am Morgen des 15. März 1840 hatte dieser einfache Mann ein Erlebnis, das ihn von Grund auf veränderte: Er hörte eine *Stimme,* die aus der Herzgegend kam und ihm den Befehl erteilte: »Nimm deinen Stift und schreibe!«

Diese Worte sollten seinem Leben eine völlig neue Richtung geben. Genau an diesem Tag hätte Lorber dem Theater von Triest mitteilen müssen, ob er die ihm angebotene (für ihn sehr verlockende) Stelle eines zweiten Kapellmeisters anzunehmen gedachte. Als er aber alles niedergeschrieben hatte, was ihm die Stimme diktierte, begriff er, daß die höhere Welt ihn mit einer außergewöhnlichen, nicht mit der Arbeit am Theater zu vereinbarenden Aufgabe betraut hatte. Er lehnte also das Angebot ab und verzichtete auch endgültig darauf, sich zu verheiraten. Von da an führte er ein völlig zurückgezogenes Leben; er verdiente sich das Wenige, das er benötigte, durch Klavierstunden und wohnte in einem dürftig möblierten Zimmer.

Jeden Tag saß er stundenlang am Tisch und schrieb alles auf, was ihm die Stimme diktierte. Die Manuskripte weisen keinerlei Korrekturen oder sonstige Anzeichen von Überarbeitung auf; als man sie nach seinem Tod veröffentlichte, ergaben sie mehr als 10000 Druckseiten.

Ein Teil von Lorbers Schriften befaßt sich mit naturwissenschaftlichen Gegenständen und enthält für die damalige Zeit

absolut unvorstellbare Beschreibungen und Angaben: Der
Zweck dieser Informationen war vermutlich, den Nachweis
zu erbringen, daß die Aufzeichnungen keinem menschlichen,
sondern einem göttlichen Geist entstammten. Inzwischen
haben sich manche von Lorbers Aussagen über die Atome,
die Elementarteilchen oder über bestimmte astronomische
Sachverhalte als vollkommen einsichtig und zutreffend erwiesen; zu der Zeit, als sie aufgeschrieben wurden, war allerdings
niemand in der Lage, sie auf ihren Wahrheitsgehalt hin zu
überprüfen. Tatsächlich hatte die Stimme Lorber mitgeteilt,
seine Texte seien für den Menschen des zwanzigsten Jahrhunderts bestimmt.

Der andere, größere, Teil von Lorbers Schriften ist religiösen
Inhalts und wird als die »*Neuoffenbarung*« bezeichnet. Die
zahlreichen Einzeltexte dieses Werkes erscheinen im deutschen
Original bei einem eigens zu diesem Zweck gegründeten Verlag und sind auch in viele Sprachen übersetzt worden. Die
Neuoffenbarung gibt Auskunft über den Menschen und das
Universum von den Anfängen bis in die Gegenwart, erklärt
den göttlichen Erlösungsplan und offenbart den verborgenen
Sinn der Heiligen Schrift. Es ist ein monumentales, wahrhaft
enzyklopädisches Werk, und wir finden in ihm unter vielen
anderen Dingen auch die Beschreibung von Luzifers Empörung und dem Sturz der Engel.

»Als die Gottheit sich durch Vorgänge, die euch stets
geheimnisvoll bleiben werden, gefunden und in sich den schaf-
fenden und alles umfassenden Weltengeist erkannt hatte, da
entstand in ihr ein mächtiges Wogen und Drängen, und sie
sprach in sich: ›Ich will Meine Ideen aus Mir[15] herausstellen,
damit Ich an diesen erschaue, was Meine Kräfte vermögen!‹
Denn solange keine Tätigkeit entsteht, kann die Gottheit sich
selbst nur in geringem Maße erkennen. Erst an ihren Werken
erkennt sie ihre Macht immer mehr und freut sich daran
(gleichwie jeder Meister an seinen Produkten erst erkennt,
was in ihm ruht, und seine Freude daran hat).

TAFEL 5
Diese an die Decke der Kirche von Däbrä Bärhari (Äthiopien) gemalten Gesichter stellen die verschiedenen Ebenen der Wirklichkeit dar. Wie die Stufen einer Treppe führen sie immer höher empor und streben zum einen Urprinzip hin, das jenseits alles Wirklichen ist. Auf jeder dieser Stufen begegnet man einem Engel: Wächter, Beschützer und Ausdruck einer immer höheren inneren Erfahrung.

TAFEL 6

»Bugaku-Tänzer« – Ausschnitt aus einem Gemälde von Hanabusa Itchô (1652 bis 1724). Wir wissen nicht, ob die Vorstellung geflügelter Mittler zwischen Himmel und Erde ursprünglich japanisch war oder ob sie aus dem Mittleren Osten entlehnt wurde. Es scheint andererseits festzustehen, daß die Gestalt des Engels ein wichtiger Archetyp ist und in nahezu allen – östlichen wie westlichen – Kulturen auftaucht.

TAFEL 7

Allgemein gesprochen ist die Funktion des Engels die eines Boten oder Mittlers zwischen den Göttern und den Menschen. Diese Funktion findet sich in vielen religiösen Überlieferungen, so auch im Hellenismus, im Islam und im Christentum. Von links nach rechts: Hebe (Detail einer altgriechischen Vasenmalerei); Ausschnitt aus einer Mogulminiatur; Detail der »Verkündigung« von Melozzo da Forlì (1438 bis 1494).

TAFEL 8
Christliches Mandala: Diese Vision der heiligen Hildegard von Bingen (1098 bis 1178) zeigt Gott umringt von neun Engelchören – den geistigen Hierarchien, in denen er sich manifestiert. Gott selbst erscheint lediglich als leuchtender Kreis im Zentrum: nichtdarstellbare Gottheit, die nur das lebendige Licht anzudeuten vermag. Miniatur aus dem 12. Jahrhundert.

Sie wollte also schaffen und sagte sich weiter: ›In Mir ruhet alle Kraft der Ewigkeiten; also schaffen Wir ein Wesen, das ausgerüstet sei mit aller Kraft gleich Mir Selbst, jedoch so, daß es in sich trage die Eigenschaften, an denen Ich Mich Selbst erkennen kann!‹ Und es ward ein Geist erschaffen, der ausgerüstet wurde mit aller Kraft aus Mir, Meine in Mir ruhenden Kräfte beschaulich der Gottheit vorzuführen ...

Wenn Ich euch nun sage, daß dieser erstgeschaffene Geist ›Luzifer‹ (d. h. Lichtträger) hieß, so werdet ihr jetzt auch begreifen, warum er so und nicht anders hieß. Er trug in sich das Licht der Erkenntnis und konnte als erstes Geistwesen die Grenzen der innergeistigen Polaritäten recht wohl erkennen. Er, ausgerüstet mit Meiner völligen Macht, rief nun andere Wesen ins Leben, die völlig ihm ähnlich waren, auch die Gottheit in sich empfanden und dasselbe Licht der Erkenntnis in sich erbrennen sahen wie er, ebenfalls selbstschöpferisch auftraten und ausgerüstet wurden mit aller Kraft Meines Geistes.

Luzifer, wohl wissend, daß er in sich den Gegenpol Gottes vorstellen sollte, vermeinte nun zu ermöglichen, die Gottheit gewissermaßen in sich aufzusaugen, und verfiel in den Irrtum, als geschaffenes und damit endliches Wesen die Unendlichkeit in sich aufnehmen zu können ...

Wie nun das endliche Wesen niemals die Unendlichkeit begreifen kann und wird und daher in diesem Punkte stets leicht in Irrtümer verfallen und bei absteigender Bewegung in diesen verharren kann, so versank trotz aller Warnungen Luzifer dennoch in den Wahn, die Gottheit aufnehmen und gefangennehmen zu können. Damit verließ er den gerechten Standpunkt, entfernte sich aus dem Mittelpunkt Meines Herzens und verfiel stets mehr und mehr in den falschen Wunsch, seine Geschöpfe, die durch ihn, aber aus Mir entstanden waren, um sich zu versammeln, um die mit Wesen aller Art bevölkerten Räume zu beherrschen.

Es entstand nun ein Zwiespalt, das ist eine Trennung der Parteien, der schließlich dazu führte, daß die Luzifer gegebene

Macht von Mir zurückgezogen und er mit seinem Anhange machtlos und der Schaffenskraft beraubt wurde.

Es entstand naturgemäß die Frage: Was soll nun mit diesem Heere der Gefallenen und wie tot, d. h. untätig Erscheinenden geschehen?

Es ergaben sich da zwei Wege. Der erste Weg war: Luzifer mit seinem Anhange zu vernichten, um sodann einen zweiten zu schaffen, der wahrscheinlich demselben Irrtum unterworfen gewesen wäre, da ein vollkommener Geist, den Ich frei hinausstelle, der demnach nicht abhängig von Meinem Willen war, nicht geschaffen werden konnte. Maschinen zu schaffen, die willenlos ausführen, was Ich befehle, war keine Schwierigkeit. Um aber das Licht der Selbsterkenntnis zu erringen, war der bisherige Weg der einzige. Da aber durch, d. h. mittels Luzifer auch die anderen Mir treu gebliebenen Geister erschaffen wurden, so gehörten sie in seine Sphäre. Eine plötzliche Vernichtung Luzifers hätte also auch die Vernichtung aller Lebewesen bedeutet.

Wodurch aber hätte Luzifer, dessen Fall nur durch Irrtum geschehen war, folglich also die Möglichkeit des Ablegens des Irrtums einschließt, dieses verdient? Weshalb hätten die treu gebliebenen Wesen ihre Vernichtung verdient und schließlich: Wo bliebe Meine Weisheit, wenn Ich nicht von Anbeginn die Möglichkeit eines Abfalls erkannt und vorhergesagt hätte ...? Und vor allen Dingen: Wo bliebe Meine Liebe, wenn diese nicht von einer Vernichtung abgesehen hätte, vielmehr Mittel durch die Weisheit fände, die verlorenen Wesen zum Lichte der Erkenntnis zurückzuführen, damit sie also in dem gerechten Gleichgewichte der polaren Eigenschaften verbleiben?

Es blieb also nur der *zweite* Weg übrig, den ihr in der materiellen Schöpfung vor euch habt ...«

Die komplexe Dynamik der von Gott als Konsequenz aus Luzifers Auflehnung gewollten Schöpfung des materiellen Universums veranschaulicht die Stimme durch ein schönes und eindrucksvolles Gleichnis:

»Ein Kristall, wenn auskristallisiert, kann in seiner Wesenheit nicht mehr geändert werden und kristallisiert entweder als Rhomboeder oder Hexaeder, Oktaeder usw., je nachdem, welche Form seinem Charakter ... entspricht.

Soll da nun eine Änderung geschaffen werden, weil die Kristalle nicht ganz rein ausgefallen sind, so müssen dieselben durch Wärme (Liebe) aufgelöst werden, um sodann beim Erkalten des warmen Liebeswassers, das gleichbedeutend ist dem Freigeben ihres Willens, von neuem auszukristallisieren. Nun bilden sich wieder neue, schöne Kristalle, und jeder vorsichtige Chemiker wird es verstehen, möglichst schöne, klare und große Kristalle zu erzielen, die seinen Zwecken entsprechen.

Sehet, so ein Chemiker bin Ich! Ich löste die unrein gewordenen Kristalle (Luzifer und seinen Anhang) auf in dem warmen Liebeswasser und ließ diese Seelen nun wieder auskristallisieren, damit sie klar würden. Daß das durch Aufsteigen durch das Mineralreich und das Pflanzenreich bis zum Menschen geschieht, ist euch bekannt. Da die Seele des Luzifer jedoch die gesamte materielle Schöpfung umschließt, so muß auch diese sich in der Form eines Menschen ausdrücken ...

Hierzu wurde nun die materielle Welt oder das ganze Universum oder der materielle Schöpfungsmensch gegründet. In ihm wurden die Geister nach dem Grad ihrer Böswilligkeit in die Materie eingehüllt (eingekleidet), Kämpfen, Versuchungen und Leiden ausgesetzt; erstens, um sie nach und nach zur Einsicht ihrer eigenen Fehler durch die auf sie einwirkenden Verhältnisse zu bringen, und zweitens auf diese Art ihre *freiwillige* Rückkehr selbst einzuleiten ... Überall ist das Prinzip der *Freiheit* als *erstes,* und das Prinzip der Vervollkommnung als zweites festgestellt ...

Die ganze sichtbare Schöpfung besteht nur aus Partikeln des großen gefallenen und in die Materie gebannten Geistes Luzifers und seines Anhangs ...

Sehet, was Ich eines einzigen hochmütigen Engels wegen

tue! Ich sage euch, es wäre nie eine Erde noch Sonne, noch
irgend etwas Materielles geschaffen worden, wäre dieser Einzige demütig geblieben ... In dem Wachsen Meiner zahllosen
unvollendeten Kinder, in ihrem zunehmenden Erkennen und
Vollkommenerwerden und in ihrer daraus erwachsenden
Tätigkeit liegt auch Meine höchste Seligkeit. Ihre Freude über
eine mühsam errungene, vollendetere Fähigkeit ist auch meine
Freude.«

Man kann nicht umhin, die Erhabenheit und Schönheit dieser Worte anzuerkennen, dieser – wie ich finde – einzigartigen
Deutung der Empörung Luzifers gegen seinen Schöpfer und
der »Reaktion« Gottes, der in seiner unendlichen Liebe dem
rebellischen Engel und der Schar seiner Anhänger die Möglichkeit bietet, *freiwillig* in die himmlische Heimat zurückzukehren.

Im Zusammenhang mit dem Gleichnis vom verlorenen Sohn
diktierte die Stimme Lorber dann noch weitere Erklärungen
in bezug auf Luzifer, den gefallenen Engel:

»Es gibt wohl in der Heiligen Schrift keinen Vers und kein
Kapitel, das Größeres in sich fassen möchte, als das Gleichnis
vom verlorenen Sohn. Auch wird es nicht leicht eine Stelle
geben, die schwerer zu verstehen ist als diese ...

In dem Namen ›Luzifer‹ steckt das ganze, für euch ewig
unerfaßliche und endlose Kompendium des verlorenen Sohnes. Denkt euch, daß beinahe die gesamte gegenwärtige
Menschheit nichts als Glieder dieses einen ›verlorenen Sohnes‹
sind, und zwar namentlich diejenigen Menschen, welche aus
Adams ungesegneter Linie abstammen ... Unter dem ›verlorenen Sohn‹ wird aber auch jeder einzelne Mensch für sich
verstanden ...

In jedem einzelnen Menschen, der nach Meinem Wort lebt
und wiedergeboren wird durch das Wort und durch die Erlösung, wird dieser Verlorene (d. h. ein Wesensteil von ihm)
wiedergefunden und in das große Vaterhaus zurückkehren ...

Freilich ist alle Materie, aus der das Universum besteht,

auch nur ein Werk Gottes, und es liegt in ihr Göttliches verborgen, aber daneben liegt in ihr auch Lüge, Trug und Verführung, woraus dann entsteht Neid, Geiz, Haß, Hochmut, Verfolgung und daraus hervorgehend allerlei Laster, ohne Zahl und Maß. Und eben dieses Falsche, die Lüge und der Trug, ist *geistig* genommen der ›Satan‹, und alle die einzelnen daraus notwendig hervorgehenden Laster sind eben das, was man ›Teufel‹ nennt.«

Lorber wurde auch offenbart, daß der Plan Gottes, alle von ihm abgefallenen Geistwesen über den Weg der Materie zum Haus des Vaters zurückzubringen, zwar in Erfüllung gehen wird, doch erst in unvorstellbar ferner Zukunft. Aber dennoch wird die Zeit kommen, »wo keine materielle Sonne und keine materielle Erde mehr kreisen werden im endlosen Raum, sondern überall wird eine überherrliche, neue geistige Schöpfung mit seligen freien Wesen den endlosen Raum erfüllen, und Ich werde ewig gleichfort aller Wesen Gott und Vater sein von Ewigkeit zu Ewigkeit. Und dieses allerseligsten Zustandes wird fürderhin nimmer ein Ende sein. Es wird da sein *eine* Herde, *ein* Schafstall und *ein* Hirte … Wann aber dieses alles also wird, nach der Zahl der Erdenjahre, kann nimmer bestimmt werden. Und würde Ich die Zahl auch kundtun, so würdest du sie unmöglich fassen können.«

Lorbers *Neuoffenbarung* zufolge wäre die materielle Schöpfung also das von der Liebe Gottes ersonnene Mittel, um die zusammen mit Luzifer gefallenen Geister zu erlösen und zu retten. Der Erlösungsweg durch die Materie ist lang und oft leidvoll, doch er wird zu guter Letzt in Gott münden.

»Jetzt«, sagte die Stimme weiter und richtete sich dabei an die gesamte Menschheit, »seid ihr erst wie Embryonen im Mutterleib …«, doch *»ihr waret Geist und werdet wieder Geist werden.«*

Viertes Kapitel

Der Papst und die Engel

Die christliche (insbesondere die katholische) Theologie hat sich schon immer mit den Engeln beschäftigt und sich bemüht, eine exakte und verbindliche Angelologie zu entwickeln. Die Kirchenväter – und nach ihnen die Theologen – haben den Gegenstand von jeder nur denkbaren Seite beleuchtet und immer wieder über die Natur der Engel, über ihre Aufgaben, darüber, ob sie einen Körper besitzen oder reiner Geist seien, und vieles andere mehr disputiert.

Es hat auch in grundsätzlichen Punkten nicht immer an Meinungsverschiedenheiten gefehlt: PAULUS etwa lehnte die Engelverehrung ab, während das 1. Konzil von Nizäa (325 n. Chr.) erklärte, der Glaube an die Engel sei Teil der christlichen Lehre. Wenig später, im Jahre 343, brandmarkte die 1. Synode von Laodizäa den Engelkult als Götzendienst. AUGUSTINUS (354–430) betonte allerdings, *esse angelos novimus ex fide,* »daß die Engel existieren, wissen wir durch den Glauben«. Im Jahre 787 schließlich führte die 7. ökumenische Synode einen genau bestimmten und begrenzten Engel- und Erzengelkult wieder ein.

Bekanntlich spielen die Engel heute eine recht untergeordnete Rolle im Bewußtsein der Öffentlichkeit. Nur noch wenige Menschen glauben an ihre reale Existenz, und selbst die Theologen scheinen sich nicht mehr allzusehr für sie zu interessieren. Ganz anders die Päpste. Als er noch Patriarch in Venedig war, erklärte JOHANNES PAUL I., die Engel seien »die großen Unbekannten unserer Zeit«, und er fügte hinzu: »Es wäre jedoch angebracht, sich häufiger an sie zu erinnern – als an die Minister der Vorsehung, durch welche diese die Menschen regiert.«

Im Sommer 1986 hat dann auch JOHANNES PAUL II. wiederholt über die Engel gesprochen und dabei einige Punkte herausgearbeitet, »über die ohne hinreichende Kenntnis diskutiert wird«. Diese Richtigstellungen erfolgten im Rahmen der öffentlichen Mittwochsaudienzen, und die Zeitungen haben darüber berichtet; darüber hinaus hat Johannes Paul diesen Gegenstand auch in einer besonderen Veröffentlichung behandelt.

Der Papst erklärte, die Existenz der Engel anzuzweifeln sei damit gleichbedeutend, »die Heilige Schrift und mit ihr die ganze Heilsgeschichte von Grund auf zu revidieren«. Er definierte die Engel als »reingeistige, freie und rationale Wesen« und betonte, »die Wahrheit über die Engel (sei) ein untrennbarer Bestandteil der zentralen Offenbarung: der Existenz, der Majestät und der Herrlichkeit Gottes, die in der ganzen sichtbaren und unsichtbaren Schöpfung erstrahlen«.

Der Papst räumte ein, daß »die Existenz und die Tätigkeit der Engel nicht den Hauptinhalt von Gottes Wort ausmachen« und daß »Gott in der Offenbarung in erster Linie von den Menschen spricht«. Wenn die Engel aber auch »nicht im Vordergrund der Offenbarungswirklichkeit stehen, so gehören sie ihr dennoch vollkommen an, und tatsächlich sehen wir sie zuzeiten absolut wesentliche Aufgaben im Namen Gottes erfüllen«.

Die Engel – sagte der Papst –, diese in unzähligen Religionen verehrten intelligenten und unsterblichen Stimmen, Ohren und Arme Gottes – »sind von Natur aus, das heißt aufgrund ihrer Geistigkeit, Gott näher als die materiellen Geschöpfe; sie bilden gleichsam die nächste Umgebung des Schöpfers, der sich als vollkommener Geist vor allem in ihnen spiegelt. Die Heilige Schrift bezeugt die Tatsache dieser absoluten Gottesnähe der Engel in ziemlich unmißverständlicher Weise, indem sie sie – bildlich – als Throne, Heerscharen, Himmel des Herrn bezeichnet.«

»Die Engelthematik«, fügte der Papst dann hinzu, »mag

dem modernen Menschen entlegen oder nicht allzu relevant erscheinen. Und doch glaubt die Kirche, indem sie lehrt, daß Gott auch die Engel erschuf, dem Menschen einen großen Dienst zu erweisen. Dadurch nämlich erinnert sie den Menschen an die christliche Offenbarung, der zufolge er nicht Leib allein, sondern auch Geist ist. Die Kirche bekennt ihren Glauben an die Schutzengel, indem sie ihnen ein besonderes Fest widmet (2. Oktober) und empfiehlt, sich durch Gebete ihre Beschützerfunktion ins Bewußtsein zu rufen.«

Der Papst charakterisierte die Engel als »reingeistige, mit Vernunft und freiem Willen begabte, dem Menschen überlegene Geschöpfe«.

In diesem Zusammenhang wies er darauf hin, daß »Jesus selbst sagt: ›Die Engel im Himmel *schauen allezeit das Angesicht meines himmlischen Vaters*‹ (*Matthäus* 18, 10). Dieses ›allezeit Schauen des Angesichts des Vaters‹ ist die *höchste Form der Anbetung Gottes*. Man kann sagen, daß sie jene im Namen des gesamten Universums vollzogene ›*himmlische Liturgie*‹ darstellt, der sich die irdische Liturgie der Kirche – grundsätzlich immer, namentlich aber in ihren Höhepunkten – Tag für Tag anschließt. Es genüge hier, daran zu erinnern, wie sich die Kirche auf der ganzen Welt, jeden Tag und jede Stunde, vor Beginn des eucharistischen Hochgebetes *im Herzen der Heiligen Messe* auf ›die Engel und Erzengel‹ beruft, um die Ehre Gottes zu singen, und damit in den Lobgesang jener ersten Anbeter Gottes einfällt.«[16]

Die Engel, sagte der Papst weiter, spielen außerdem kraft göttlichen Willens eine besondere Rolle in der menschlichen Heilsgeschichte. So lesen wir im *Sendschreiben an die Hebräer* (1, 14): »Sind sie nicht alle dienstbare Geister, zum Dienste derer ausgesandt, welche die Seligkeit ererben sollen?« – womit die Rolle der Engel als Helfer und Beschützer des Menschen ihre biblische Bestätigung erfährt. In diesem Zusammenhang zitierte der Papst auch *Psalm* 91, Verse 11 und 12, wo es heißt: »Denn seinen Engeln befiehlt er deinetwegen, dich zu bewahren auf allen deinen Wegen. Auf den Händen werden sie dich tragen, daß an keinen Stein stoße dein Fuß.«

Und weiter: »(Jesus) schreibt den Engeln außerdem die Rolle von Zeugen vor jenem höchsten Gericht zu, in dem über das ewige Schicksal des Menschen entschieden werden wird. ›Wer mich vor den Menschen bekennen wird, den wird auch der Sohn des Menschen *vor den Engeln Gottes* bekennen. Wer mich aber vor den Menschen verleugnet, der wird auch *vor den Engeln Gottes* verleugnet werden‹ (*Lukas* 12, 8 f.). Diese Worte sind bedeutsam: Wenn die Engel nämlich am Urteil Gottes teilhaben, dann sind sie auch am menschlichen Leben interessiert.«

Sehen wir jetzt, was der Papst über die Erzengel MICHAEL, RAPHAEL und GABRIEL zu sagen hat:

»Wir sollten schließlich auf die Tatsache hinweisen, daß die Kirche noch drei bestimmte Engelsgestalten eigens durch liturgischen Kult ehrt, die in der Heiligen Schrift mit Namen genannt werden. Der erste ist der *Erzengel Michael*. Sein Name bringt in knappster Form die allen guten Geistern eigentümliche innere Haltung zum Ausdruck. ›Mikha-El‹ bedeutet nämlich ›Wer ist wie Gott?‹. In diesem Namen findet man also die rettende Wahl ausgedrückt, kraft welcher die Engel ›das Angesicht des himmlischen Vaters schauen‹. Der zweite ist *Gabriel:* Er steht in einer besonderen Beziehung zum Mysterium der Fleischwerdung des Sohnes. Sein Name, Gavri-El, bedeutet ›Meine Macht ist Gott‹ oder ›*Macht Gottes*‹ und zeigt dadurch an, daß der Höhepunkt der Schöpfung, die Menschwerdung, die höchste Manifestation der Allmacht des Vaters ist. Der dritte Erzengel schließlich heißt *Raphael*. ›Rafa-El‹ bedeutet ›*Gott heilt*‹. Auch er hat sich im Alten Testament offenbart – in der Geschichte des Tobia – und uns damit vor Augen geführt, wie wichtig es ist, die Kinder, diese so überaus schutzbedürftigen kleinen Wesen, der Obhut der Engel anzuvertrauen.

Durch einiges Nachdenken erkennen wir, daß jede dieser drei Gestalten – Mikha-El, Gavri-El und Rafa-El – einen spezifischen Aspekt jener Wahrheit widerspiegelt, die der Verfasser des *Sendschreibens an die Hebräer* in Form einer Frage zum Ausdruck bringt: ›Sind sie nicht alle dienstbare Geister, zum Dienste derer ausgesandt, welche die Seligkeit ererben sollen?‹ (*Hebräer* 1, 14).«

In diesem Zusammenhang sprach der Papst auch über die »bösen Engel« und erklärte in diesem Zusammenhang, daß die Scheidung in gute und böse Engel »nicht durch göttlichen Schöpfungsakt erfolgte«, sondern durch die freie Wahl der Geschöpfe, die »einer moralischen Prüfung unterworfen wurden. Als Gott sie als freie Wesen schuf, konnte er die Möglichkeit, daß sie sündigen würden, unmöglich nicht auch vorhersehen.«

Die »bösen Engel« sind also reine Geister, die sich freiwillig dafür entschieden haben, »Gott abzulehnen«. Diese Entscheidung ist »ebenso grundsätzlich und unwiderruflich wie die der guten Engel, ihr jedoch diametral entgegengesetzt: Anstatt Gott voller Liebe anzunehmen, haben sie ihn abgelehnt – von einem falschen Gefühl der Autarkie, der Abneigung und sogar des Hasses verleitet, der sich zuletzt in Auflehnung verwandelt hat.«

»Der *Engelsturz*«, erklärte der Papst weiter, »besteht in der freien Wahl dieser erschaffenen Geister: Sie haben *Gott und sein Reich* grundsätzlich und unwiderruflich *abgelehnt,* indem sie sich seine Herrscherrechte anmaßten und versuchten, den Erlösungsplan und die Ordnung der gesamten Schöpfung zu untergraben. Genau diese Haltung äußert sich in den Worten, die der Versucher an Adam und Eva richtete: ›*Ihr werdet sein wie Gott*‹ oder ›*wie Götter*‹ (1. *Mose* 3, 5). So versucht der Böse, jenen Geist der Rivalität, der Auflehnung und der Gottesfeindschaft, der inzwischen gleichsam zum einzigen Sinn und Zweck seiner Existenz geworden ist, auch dem Menschen einzugeben.«

Man könnte sich nun fragen, warum Gott den Engeln ihre Sünde nicht vergibt. Der Papst antwortet darauf folgendermaßen: »Weil sie in ihrer Sünde beharren – *weil sie ewig an jene Entscheidung gekettet bleiben, die sie im Anfang trafen,* indem sie Gott von sich wiesen.«

»Der Teufel«, so lautet die Schlußfolgerung des Papstes, »ist ein verblendeter Engel.«

Fünftes Kapitel

Die Engel der Mystiker und der Heiligen. Monte Sant'Angelo und Loreto. Der Engel von Fátima und der Engel von Garabandal

Im Leben der Mystiker und Heiligen stellen Engelerscheinungen keine Seltenheit dar. Sehen wir uns zunächst rasch einige Beispiele aus der Hagiographie (Heiligenkunde) des Mittelalters an. Anschließend werden wir uns mit nicht so weit zurückliegenden, fast zeitgenössischen Fällen etwas eingehender beschäftigen.

Der dreizehnjährigen JEANNE D'ARC (1412–1431) erschien der Erzengel MICHAEL, um ihr zu verkündigen, daß sie dazu auserkoren worden war, Frankreich zu befreien. Der Erzengel zeigte sich ihr in Gestalt eines von Engeln umringten, wunderschönen und strahlenden jungen Kriegers. Michael wurde Jeannes Führer und erfüllte bei ihr eine Reihe wichtiger Aufgaben: Er half ihr, das verlorene Schwert wiederzufinden, überreichte ihr das Banner und erinnerte sie immer wieder an die Wichtigkeit ihrer Sendung. Im Verlauf des Prozesses, der ein so tragisches Ende nehmen sollte, wurde Jeanne von den Inquisitoren lange und eingehend befragt, und sie erklärte, oftmals Engel gesehen zu haben. Sie sagte auch, der Erzengel Michael habe beim Gehen den Boden mit den Füßen berührt, was die Richter als ketzerische und unglaubwürdige Behauptung werteten. Jeanne blieb jedoch standhaft und widerrief selbst im Angesicht des Todes nichts.

Die selige ANGELA[17] VON FOLIGNO (1248–1309) erklärte

einmal: »Wenn ich es nicht selbst erlebt hätte, würde ich es
nicht für möglich halten, was für eine Seligkeit der Anblick
der Engel schenken kann.« Angela war früh verheiratet worden und hatte lange Zeit, wie die Hagiographen schreiben,
»den Sünden der Weltlichkeit« gefrönt. Nach ihrer Bekehrung
im Jahre 1285 entsagte sie allen irdischen Bindungen, trat in
den Franziskanerorden ein und gründete später eine »Genos-
senschaft von Schwestern des dritten Ordens«. Sie führte
fortan ein frommes, bußfertiges Leben und wurde zu einer
bedeutenden Mystikerin. Die – nach ihrem Diktat niederge-
schriebene – Biographie dieser »vollkommenen Braut Christi«
berichtet, der Heiland sei ihr zusammen mit seinen Engeln in
zahlreichen Visionen erschienen.

Die heilige AGNES VON MONTEPULCIANO (1274?–1317) soll
– den Chroniken zufolge – nicht weniger als zehnmal die
Kommunion von den Händen eines Engels empfangen haben,
wodurch sie der Notwendigkeit enthoben wurde, ihre mystische Zwiesprache mit Gott zu unterbrechen. Wiederholt
wurde sie »durch den Anblick der Engel getröstet«, und ein
Engel war es auch, der ihr den göttlichen Befehl übermittelte,
ein Kloster zu gründen.

Die heilige ROSA VON VITERBO (1235–1252), ein Kind armer
Eltern, hatte schon im Alter von sieben Jahren den Wunsch
geäußert, ins Kloster zu gehen, und vollbrachte im Laufe ihres
kurzen Lebens zahlreiche Wunderheilungen. Zu wiederholten
Malen erschien ihr ein Engel und prophezeite ihr bevorstehende Ereignisse, darunter auch den Tod Kaiser FRIEDRICHS II.

Etwas eingehender wollen wir uns mit der heiligen KLARA
VOM KREUZE (um 1275–1308) befassen. Sie entstammte einer
wohlhabenden italienischen Bürgerfamilie und soll ein außergewöhnlich schönes Mädchen gewesen sein. Bereits in frühester Kindheit weihte sie ihr Leben Gott und schloß sich im
Alter von sechs Jahren der von ihrer Schwester, der seligen
JOHANNA VON MONTEFALCO, gegründeten Reklusengenos-
senschaft[18] an. Klaras ganzes Leben ist eine schier ununterbro-

chene Folge übernatürlicher Ereignisse – von Wundern, Visionen, Erscheinungen und siegreichen Kämpfen gegen den Teufel. Die Engel erschienen ihr zu zahlreichen Gelegenheiten, namentlich im Rahmen von Visionen der Geburt, der Kreuzigung und der Auferstehung Christi. Als sie einmal aus gesundheitlichen Gründen nicht am Gottesdienst teilnehmen konnte, soll Jesus, »von vielen Engeln begleitet«, in ihrer Zelle erschienen sein und ihr selbst die Kommunion gespendet haben.

Auch Johanna, Klaras älterer Schwester, wurden häufige Engelvisionen zuteil. »Aufgrund ihrer Unschuld und der makellosen Reinheit ihres Wandels«, heißt es in einem Werk über die Heilige, »wurde ihr in den letzten Lebensjahren eine besondere Gnade gewährt: Fast jede Nacht stieg, während sie betete, ein Engel des Herrn zu ihr herab und ließ sie paradiesische Klänge vernehmen. Dieser göttlichen Ergötzung wurde auch Klara selbst oftmals teilhaftig.« In mehreren Fällen hörten auch ihre Mitschwestern die überirdische Musik und sahen, wie der Raum durch die Herabkunft des Engels von einem strahlenden Licht durchflutet wurde.

Klara führte stets ein äußerst bußfertiges Leben, sie ernährte sich ausschließlich von bitteren Kräutern und Schwarzbrot, schlief auf harten Brettern und ging auch im kältesten Winter barfuß. Sie war ununterbrochen in die Kontemplation der Passion und des Todes Christi versunken und hatte keinen sehnlicheren Wunsch, als die Leiden des Herrn am eigenen Leib zu erfahren. In engem Zusammenhang mit dieser ihrer grenzenlosen Liebe zum Gekreuzigten steht das wohl erstaunlichste Ereignis ihres ganzen Lebens: Einmal erschien ihr Jesus »in Gestalt eines als Pilger gekleideten, wunderschönen Jünglings, der unter der Last eines an seinem Hals hängenden, schweren Kreuzes vor Erschöpfung schier zusammenzubrechen scheint. Klara bittet um die Gnade, dieses Kreuz auf sich nehmen zu dürfen, und erhält die Antwort, dasselbe werde unverzüglich mitten in ihr Herz getrieben werden. Von da an kann die heilige Jungfrau nicht mehr bezweifeln, daß sie in sich das wahre Abbild ihres gekreuzigten Herrn trägt ...«; so berichtet Pater Luca di S. Giuseppe in seiner Schrift über das Leben der heiligen Klara.

Da Klara einige Mitschwestern ins Vertrauen gezogen hatte, beschloß man nach ihrem Tod zu überprüfen, ob ihre Behauptung der Wahrheit entsprochen hatte. Klaras Leichnam wurde geöffnet und ihr Herz, das sich als größer als ein Knabenkopf erwies, herausgenommen. Als man es aufgeschnitten hatte, fand man darin die aus Muskelgewebe bestehende reliefartige Darstellung der Passionswerkzeuge: ein Kreuz mit dem Abbild Jesu, eine Geißel, die Dornenkrone, die Nägel, das Rohr und den Schwamm. Diese wunderbare Tatsache ist durch die Aussagen zahlreicher vertrauenswürdiger, kirchlicher wie weltlicher Zeugen belegt.

Siebzig Jahre zuvor hatte der heilige Franziskus sichtbare Wundmale an den Händen, den Füßen und in der Seite empfangen. Klara erhielt ein verborgenes Zeichen – es wurde ihr direkt ins Herz eingeprägt.

Als Klara im Alter von vierzig Jahren starb, ereignete sich noch ein letztes Wunder: »Alle Anwesenden, die Nonnen und zwei Priester«, lesen wir in Pater Lucas Buch weiter, »sahen eine übernatürlich strahlende Helligkeit herniedersteigen, die anfangs über Klaras Stirn schwebte, dann aber ihr ganzes Gesicht umfing und bedeckte«. Während alle voller Staunen dieses übernatürliche Phänomen betrachteten, flog Klaras Seele – mit Gewißheit von jenen Engeln begleitet, die ihr zeit ihres Lebens in Gestalt »geflügelter Knaben« erschienen waren – gen Himmel.

Eine gesonderte Behandlung verdient auch der Fall der Franziska Romana (1384–1440), der in Rom bekanntesten und beliebtesten Heiligen.

Die schöne und kluge, aus reichem römischem Patriziergeschlecht stammende Franziska wäre am liebsten schon als Kind eine Braut Christi geworden, willigte aber aus töchterlichem Gehorsam in die Heirat mit einem Adligen ein –

und war lange Zeit eine mustergültige Ehefrau und Mutter. Jahrzehntelang schaffte sie es, die familiären Pflichten mit ihren mystischen und spirituellen Neigungen zu vereinbaren. Nach dem Tod ihres Mannes (1436) zog sie sich von der Welt zurück und widmete sich ausschließlich der Religion. Die heilige Franziska Romana ist die Stifterin der Oblatinnen von Maria[19], die noch heute existieren und ihren Sitz im unweit des Forum Romanum gelegenen Kloster von Tor de' Specchi haben.

Himmlische Wesenheiten spielten im ganzen Leben dieser Heiligen eine große Rolle, vor allem aber ein bestimmter Engel, den Franziska stets neben sich spürte und oft auch sah. Zum ersten Mal trat er im Jahre 1399 auf, und zwar als »Bademeister«, indem er Franziska und ihre Schwägerin VANNUZZA, die in den Tiber gefallen waren, vor dem Ertrinken rettete. Der Engel erschien in Gestalt eines zehnjährigen Jungen mit langen Haaren und strahlenden Augen und war in eine weiße Tunika gekleidet, wie sie die Subdiakone bei der Messe tragen. Seine Funktion war die eines Beschützers und geistlichen Führers, doch konnte er bei Bedarf auch als strafender Kämpfer auftreten: So leistete er Franziska vor allem bei ihren häufigen gewaltsamen Auseinandersetzungen mit dem Teufel wertvolle Dienste.

Dieser kindliche Geist blieb 24 Jahre lang an der Seite der Heiligen. Dann wurde er durch einen anderen, »weit strahlenderen«, einer höheren Hierarchie angehörenden Engel ersetzt, der sie bis zu ihrem Tod begleitete. Dieses zweite Himmelswesen sah Franziska oft einen goldenen Faden spinnen und verweben: Es war ihr Lebensfaden. Kurz vor ihrem Tod sah die Heilige nämlich, daß der Engel immer schneller arbeitete und das Gewebe schon fast vollendet war.

Die von ANTONIAZZO ROMANO im 15. Jahrhundert geschaffenen Fresken in der Kapelle ihres Klosters zeigen die Heilige wiederholt in Begleitung des Engels und bezeugen die Verehrung, die sie aufgrund ihrer außergewöhnlichen Nächstenliebe

Im Bild sichtbarer Text:

ueuf leo nuu
ubi daniel miffuffnta erabbu
euc pofuuf fuli
puu diuu

TAFEL 9 (umseitig)
Luzifer ist ein gefallener Engel, ein »verblendetes« Geschöpf, wie der Papst sagt. Der einzige Zweck seines Daseins ist, die Seele des Sterbenden zu erobern und sie in die Hölle zu verschleppen. Oben sehen wir den Erzengel Michael vor der Himmelspforte, wie er dem Teufel eine Seele streitig macht. Die guten Taten des Verstorbenen werden auf einer Waage gegen die bösen aufgewogen, während der Teufel und sein Gehilfe versuchen, das Ergebnis durch unlautere Mittel zu ihren Gunsten zu beeinflussen. Petrus nimmt dann die als nicht »zu leicht befundene« Seele von einem Engel entgegen. Im unteren Bild gelangen die verdammten Seelen in die Hölle und werden dem ewigen Feuer überantwortet. Altartafel aus der Kirche von San Miguel, Suriguerola (Spanien, 13. Jahrhundert).

TAFEL 10
Daniel in der Löwengrube wird vom Engel beschützt. Im Alten und Neuen Testament werden die Engel insgesamt einige hundertmal erwähnt, und oft erleben wir sie dabei – wie beispielsweise im Buch Daniel – als Behüter und Retter des Menschen. Diese Miniatur ist ein Werk des spanischen Mönchs Beatus (8. Jahrhundert) und findet sich in seinem Kommentar zur »Offenbarung des Johannes«.

TAFEL 11
Die Auferstehung. Die Seelen der Toten entsteigen den Gräbern und tanzen vor Freude zum Klang der Engelposaunen. Aus der Perikope Heinrichs II.

TAFEL 12
*»Die große Schlacht« (1950) von Gianfilippo Usellini, Tempera auf Leinwand, im
Besitz von Frau Camilla Falk Ciceri aus Mailand. Usellini ist ein wichtiger Vertreter
des Novecento. Stilistisch und inhaltlich der Kunst des 15. Jahrhunderts verpflichtet,
verarbeitete er diese Einflüsse mit oftmals ironischer Naivität. Er behandelte ernste,
feierliche Themen mit einer nonchalanten, modern anmutenden Leichtigkeit.*

und ihrer zahlreichen Wunderheilungen bei der Bevölkerung von Rom genoß.

Der italienische Heilige par excellence, FRANZ VON ASSISI (1181/82–1226), empfing die Wundmale im Jahre 1224 auf dem Monte della Verna (im Osten der Toskana, ungefähr 30 Kilometer nördlich von Arezzo). Auf diesen Berg, auf dem er 1213 ein Kloster gegründet hatte, zog er sich oft zurück, um zu beten und zu meditieren, und häufig richtete er dabei seine Gedanken auf den Erzengel MICHAEL. Eines Morgens nun sah er, als er nach anhaltender Kontemplation des Opfers Christi wieder zu sich kam, in der Stille und Einsamkeit des Berges einen Seraph mit sechs flammenden Flügeln und dem Aussehen eines Gekreuzigten herabfliegen. Während er diese überirdisch schöne Erscheinung betrachtete, fühlte er, wie etwas Großes und Geheimnisvolles mit ihm geschah: Plötzlich merkte er, daß sich in seinen Händen und Füßen Wunden wie von starken Nägeln gebildet hatten und auch aus seiner Brust Blut strömte.

Hier folgt die klassische Beschreibung des Ereignisses; sie stammt vom heiligen BONAVENTURA (1217–1257), der als jüngerer Zeitgenosse des Franz von Assisi Augenzeugen befragen und zweifellos bessere und exaktere Informationen als jeder spätere Biograph sammeln konnte.

»Eines Morgens, gegen das Fest der Kreuzerhöhung, betete er am Abhange eines Berges. Da sah er, wie ein Seraph mit sechs feurigen Flügeln von des Himmels Höhe zu ihm herabstieg. Und da der Seraph sich ihm im schnellsten Fluge näherte, erblickte er zwischen den Flügeln desselben einen Menschen, dessen Hände und Füße an ein Kreuz geheftet waren. Zwei Flügel des Seraphs erhoben sich über seinem Haupte, zwei waren zum Fluge ausgespannt, und zwei waren zu seinen Füßen.

Dieser Anblick erfüllte ihn mit großem Staunen; Freude und Trauer zugleich senkten sich in sein Herz. Er freute sich über den gnadenvollen Blick, mit dem er den von Gott gesandten Seraph schaute, aber der Anblick des gekreuzigten Menschen durchbohrte seine Seele mit dem Schwerte des innigsten Mitleids.

Was ihm jedoch bei diesem so unerforschlichen Gesichte am meisten Verwunderung einflößte, war dieses, daß die Armseligkeit menschlichen Leidens doch nicht vereinbar sei mit der Unsterblichkeit eines Seraphs. Da erkannte er auf einmal, daß Gottes Vorsehung ihm darum diese Erscheinung dargeboten habe, um ihn zu belehren, daß er durch innere Liebesglut gänzlich in das Bild des gekreuzigten Heilands umgestaltet werden sollte.

Als die Erscheinung verschwunden war, ließ sie in seinem Herzen einen unlöschbaren Brand zurück, aber auch seinem Leibe drückte sie ebenso wunderbare Zeichen ein. An seinen Händen und Füßen erschienen die Malzeichen der Nägel, wie er sie an dem Gekreuzigten eben gesehen hatte. Hände und Füße waren in der Mitte mit Nägeln durchbohrt, deren Köpfe sichtbar waren und deren Spitzen rückwärts deutlich hervortraten. Die Köpfe der Nägel waren rund und schwarz, die Spitzen gekrümmt und umgeschlagen.

Aber auch die Brust des Heiligen war wie von einer Lanze durchstochen, Blut floß häufig aus dieser Wunde und benetzte seine Kleider ...«

Erst nach langem Zögern entschloß sich der Heilige, seinen Mitbrüdern zu erzählen, was ihm widerfahren war, und seine Vision in allen Einzelheiten zu schildern. »Freilich fügte er immer noch hinzu, daß ihm der himmlische Seraph einiges ›gesagt‹ habe ..., was er bei Lebzeiten keinem Menschen eröffnen könne.« So beschied er seinen Mitbrüdern wiederholt: »Mein Geheimnis ist für mich!«

Die Engel spielten im Leben des heiligen Franz stets eine wichtige Rolle: So wurde das uralte, der Muttergottes geweihte Kirchlein von Porziuncola (in der Nähe von Assisi) schon seit Jahrhunderten *Santa Maria degli Angeli* (»Heilige Maria von

den Engeln«) genannt. Dieser Ort, berichtet der heilige Bona-
ventura weiter, wurde »häufig von Engeln heimgesucht«. Als
Zeichen seiner Verehrung für die Engel und seiner großen
Liebe zur Mutter Christi stellte der heilige Franz die verfallene
Kirche wieder her und ließ sich mit seinen Mitbrüdern in ihrer
Nähe nieder.

Als der Heilige einmal bettlägrig war, musizierten die Engel
für ihn: »Da er infolge seiner Gebrechen sehr geschwächt
war«, können wir bei Bonaventura lesen, »verspürte er den
Wunsch, zur Erbauung seines Gemütes den Klängen eines
Instrumentes zu lauschen. Und schon kam eine Schar Engel
herbei, den Wunsch des Heiligen zu erfüllen ...« Die himmlische Musik bereitete dem Heiligen »eine derartige Wonne,
daß er vermeinte, sich schon in einer anderen Welt zu befinden«, und sie wurde nicht nur von ihm, sondern auch von
einigen seiner vertrautesten Mitbrüder gehört.

Folgendermaßen beschreibt Bonaventura die Verehrung, die
der Heilige den Engeln entgegenbrachte: »Mit unauflöslichem
Liebesband war er an die Engel gekettet, jene Geister, die eines
überirdischen Feuers erglühen und mit diesem in Gott eindrin-
gen und die Seelen der Auserwählten entzünden. Aus Hingabe
zu ihnen fastete er, beginnend mit dem Fest der Himmelfahrt
der hochheiligen Jungfrau, vierzig Tage lang und verbrachte
diese Zeitspanne in ununterbrochenem Gebet. Sein eifriges
Streben um die Erlösung aller Seelen aber machte ihn zu einem
besonderen Verehrer des heiligen Erzengels Michael, der ja
das Amt innehat, Gott ›die Seelen vorzustellen‹.«

Der heilige Franz von Assisi ist der erste Stigmatisierte des
Katholizismus gewesen; die auf wunderbare Weise an ihm
erschienenen und durch absolut vertrauenswürdige Augenzeugen bestätigten Wundmale besiegelten seine Sendung als
Vollender des Erlösungswerkes Christi.

Jahrhunderte später empfing Pater Pio von Pietralcina
(1887–1968) die Wundmale in ähnlicher Weise. Francesco

FORGIONE – wie Pater Pio mit bürgerlichem Namen hieß –
fühlte sich schon sehr früh zum geistlichen Leben berufen
und hatte bereits im Alter von fünf Jahren ekstatische Erlebnisse und Visionen: Er sah die Jungfrau MARIA, und wiederholt
erschien ihm das heilige Herz JESU. Um die gleiche Zeit nahmen aber auch die »teuflischen Erscheinungen« ihren Anfang,
die sich, wie der Pater selbst in seinem Tagebuch schrieb, »stets
in den obszönsten, menschlichen und vor allem tierischen
Formen manifestierten«. Es waren dies die ersten Anfechtungen des Bösen, unter denen Pater Pio zeit seines Lebens zu
leiden hatte. Eine Vision allerdings schenkte ihm Kraft und
erfüllte ihn auch in späteren Jahren immer wieder mit Zuversicht: »Ein majestätischer Mann, von seltener Schönheit und
strahlend wie die Sonne«, erschien an seiner Seite, nahm ihn
bei der Hand und sagte: »Komm mit mir, denn es geziemt
sich dir, wie ein tapferer Krieger zu streiten.«

Während der zahlreichen und äußerst erbitterten Kämpfe,
die Pater Pio mit dem Teufel auszufechten hatte, war die leuchtende Gestalt (ein Engel?) stets in seiner Nähe, unterstützte
ihn und sprach ihm Mut zu. In der ersten Vision hatte das
Wesen ihm auch erklärt, der Endsieg über die Mächte des
Bösen sei ihm gewiß.

Francesco Forgione trat 1903 dem Kapuzinerorden bei und
empfing sieben Jahre später die Priesterweihe. Bis zum Jahre
1916 blieb er aus gesundheitlichen Gründen im väterlichen
Haus, dann wurde er, in der Hoffnung, daß die frische Bergluft
ihm guttun würde, nach San Giovanni Rotondo (auf dem
Gargano, dem Sporn des italienischen »Stiefels«) geschickt.
Was als begrenzter Kuraufenthalt geplant gewesen war, zog
sich immer mehr in die Länge und endete schließlich, 52 Jahre
später, erst mit dem Tod des Paters.

In San Giovanni machte der junge Mönch schon bald von
sich reden. Noch bevor er die Wundmale empfing, entdeckten
die Menschen in ihm einen Abgesandten Gottes und begannen
ihn zu belagern. Pater Pio saß täglich bis zu 19 Stunden im

Beichtstuhl und wurde beständig von »endlosen Scharen nach Gott dürstender Seelen« bestürmt.

Am Nachmittag des 5. August 1918 empfing Pater Pio den geheimnisvollen göttlichen Lohn: Er nahm gerade Jugendlichen die Beichte ab, als ihm »eine himmlische Wesenheit« erschien, die »etwas wie eine sehr lange eiserne Klinge mit einer äußerst scharfen Spitze« in der Hand hielt. Diese Waffe, »aus deren Spitze Feuer zu sprühen schien«, stieß die Wesenheit Pater Pio »in die Seele«. Ein Aufstöhnen, eine nicht mehr endende Qual. Der Mystiker hatte sein erstes Wundmal empfangen.

Am 20. September desselben Jahres erschien nach der Messe wieder eine Engelgestalt, um das Werk zu vollenden. Hier folgt Pater Pios eigene Schilderung des Ereignisses:

»... Ich sah vor mir eine geheimnisvolle Gestalt, die sich von derjenigen, die mir am Abend des 5. August erschienen war, nur dadurch unterschied, daß sie an Händen, Füßen und Brust sehr stark blutete. Der Anblick entsetzte mich: Was ich in diesem Augenblick empfand, kann ich euch nicht beschreiben. Ich hatte das Gefühl zu sterben und wäre auch gewiß gestorben, wenn der Herr nicht eingegriffen und mein Herz, das mir aus der Brust zu springen drohte, festgehalten hätte. Die Erscheinung zog sich zurück, und ich bemerkte, daß meine Hände, Füße und eine Seite durchbohrt waren und vor Blut troffen. Stellt euch nur die Qualen vor, die ich damals ausstand und die ich noch immer fast Tag für Tag erleide!«

Eine andere große Mystikerpersönlichkeit unseres Jahrhunderts, THERESE NEUMANN, hatte dagegen einen friedlichen und heiteren, gleichsam alltäglichen Kontakt mit den Engeln. Bevor wir allerdings auf Thereses übernatürliche Erlebnisse eingehen, wollen wir uns ein wenig mit ihrer Person befassen.

Therese wurde 1898 in Konnersreuth (Oberpfalz) geboren und starb dort im Jahre 1962. Sie entstammte einer armen, einfachen, zwar strenggläubigen, aber keineswegs bigotten

Familie. Die Erfüllung ihres Herzenswunsches, Missions-
schwester zu werden, verhinderten ein Unfall und eine
anschließende schwere Krankheit. Jahrelang konnte Therese,
blind und gelähmt, das Bett nicht verlassen, doch sie ertrug
ihre Leiden mit großer Gelassenheit. Dann erschien ihr die
heilige THERESIA VON LISIEUX, der sie eine glühende Verehrung entgegenbrachte, und verhieß ihr im Rahmen mehrerer
Visionen, daß sie bald genesen würde und daß ihr ein außergewöhnliches Schicksal bestimmt sei. Beide Prophezeiungen
bewahrheiteten sich: Therese gewann zuerst das Augenlicht
zurück, dann auch die Kontrolle über ihren Körper, und schon
bald darauf nahmen jene Visionen von den Leiden Christi
ihren Anfang, die immer am Freitag auftraten und Therese
ihr ganzes Leben lang begleiten sollten. Außerdem bildeten
sich an ihrem Körper nach und nach die Wundmale. Ein weiteres erstaunliches Phänomen war die Tatsache, daß Therese
mit der Zeit ein immer geringeres Bedürfnis nach Essen und
Trinken empfand und schon bald keinerlei feste oder flüssige
Nahrung mehr zu sich nahm. Ihr 36 Jahre währendes vollstän-
diges Fasten wurde im Auftrag des Bischofs von Regensburg,
zu dessen Diözese Konnersreuth gehört, von verschiedenen
Kommissionen kontrolliert und bestätigt.

Stigmatisation, Fasten und Visionen kennzeichneten das
ganze weitere Leben der Therese Neumann. Ihre Wundmale
schmerzten ununterbrochen und bluteten jeden Freitag während der Visionen. Ihre Fähigkeit, ohne Nahrung zu überleben, ist ein deutliches Anzeichen für die übernatürliche Kraft
der Eucharistie: Tatsächlich erklärte Therese, sie lebe »vom
Heiland«, das heißt einzig von der geweihten Hostie, die sie
jeden Tag empfing und die, wie festgestellt wurde, bis zum
Augenblick der nächsten Kommunion in ihrem Leib intakt
blieb.

Die Visionen waren für Therese bald Teil des täglichen
Lebens. Typisch für diese Erfahrungen war die Plötzlichkeit,
mit der sie die Seherin von Zeit und Raum entrückten und

sie für alles Irdische unempfänglich machten. Die Visionen betrafen sowohl Jesu Leiden und Tod als auch einzelne Episoden aus seinem Leben, dem Leben der Jungfrau Maria, der Heiligen und der Apostel. Während ihrer Ekstasen sprach Therese, wie von verschiedenen Experten und Universitätsdozenten nachgeprüft wurde, aramäisch und andere Sprachen, die sie normalerweise nicht beherrschte (als einfache Bäuerin konnte sie tatsächlich nicht einmal hochdeutsch). Zwischen den einzelnen Visionen erlebte Therese immer einen »Zustand der Stille«, in dem sie den Anwesenden schilderte, was sie gesehen hatte, und Fragen beantwortete.

In mehreren Fällen betrafen Therese Neumanns Visionen himmlische Geistwesen: die Engel, von denen die Bibel berichtet, sowie den Schutzengel. Sie spürte stets die Anwesenheit ihres eigenen Schutzengels, den sie auch als einen »lichten Mann« zu ihrer Rechten sah, und sie sah ebenso die Engel ihrer Besucher. Therese war davon überzeugt, daß ihr übernatürlicher Wächter sie vor dem Teufel beschützte, in Fällen von Bilokation (sie wurde oft an zwei verschiedenen Orten gleichzeitig gesehen) ihre Stelle einnahm und ihr in schweren Zeiten beistand.

Therese hatte darüber hinaus auch die Gabe, die Seelen von Sterbenden beim Verlassen des Körpers und bei dem unmittelbar nach dem Tod erfolgenden Gericht zu sehen. Über die Umstände des Todes ihrer Schwester Ottilie berichtet eine Augenzeugin, Thereses Freundin Anni Spiegl, folgendermaßen:

»Resl saß seitwärts auf einem Stuhl. Plötzlich sprang sie auf. Sie hatte eine Schauung gehabt. Im selben Augenblick war der Tod von Ottilie eingetreten. Ich habe es gar nicht bemerkt, so friedlich schlief sie ein. Das Gesicht der Resl war voll Freude und wie verklärt. Am Mienenspiel erkannte man, daß sie an etwas Großem teilnahm. Am Schluß schaute sie nach oben: ›Mit‹, rief sie, ich mußte sie mit Gewalt halten. Im Zustand der Eingenommenheit fragte ich Resl, was sie gesehen

habe. Sie erzählte: ihre verstorbene Mutter. Ihr Bruder Engel-
bert, der 45jährig 1949 gestorben ist, ihr kleines Geschwisterl
und Ottiliens Schutzengel kamen, um Ottilie abzuholen. Dann
schaute sie den Heiland, der plötzlich da war. Er habe Ottilie
gut angeschaut. Im hellen Licht verschwand der Zug. Da
wollte Resl auch mit ...«

Als im selben Jahr (1958) der Vater, FERDINAND NEUMANN,
starb, sah Therese wieder die schon früher verstorbenen Verwandten sowie Ottilie herbeikommen, um den alten Mann
und seinen Schutzengel willkommen zu heißen. Diesmal nahm
der Heiland die gerade entkörperte Seele aber nicht sofort mit.
Vater Ferdinand blieb mit seinem Schutzengel zurück und sah
den Entschwindenden traurig nach. Schon wenige Monate
später konnte Therese jedoch Vertrauten mitteilen, ihr Vater
befinde sich nunmehr im Paradies. Sein Fegefeuer war offensichtlich von sehr kurzer Dauer gewesen.

In zahlreichen anderen Fällen sah Therese Neumann Engel
und Erzengel auch Tätigkeiten ausführen und Aufgaben erfüllen, die in den Evangelien beschrieben werden. Hier beispielsweise die Vision der Verkündigung, wie sie der damals anwe-
sende JOHANNES STEINER nach Thereses Worten in seinem
Buch wiedergibt:

»Theres Neumann sieht eine junge Frau, fast noch wie ein
Mädchen aussehend, in einem kleinen Haus, betend. Es ist
plötzlich ein lichter Mann da, nicht hereingekommen er ist,
sondern er ist da. Ich sage, um sie irrezuführen: ›Mit großen
Flügeln.‹ Sie antwortet: ›Was fällt dir ein, die lichten Männer
brauchen doch keine Flügel.‹ Er verneigt sich vor dem
erschrockenen Mädchen und spricht: *Schelam lich, Mirjam,
gaseta* ... Es ist der Gruß des Engels Gabriel: Sei gegrüßt,
Maria, Gnadenvolle ... Maria, immer noch erschreckt, jedoch
der Miene nach Zutrauen gewinnend, schaut die Lichtgestalt,
die einem Manne gleicht, aber aus sich selber leuchtet, sinnend
an. Der Engel spricht etwas Mächtiges weiter. Das Mädchen
fragt etwas dazwischen, und der Engel antwortet ihr wieder.

Als er endet, neigt die Jungfrau ihr Haupt und spricht ein paar Worte. Im selben Augenblick sieht Theres Neumann ein mächtiges Licht von oben, das in die Jungfrau hineingeht, während der Engel, der sich nochmals verneigt, entschwebt.«

Die Verkündigung an die Hirten sah Therese folgendermaßen: »Beginn der Vision 1.20 Uhr nachts. Therese Neumann sah sich vor eine Hütte versetzt, die ungefähr eine halbe Stunde südlich des Stalles und etwa 50 m links von der Straße an einem Hügel lag. Die ganze Flur war hügelig ... Die Hütte war ungefähr halb so groß wie der Stall bei Bethlehem. In derselben hatten acht Hirten ihre Nachtlager auf Binsen und Binsenbüscheln unter dem Kopf. Allerlei Decken und Fellzeug lag umher. Auch befanden sich 13 größere und kleinere, weiße und braune Schafe, die Lieblingsschafe der Hirten, sowie ein mittelgroßer schwarzer und ein kleiner brauner Hund, beide mit langen Haaren und hängenden Ohren und Schweifen, in der Hütte. Plötzlich wurde es blendend hell. Alles in der Hütte schreckte auf. Furchtsam spähten die Hirten aus der Hütte heraus nach der Ursache der Erscheinung. Was war zu sehen? In einer Entfernung von etwa 3 m und in Höhe von etwa 3 m stand vor der Westseite der Hütte auf einer lichten Wolke ein Engel höherer Ordnung, eine Jünglingsgestalt aus Licht in glänzend weißem Gewand mit langen weiten Ärmeln, bis zum Hals und zu den Knöcheln reichend und umgürtet ... [Therese sagt:] Das war einer, weißt, wie der ›Schelam lich, Mirjam‹. Die langen Haare fielen in der Mitte auseinander. Die linke Hand lag auf der Brust, die rechte war erhoben. Er hatte keine Flügel. Die ganze Umgegend wurde von dem Licht, das von dem Engel ausging, erhellt. Wie beruhigend, aber klar, freudig und feierlich, sprach der Engel zu den Hirten in deren Sprache. Zweimal wies er mit der Rechten in der Richtung nach links. Als er zu sprechen aufgehört hatte, erschienen um ihn herum viele andere Engel (gewöhnliche Engel, ungefähr sechshundert) in gleicher Lichtgestalt auf lichtem Gewölk. Nachdem sie einen herrlichen Gesang wohl ein halbes dutzendmal unter gespanntester Aufmerksamkeit der Hirten, offenbar in deren Sprache, wiederholt hatten, entschwand die ganze himmlische Erscheinung. Die Hirten besprachen sich jetzt etwa eine Viertelstunde lang, was zu tun sei. Hierauf machten sie sich auf und zogen gegen Bethlehem ...«

Verlassen wir nun Therese Neumann, und wenden wir uns einer großen italienischen Mystikerin zu, TERESA PALMINOTA, die, erst 38jährig, 1934 in Rom starb. Erstaunliche, übernatürliche Phänomene kennzeichneten ihr ganzes Leben: außersinnliche Wahrnehmungen, Stigmata, über dreijährige *Asitie* (vollkommene Nahrungslosigkeit), paranormale Erhöhung der Körpertemperatur und ein geheimnisvolles Feuer, das aus ihrer Brust ausstrahlte und alles verbrannte, womit es in Berührung kam.

Teresa Palminota lebte sehr zurückgezogen und bewahrte stets strengstes Stillschweigen über ihre Wundmale und die anderen paranormalen Phänomene. Einzig ihr Beichtvater und spiritueller Führer, Pater LUIGI FIZZOTTI, erfuhr von ihren Erlebnissen und berichtete darüber in einem postum veröffentlichten Buch, *Il segreto di Teresa* (»*Teresas Geheimnis*«).

Auch Teresa Palminota hatte vertrauten Umgang mit dem Schutzengel: Sie nannte ihn »mein Engelchen« und machte ihn nicht nur für viele spirituelle Erfahrungen, sondern auch für äußere Ereignisse verantwortlich. So war Teresa infolge einer eitrigen Mittelohrentzündung – wie Ärzte und alle, die mit ihr in Berührung kamen, bestätigen konnten – vollkommen taub geworden. Wenn allerdings ihr Beichtvater mit ihr sprach, verstand sie ihn mühelos, und zwar auch ohne ihm ins Gesicht zu sehen: Das Phänomen läßt sich also nicht durch die naheliegende Vermutung erklären, daß sie ihm die Worte von den Lippen ablas. Wenn Pater Fizzotti sie auf diese erstaunliche Tatsache hin ansprach, antwortete sie, Gott, der Herr, oder aber »ihr Engelchen« ließe sie alles verstehen.

Dieses »Engelchen« half Teresa in vielfältiger Weise: Wenn

Pater Fizzotti sie besuchte, wurde ihm die Tür geöffnet, kaum daß er den Finger auf den Klingelknopf gelegt hatte. Teresa erklärte dies damit, daß ihr Engelchen sie immer rechtzeitig über sein Kommen informierte. Und wenn sie ihrerseits den Pater aufsuchte, kam es nie vor, daß sie ihn nicht zu Hause antraf – und das, obwohl sie immer unangemeldet kam. Sie sagte, daß sie vor dem Verlassen der Wohnung stets Jesus oder ihr Engelchen fragte, ob der Pfarrer da sei oder nicht; und die Antwort erwies sich immer als richtig. Einmal geschah es sogar, daß Teresa sich zum Pfarrer begab – obwohl er ihr ausdrücklich gesagt hatte, er würde den ganzen Tag auswärts beschäftigt sein – und ihn auch tatsächlich zu Hause antraf: Ein unvorhergesehenes Ereignis hatte den Geistlichen daran gehindert, seine Verabredung einzuhalten! Auch diesmal hatte Teresa die Information durch ihr Engelchen erhalten.

Der Schutzengel half auch bei ganz konkreten Problemen. So wollte Teresa einmal für ihre Schwester einen bestimmten Text abtippen, obwohl sie noch nie eine Schreibmaschine angefaßt hatte und ihre Finger durch den Schmerz der Wundmale verkrampft und unbeweglich waren. Alle ihre Bemühungen waren umsonst. Dann jedoch wandte sich Teresa an ihr Engelchen, und schon kurze Zeit später konnte sie ihrer Schwester das fertige und vollkommen fehlerlose Typoskript überreichen!

Das Leben der Teresa Palminota ist voll von anmutigen Episoden. Nur ein Beispiel: Wenn sie ausging, begleitete sie ein weißer Schmetterling auf Schritt und Tritt, und sobald sie stehenblieb oder sich zum Ausruhen hinsetzte, umflatterte sie das Tierchen und spielte mit ihr. Wie Teresa ihrem Beichtvater mitteilte, war sie davon überzeugt, der Falter sei ihr Engel. Sie wollte sogar wiederholt gesehen haben, wie er tatsächlich die Gestalt eines Engelchens annahm.

Sowohl für Teresa Palminota als auch für Therese Neumann und Pater Pio wird gegenwärtig ein Seligsprechungsprozeß eingeleitet.

Die Engel der Natuzza Evolo

NATUZZA EVOLO aus Paravati (Kalabrien) ist eine außergewöhnliche Persönlichkeit unserer Zeit. Die heute etwa sechzig Jahre alte Ehefrau, mehrfache Mutter und Großmutter wirkt auf den ersten Blick wie eine vollkommen normale, einfache Süditalienerin. Schon seit frühester Jugend ist sie allerdings Urheberin und Gegenstand erstaunlicher Phänomene: Sie kann unheilbar Kranke gesund machen, verfügt über telepathische und hellseherische Fähigkeiten, auf ihrem Körper erscheinen mit Blut geschriebene Worte (ein Phänomen, das in der Parapsychologie als *Dermographismus* bezeichnet wird), und in der Osterwoche öffnen sich ihr an Händen, Füßen und der Rippengegend regelmäßig die Wundmale.

Außerdem spricht Natuzza mit Verstorbenen und kann den Schutzengel sehen. Sie behauptet sogar, ihn *immer* zu sehen – an der Seite jedes Menschen, dem sie begegnet. Natuzza Evolo ist eine sehr gütige und warmherzige Frau, die niemandem ihre paranormalen Hilfeleistungen versagt, aber auf persönliche Fragen ausgesprochen scheu und zurückhaltend reagiert. Dennoch ist es dem Anthropologen Prof. LUIGI LOMBARDI SATRIANI und Frau Dr. MARICLA BOGGIO vor einigen Jahren gelungen, ein ausgezeichnetes Filmporträt von ihr zu drehen. In diesem Bericht, der 1985 von RAI 3 (dem italienischen dritten Fernsehprogramm) ausgestrahlt wurde, äußerte sich Natuzza, von ihren Interviewern darauf angesprochen, folgendermaßen über den Engel und einige ihrer übernatürlichen Fähigkeiten:

»Natuzza, seit vielen Jahren kommen Tausende von Menschen zu Ihnen, und allen sagen Sie etwas, geben Sie etwas. Was führt diese Menschen hierher? Mit welchen Bitten oder Fragen kommen sie zu Ihnen?«

»Fragen wegen Krankheiten, ob der Doktor die richtige Kur herausgefunden hat, solche Dinge eben ... Dann fragen sie auch nach den Toten, ob sie im Paradies sind, ob sie im Fegefeuer sind, ob sie etwas brauchen ...«

»Und wie können Sie diese Fragen beantworten? Nehmen wir einmal die Toten: Wenn man Sie nach den Toten fragt, was tun Sie da?«

»Die Toten, die erkenne ich, wenn ich sie zum Beispiel ein paar Monate vorher gesehen habe. Oder ich erkenne sie durch Fotos.«

»Man zeigt Ihnen also Bilder von den Toten, und Sie können dann sagen, wo sie sich jetzt befinden?«

»Ob sie im Paradies sind, ob sie im Fegefeuer sind, ob sie etwas brauchen, ob sie ihren Verwandten etwas ausrichten lassen wollen.«

»Und können Sie auch den Toten Botschaften von den Lebenden, den Verwandten übermitteln?«

»Ja, ja, auch von den Lebenden.«

»Sie sagen, daß Sie auch den Engel neben dem Menschen sehen können ...«

»Ja, ja, neben dem Menschen. Nicht bei allen Leuten, aber fast.«

»Haben nur lebende Menschen den Engel?«

»Nur lebende Menschen, die Toten nicht.«

»Und wo steht der Engel, vom Menschen aus gesehen?«

»Vom Menschen aus gesehen steht er rechts. Bei Geistlichen links. Es passiert oft, daß ein Geistlicher in Zivil kommt, und ich merke, daß es einer ist, weil der Engel links von ihm ist. Wenn ich ihm die Hand küsse, sagt er: ›Wie haben Sie das gemerkt?‹ Und ich sage: ›Ich sehe den Engel links von Ihnen‹ ...«

Monte Sant'Angelo

Monte Sant'Angelo ist ein sehr eindrucksvoller, weit über die Grenzen Italiens hinaus bekannter Wallfahrtsort: ein altes Städtchen an den Südhängen des Monte Gargano (auf dem italienischen »Sporn«) mit Blick auf die Adria. Der Ort ver-

dankt seinen Ruhm der Basilica di San Michele, der Wallfahrts-
kirche, die dort aufgrund wiederholter Erscheinungen des
Erzengels Michael errichtet wurde. Die Berichte der ersten
Erscheinungen tragen stark legendenhafte Züge und datieren
aus dem Ende des fünften Jahrhunderts. So heißt es, daß im
Jahre 490, zu einer Zeit, als auf dem gebirgigen Gargano noch
heidnische Kulte fortlebten, ein Stier gesehen wurde, der vor
einer unzugänglichen Höhle kniete. Der Bischof von Sipontum, der heilige LAURENTIUS MAJORANUS, ordnete daraufhin
drei Tage des Betens und Fastens an, nach deren Ablauf ihm
der Erzengel MICHAEL erschien und sagte: »Ich bin der Erzengel Michael, und ich bin immer bei Gott. Die Höhle habe
ich als meine Kultstätte erwählt; ich selbst bewache und
beschütze sie ... Da, wo der Fels sich auftut, können die Sünden
der Menschen vergeben werden ... Was immer hier im Gebet
erfleht wird, das soll gewährt werden. Begib dich also auf den
Berg und weihe die Höhle als christliche Kultstätte.«

Die Schwierigkeit des Unterfangens schreckte den Bischof
allerdings ab, und er beschloß, die Ausführung des Befehls
auf einen späteren Zeitpunkt zu verschieben. Zwei Jahre darauf
wurde das christliche Sipontum vom Germanenkönig ODOA-
KER angegriffen. Als die Belagerten schon fast alle Hoffnungen
aufgegeben hatten, erwirkte der Bischof einen dreitägigen Waf-
fenstillstand und verbrachte diese Gnadenfrist mit inbrünsti-
gen Gebeten. Da erschien ihm der Erzengel ein zweites Mal
und versprach, dem christlichen Heer in der nächsten Schlacht
beizustehen. Am folgenden Tag brach ein Sand- und Hagel-
sturm aus, der die heidnischen Krieger in die Flucht schlug.
Der Bischof Laurentius ordnete eine Dankprozession zum
Berg des Erzengels an, wagte aber auch diesmal nicht, die
Höhle zu betreten.

Im Jahre 493 erschien der Engel dem Bischof erneut und
befahl ihm, in die Höhle zu gehen. Er erklärte ihm, er habe
die Stätte bereits selbst geweiht, so daß zusätzliche Riten
von seiten der Menschen nicht erforderlich seien. Endlich

gehorchte der Bischof. Als er die Höhle betreten hatte, fand er einen vom Erzengel vorbereiteten, mit einem roten Tuch bedeckten Altar, auf dem ein Kristallkreuz stand. Als die einzige nicht von Menschenhand geweihte christliche Kultstätte wird die Höhle seit Jahrhunderten *Celeste Basilica,* die »himmlische Basilika«, genannt.

Man erzählt, auch der deutsche Kaiser HEINRICH II. (973 bis 1024), genannt »der Heilige«, sei zwei Jahre vor seinem Tod zum Monte Gargano gepilgert und habe sich eines Abends allein in der Höhle einschließen lassen. Hier, heißt es weiter, sei ihm die Vision einer vom Erzengel Michael angeführten Schar strahlender Engel zuteil geworden, die einen himmlischen Gottesdienst feierten. Das übernatürliche Ereignis kam für den Kaiser einer mystischen Initiation gleich.

Die letzte Erscheinung des Erzengels geschah im Jahre 1656, als eine Pestepidemie auf dem Gargano unzählige Opfer forderte. Der Erzbischof ALFONSO PICCINELLI rief den heiligen Michael um Beistand an, und dieser erschien ihm am 25. September und sagte: »Ich bin der Erzengel Michael. Wer immer die Steine dieser Höhle als Heilmittel verwendet, wird von der Pest befreit werden. Segne die Steine und laß in ihnen das Zeichen des Kreuzes sowie meinen Namen eingravieren.«

Der Bischof handelte, wie befohlen; die Gläubigen nahmen die Steine vertrauensvoll entgegen, und die Pest konnte auf diese Weise besiegt werden.

Die »himmlische Basilika«, seit anderthalb Jahrtausenden Ziel unzähliger Wallfahrer, ist eine gewaltige, durch eindrucksvolle Kunstwerke ausgeschmückte natürliche Höhle. In ihrem Mittelpunkt befindet sich, in einem Gefäß aus böhmischem Kristallglas und Silber, die herrliche Marmorstatue von ANDREA SANSOVINO (1467–1529), die den Erzengel als über ein teuflisches Wesen triumphierenden jungen Krieger zeigt. Die 24 Relieffelder der großen Bronzetür der Basilika, einer 1076 entstandenen byzantinischen Arbeit, stellen dagegen Engelerscheinungen aus dem *Alten* und *Neuen Testament* dar.

Loreto

»Ist das Heiligtum eine Reliquie aus dem Heiligen Land? Die Gläubigen behaupten es und lassen keinerlei Einwände gelten. Ist es aus Fundstücken erbaut, die von frommen Pilgern aus Palästina übers Meer hierhergebracht wurden? Diese Hypothese verdient gewiß Beachtung und eine gründliche Überprüfung. Ich erlaube mir aus dem Grunde, eigens darauf hinzuweisen, weil ich als Bürger der Lagunenstadt in diesem Zusammenhang an die unzähligen, auf dem Seewege aus dem Orient nach Venedig gelangten Kunstschätze und kostbaren Reliquien denken muß. Wenn jemandem diese Hypothese blasphemisch erscheint, so sei er daran erinnert, daß er nicht verpflichtet ist, sie anzunehmen; hält sie ein anderer für unbegründet, so kann er es unbesorgt sagen.« Diese schönen Worte von Monsignor Loris Capovilla, dem päpstlichen Abgesandten des Heiligtums von Loreto, liefern die denkbar beste Einführung in das alte, faszinierende Rätsel des »heiligen Hauses«, das der Tradition zufolge durch Engel von Palästina nach Loreto versetzt wurde.

Die »lauretanische Frage« ist äußerst komplex und kann hier nur in groben Zügen skizziert werden. Der Leser, der ausführlicher informiert werden möchte, sei auf die einschlägige Literatur verwiesen (siehe Literaturhinweise am Ende des Buches auf Seite 266 ff.).

Das in der Basilika von Loreto befindliche sogenannte heilige Haus gilt als dasjenige, in dem die Jungfrau Maria geboren wurde und die Verkündigung stattfand. Zahlreiche alte Urkunden belegen, daß das Haus in Palästina jahrhundertelang eine bedeutende Kultstätte gewesen war.

Im Jahre 1291 mußten die Kreuzritter, von heftigen moslemischen Angriffen bedrängt, die letzten noch besetzt gehaltenen heiligen Stätten aufgeben und das Land verlassen. Die »Übertragung« des heiligen Hauses von Nazareth in den Westen wird von den Historikern mit dieser erzwungenen

TAFEL 13

»Der Erzengel Michael« (1507) von Andrea Sansovino (1467–1529), aufbewahrt in der Basilica di San Michele in Monte Sant'Angelo auf dem Gargano (Süditalien). Der Erzengel wird als siegreicher Krieger dargestellt, der seinen mißgestalteten teuflischen Widersacher zertritt. Der Tradition zufolge soll der Erzengel Michael wiederholt auf dem Gargano erschienen sein: Die erste Erscheinung ereignete sich im Jahre 490, die letzte 1656. Der Erzengel zeigte den Menschen eine ihm geweihte Höhle, die bis auf den heutigen Tag das Ziel zahlloser Wallfahrer geblieben ist.

TAFEL 14

Einer alten Tradition zufolge wäre das sogenannte »heilige Haus«, das in der großen Basilika von Loreto verehrt wird, ebenjenes, in dem das größte Ereignis der Christenheit stattfand: Mariä Verkündigung. Selbst heute noch glauben viele Menschen, das Haus sei auf Engelsflügeln von Palästina nach Loreto »übertragen« worden.

TAFEL 15 (rechte Seite)

Diese Wandmalereien (15. Jahrhundert) aus der Krypta der Kathedrale von Bayeux (Frankreich) zeigen die Engel bei einer der anmutigsten Beschäftigungen, die ihnen zugeschrieben werden: dem Musizieren.

TAFEL 16

Im Leben der Franziska Romana (1384–1440), der Volksheiligen Roms, spielten Engel eine zentrale Rolle. Davon legen unter anderem auch die Fresken Zeugnis ab, mit denen Antoniazzo Romano (um 1434–1508?) die Kapelle des Klosters von Tor de' Specchi in Rom ausschmückte. Auf diesem Bild ist das Engelkind dargestellt, das die Heilige beständig an ihrer Seite sah.

und endgültigen Flucht der Kreuzritter aus Palästina in Verbindung gebracht.

Der – durch zahlreiche urkundliche Belege untermauerten – lauretanischen Überlieferung zufolge wurde das Haus der Maria von Nazareth aus, wo die Kreuzritter es 1291 abgerissen hatten, zuerst an die Küste von Illyrien gebracht. »Die Engel des Herrn«, lesen wir im Bericht, den TERAMANO in der zweiten Hälfte des fünfzehnten Jahrhunderts verfaßte, »trugen besagte Kirche [gemeint ist das heilige Haus] fort und setzten sie in eine Festung namens Fiume.«

Von Illyrien soll das Haus dann 1294 nach Süditalien, in die Gegend von Ancona, überführt worden sein und schließlich nach Loreto gefunden haben.

Pater LORENZO SANTARELLI, ein Geistlicher, der sich lange und eingehend mit der lauretanischen Frage auseinandergesetzt hat, weist darauf hin, daß die (durch Menschen oder Engelhand bewerkstelligte) Übertragung des Marienhauses ausgezeichnet in das »historische Klima« des Zeitalters der Kreuzzüge paßt: »Es ist ja eine wohlbekannte Tatsache«, schreibt er in seinem gelehrten Werk *La Santa Casa di Loreto* (»*Das heilige Haus von Loreto*«), »daß die Kreuzritter, von einem wahren ›Hunger nach Reliquien‹ getrieben, kostbare heilige Überreste und Kunstwerke in den Westen schafften.« Als vielleicht bekanntestes Beispiel sei hier nur das *Turiner Grabtuch* erwähnt. Dieser »Hunger« richtete sich auf alles, was in irgendeiner Beziehung zum Leben JESU, der Jungfrau Maria und der Apostel stand: Kleidungsstücke, Gebrauchsgegenstände, Kultgeräte – aber ebenso auch Steine und Erde. Ebendiesem Umstand verdankt der berühmte Camposanto (Friedhof) von Pisa seine Entstehung. Der Erzbischof UBALDO DE' LANFRANCHI ließ anläßlich seiner Pilgerfahrt zum Heiligen Grab Erde von der geweihten Stätte abtragen und durch Pisaner Schiffe in seine Heimatstadt bringen. Im Jahre 1203 wurde die Erde neben der Hauptkirche abgeladen, und an dieser Stelle entstand später der Camposanto.

Die Kreuzfahrer brachten also nicht nur kleinere Reliquien mit in den Westen, sondern auch religiöse Objekte und Kunstgegenstände von beträchtlichen Ausmaßen wie Statuen, Säulen und Reste antiker Bauwerke. Vor dem Hintergrund dieser historischen Fakten – und in Anbetracht der Tatsache, daß zahlreiche Kreuzritter aus den Marken kamen (der mittelitalienischen Region zwischen Apennin und Adriaküste, in der Loreto liegt) – erscheint die Überführung des heiligen Hauses durchaus nicht undenkbar.

Das in Loreto verehrte Haus besteht aus antiken Ziegeln und rauchgeschwärzten Steinen. Es enthält Spuren alter Wandmalereien und Graffiti und hat keine Fundamente. Wie der bereits erwähnte TERAMANO berichtet, sollen Pilger, die schon kurze Zeit nach der Übertragung die heiligen Stätten besuchten, den Grundriß des Hauses von Loreto mit den in Nazareth verbliebenen Fundamenten verglichen und eine völlige Übereinstimmung festgestellt haben. Darüber hinaus haben am Haus durchgeführte archäologische Untersuchungen einen – zumindest wahrscheinlich – orientalischen Ursprung der Bausubstanz nachgewiesen.

Was die alte und im Volksglauben festverwurzelte Tradition angeht, das Haus sei von *Engeln* nach Loreto getragen worden, bieten sich einige alternative Erklärungsmöglichkeiten an. Zuerst einmal die Hypothese der »Engel-Mönche«: Die mittelalterlichen Autoren, namentlich die orientalischen, verglichen die Lebensweise der Mönche oft mit der von Engeln und erklärten, daß die Mönche, die ein solches Leben führten, schließlich gleichsam wirkliche Engel wurden. Zur Zeit der Kreuzzüge gab es in Palästina verschiedene religiös-militärische Orden, so etwa die Templer oder Tempelherren, die wie Mönche zu Armut, Keuschheit und Gehorsam sowie darüber hinaus zum Schutz der Jerusalempilger, der heiligen Stätten und der Reliquien verpflichtet waren. Es wäre also durchaus vertretbar, in den Templern, diesen kriegerischen »Engel-Mönchen«, die Verantwortlichen für die Übertragung des heiligen Hauses nach Italien zu sehen (die dann natürlich auf dem Seeweg erfolgt wäre).

Eine andere Theorie besagt, daß das Marienhaus von Mitgliedern einer byzantinischen Familie namens Angeli (»Engel«) von Nazareth entfernt wurde; mit der Zeit hätte der fromme Glaube des süditalienischen Volkes dann aus den »Engels« echte Engel im Himmel gemacht.

Zu Recht erklärt Santarelli: »Zwar ist das Wesentliche am heiligen Haus *die Botschaft* und damit *das Wunder* seiner Verlegung. Nichtsdestoweniger ist die jahrhundertealte Tradition von der wunderbaren Übertragung des Hauses, in dem die Verkündigung, eines der bedeutendsten Ereignisse des Christentums, stattfand, fest im religiösen Bewußtsein des Volkes verwurzelt und hat selbst im Zeitalter des materialistischen Rationalismus nichts von ihrer Faszination eingebüßt.«

Aus diesem Grunde schien es mir auch richtig, dieses Thema in dem vorliegenden Buch zu berücksichtigen.

Der Engel von Fátima und der Engel von Garabandal

Die Marienerscheinungen von Fátima sind zu bekannt, als daß es nötig wäre, ausführlich von ihnen zu sprechen. Sie ereigneten sich jeweils am 13. der Monate Mai bis Oktober 1917 vor drei Hirtenkindern: der zehnjährigen Lucia dos Santos, ihrem Vetter, dem neunjährigen Francisco Marto, und dessen siebenjähriger Schwester Jacinta. Alle drei waren gesunde und kräftige, schlichte, ziemlich schüchterne Kinder; keines von ihnen konnte lesen oder schreiben. Sie führten immer die Schafe gemeinsam auf die Weide und verbrachten heitere Stunden in der schönen Natur. Sie waren, wie ihre Familienangehörigen, sehr fromme Katholiken; des abends lernten sie von ihren Müttern den Katechismus, und jeden Tag beteten sie zusammen den Rosenkranz.

Den berühmteren Visionen der Jungfrau MARIA gingen Erscheinungen eines Engels voraus, der anscheinend die Aufgabe hatte, die Kleinen auf die sie erwartenden Wunder vorzubereiten. Die erste Engelerscheinung fand 1915 statt, und von den drei Hirtenkindern sah sie nur Lucia. Das damals achtjährige Mädchen befand sich mit einigen Freundinnen auf einem Hügel bei Aljustrel (Südportugal), als sie plötzlich alle eine merkwürdige schneeweiße Gestalt erblickten, die über den Bäumen schwebte. Es ging auf Mittag zu, und die Gestalt war im starken Sonnenlicht fast durchsichtig. Die Mädchen staunten, fürchteten sich wohl auch ein wenig und begannen instinktiv, ohne die Augen von der strahlenden Erscheinung abzuwenden, ein Gebet zu sprechen. Als sie damit fertig waren, mußten sie allerdings feststellen, daß die Gestalt verschwunden war.

Es verging einige Zeit. An einem Frühlingstag des folgenden Jahres (1916) hütete Lucia wieder die Schafe, diesmal zusammen mit Francisco und Jacinta. Es nieselte, und die Kinder hatten sich in einer kleinen Höhle untergestellt, hatten dort gegessen, gebetet und anschließend angefangen zu spielen. Plötzlich ließ sie das Geräusch einer starken Windbö aufblikken, und sie sahen draußen, über den Bäumen, die vor der Höhle wuchsen, eine weiße Gestalt. Die Erscheinung verharrte allerdings nicht wie das erste Mal reglos, sondern begann, sich, wie vom Wind getragen, auf sie zuzubewegen. Je näher sie kam, desto deutlicher zeichneten sich Gesichtszüge und Gestalt ab: Es waren die eines übermenschlich schönen, etwa fünfzehnjährigen Knaben.

Lucia schilderte die Begegnung mit dem Lichtwesen später folgendermaßen: »Wie er immer näher auf uns zukam, sagte er: ›Fürchtet euch nicht! Ich bin der Engel des Friedens. Betet mit mir.‹ Dann kniete er sich nieder und berührte den Boden mit der Stirn. Von einer übernatürlichen Ahnung getrieben, ahmten wir ihn nach und wiederholten die Worte, die wir ihn sagen hörten: ›Mein Gott! Ich glaube, hoffe, verehre und liebe

Euch. Ich bitte Euch um Vergebung für diejenigen, die nicht glauben, nicht verehren, nicht hoffen und Euch nicht lieben.‹ Nachdem er diese Worte dreimal gesprochen hatte, richtete er sich wieder auf und sagte: ›Betet so. Die Herzen Jesu und Mariä lauschen aufmerksam euren Bitten.‹ Und verschwand. Die übernatürliche Atmosphäre, die uns umgab, war so stark, daß wir fast kein Bewußtsein unserer selbst mehr hatten. Lange Zeit blieben wir in der Haltung, die wir zuletzt eingenommen hatten, und wiederholten das Gebet des Engels ohne Unterlaß. Die Gegenwart Gottes war so stark und innig zu spüren, daß wir nicht einmal den Mut aufbrachten, miteinander zu reden. Noch am folgenden Tag waren wir ganz in diese Atmosphäre versunken, und es dauerte sehr lange, bis sie unsere Gemüter vollständig verließ.«

Einige Monate später, Ende Juli oder Anfang August, spielten die drei gerade im Gemüsegarten von Lucias Haus, als dieselbe Wesenheit wiederum erschien und die Kinder aufforderte, dem Herrn unentwegt Gebete und Opfer darzubringen. Der himmlische Bote erklärte, er sei der Schutzengel Portugals, der Engel des Friedens, und sagte weiter: »Nehmt an und ertragt demütig die Leiden, die der Herr euch schicken wird.« Es war eine wirkliche Initiation: Durch sie gelangten die Kinder nach und nach zur Erkenntnis, daß bald etwas noch Außergewöhnlicheres geschehen würde und daß es ihre Pflicht war, sich auf dieses Ereignis vorzubereiten und sich ihm als würdig zu erweisen.

Wieder gingen einige Monate ins Land. Die Kinder knieten in der Höhle des Engels und sprachen zusammen das Gebet, das er sie gelehrt hatte, als das himmlische Wesen, strahlender denn je und anzusehen wie frischgefallener Schnee, ein weiteres Mal erschien. Es hielt einen Kelch in der Hand, und darauf lag eine Hostie, aus der Blut in das liturgische Gefäß tropfte.

Dann kniete sich der Engel, während Kelch und Hostie, von strahlendem Licht übergossen, von selbst in der Luft schwebten, neben die Kinder und forderte sie auf, dreimal das folgende Gebet zu wiederholen: »Allerheiligste Dreifaltigkeit, Vater, Sohn und Heiliger Geist, ich verehre Euch aus ganzem Herzen und bringe Euch das Kostbarste – Leib, Blut, Seele und Göttlichkeit Jesu Christi, die in allen Tabernakeln der Welt gegenwärtig sind – als Wiedergutmachung der Schmähungen, der Frevel und der Gleichgültigkeit dar, die Er zu erleiden hat. Und um die unendlichen Verdienste Seines Allerheiligsten Herzens und des Unbefleckten Herzens Mariä willen erbitte ich von Euch die Bekehrung der armen Sünder.«

Dann stand der Engel wieder auf, ergriff den Kelch und reichte Lucia die Hostie; die zwei anderen Kinder ließ er die im Kelch enthaltene Flüssigkeit trinken und sprach dazu: »Nehmt und trinkt den Leib und das Blut Jesu Christi, den die undankbaren Menschen so entsetzlich beleidigen. Leistet Abbitte für deren Verbrechen und tröstet euren Gott.« Dann warf er sich erneut zu Boden, wiederholte das Gebet noch dreimal und verschwand.

Der Engel kehrte nicht wieder. Seine Aufgabe war erfüllt: Er hatte die Kinder vorbereitet – hatte sie dazu befähigt, sich vorbehaltlos dem Göttlichen zu öffnen, das sich ihnen in der drei Kilometer von Fátima gelegenen »Mulde der Iria«, wo Lucias Eltern ein kleines Gut mit einigen Eichen und Ölbäumen besaßen, im Frühling des folgenden Jahres (1917) offenbarte. Eben auf einem dieser Eichbäume erschien am 13. Mai die Wesenheit, die Lucia folgendermaßen beschrieb: »Eine weißgekleidete Dame, glänzender als die Sonne, heller und stärker leuchtend als ein Kristallglas voll kristallklaren Wassers, durch das die Strahlen der glühendsten Sonne dringen ...«

Die drei Kinder konnten diesen Anblick ohne Furcht ertragen, weil der Engel sie darauf vorbereitet hatte: Sie hatten sich an das Übernatürliche gewöhnt und waren nunmehr bereit, noch größere Wunder zu erleben.

Auch Garabandal, ein Dorf in der Nähe der nordspanischen Stadt Santander, war Schauplatz mehrerer – von seiten der katholischen Kirche allerdings noch nicht offiziell bestätigter – Marienerscheinungen. Im Zeitraum von 1961 bis 1965 zeigte sich die Muttergottes wiederholt vier Kindern und überbrachte ihnen Botschaften, vor allem warnenden und ermahnenden Inhalts. Die erste Erscheinung fand im Oktober 1961 statt, und die kleine CONCHITA, die Zeugin des übernatürlichen Geschehens war, gab die Botschaft der heiligen Jungfrau mit den folgenden Worten wieder: »Man muß viele Opfer auf sich nehmen, viele Bußen. Man muß mit größerem Eifer zum heiligen Sakrament gehen. Aber vor allem muß man sehr gut sein. Sonst werden wir bestraft werden. Das Maß ist schon fast voll. Wenn wir nicht umkehren, wird die Strafe hart sein.«

Die zweite Botschaft erhielten die Kinder vier Jahre später, und sie wurde ihnen vom Erzengel MICHAEL übermittelt. Zuerst unterstrich er noch einmal die Bedeutung der während der ersten Erscheinung erteilten Ermahnungen, dann fuhr er folgendermaßen fort: »Ich, eure Mutter, sage euch durch den heiligen Erzengel Michael, daß ihr euch bessern sollt ... Betet inbrünstig, und wir werden euch geben, worum ihr bittet ...«

Wieder ist der Engel also Mittler zwischen Mensch und Gott, zwischen den Kindern und der himmlischen Mutter.

Sechstes Kapitel

Die Engel des Emanuel Swedenborg

Bislang haben wir uns mit der Gestalt des Engels in einem eher »orthodoxen« Rahmen auseinandergesetzt und festzustellen versucht, welche Rolle sie in der Heiligen Schrift und einigen der anerkanntesten christlichen, insbesondere katholischen, Überlieferungen spielt.

Wenn wir uns nun anderen, weniger berühmten und vielleicht nicht offiziell bestätigten, aber gewiß nicht minder faszinierenden Quellen zuwenden, so entdecken wir eine Fülle von weiteren für uns relevanten Informationen. Auch diese weniger orthodoxen Aussagen über die Engel verdienen, wie ich meine, unsere ungeteilte Aufmerksamkeit. Sie sollen daher in den folgenden Kapiteln mit gebührender Ausführlichkeit behandelt werden.

Beginnen wir mit einer außergewöhnlichen, sehr bekannten und berühmten Persönlichkeit des 18. Jahrhunderts: EMANUEL SWEDENBORG.

Es dürfte wohl kaum ein zweites literarisches Werk geben, in dem sich so zahlreiche, detaillierte und genaue Informationen über die Engel (und die Teufel) finden wie in den Schriften des schwedischen Visionärs und Theosophen. Doch bevor wir uns mit ihrem Inhalt befassen, wird es von Nutzen sein, etwas über die Person des Autors zu erfahren.

Der am 29. Januar 1688 in Stockholm geborene EMANUEL SVEDBERG, wie Swedenborg ursprünglich hieß, kann ohne Übertreibung als eine der originellsten Persönlichkeiten seiner Zeit bezeichnet werden. Er war der Sohn eines angesehenen protestantischen Geistlichen und wurde von frühauf durch die religiöse Atmosphäre des Elternhauses stark beeinflußt. Er studierte in Uppsala Sprachen, Literatur und Musik. Dann erwachte in ihm ein starkes Interesse an den Geheimnissen der materiellen Welt, und er verbrachte längere Zeit in England, wo sich die modernen Naturwissenschaften weit schneller entwickelten als in Schweden. Er lernte dort bei einigen der größten Wissenschaftler seiner Zeit, darunter Isaac Newton und Edmond Halley; anschließend setzte er seine Ausbildung in Leiden, Amsterdam und Paris fort. Als der Sechsundzwanzigjährige nach Schweden zurückkehrte, verfügte er über eine enzyklopädische Bildung und hatte Zeichnungen und Pläne für zahlreiche technische Erfindungen bei sich, die er in seiner Heimat zu konstruieren gedachte: Pumpen, Schmelzöfen, Kräne, verschiedene Instrumente und Geräte für den Bergbau, die Binnenschiffahrt, den Krieg, die Küstenverteidigung, ein für militärische Zwecke gedachtes Tauchboot und sogar ein Flugzeug (das übrigens viel später, im Jahre 1897, gebaut wurde und tatsächlich eine Strecke von einigen Dutzend Metern in der Luft zurücklegte. Das Modell dieser Flugmaschine kann heute noch im *Smithsonian Air Science Museum* in Washington besichtigt werden).

In Schweden erregte Swedenborg bald die Aufmerksamkeit des jungen, genialischen Königs Karl XII., der ihn zum Assessor in der höchsten Bergbaubehörde ernannte und es ihm ermöglichte, viele seiner Projekte zu realisieren. Dreißig Jahre lang führte Swedenborg ein überaus aktives, ausschließlich der Wissenschaft gewidmetes Leben: Er forschte und experimentierte unermüdlich, unternahm ausgedehnte Reisen, veröffentlichte eine Unzahl von Büchern und stand in Korrespondenz mit den größten Wissenschaftlern und Denkern Europas. Seine (gut 150!) wissenschaftlichen Publikationen decken – von der Mathematik zur Mineralogie, von der Chemie zur Astronomie, von der Anatomie zur Psychologie – das gesamte Spektrum des menschlichen erforschbaren Wissens ab. Sie lassen deutlich erkennen, wie Swedenborg dabei vom Unbelebten über das Pflanzenreich zum Beseelten fortschritt und bei der Beschäftigung mit dem Menschen wiederum vom Körper zur Psyche.

Fast vierzig Jahre lang hatte Swedenborg zugelassen, daß seine wissenschaftlichen Interessen seine religiösen Neigungen überschatteten; oder, besser gesagt, er hatte der Religion praktisch keinerlei Aufmerksamkeit mehr gewidmet. Wohl hatte er weiterhin an einen Schöpfergott geglaubt, doch die mystische Glut der Kindheit und Jugend war erloschen: Alles, was nicht unmittelbar mit Naturwissenschaft zu tun hatte, war verdrängt worden.

Nun begann sich allmählich die Krise abzuzeichnen. Swedenborg war 56 Jahre alt, ein erfolgreicher, international berühmter Mann, und er wurde noch immer von einem unstillbaren Wissensdurst gequält. Um die menschliche Psyche zu erforschen, begann er Träume zu analysieren – seine eigenen Träume, die mit der Zeit immer ungewöhnlicher und merkwürdiger wurden, ihm ungeahnte Einsichten schenkten und seinem Denken eine neue Ausrichtung gaben. Den Träumen folgten bald Visionen, und diese offenbarten ihm schließlich seine neue Mission: den geheimen Sinn der Heiligen Schrift darzulegen und der Menschheit die geistige Welt, den Himmel, die Hölle und ihre Bewohner zu beschreiben. Von diesem Augenblick an waren Engel und Geister seine Lehrmeister. Swedenborg lernte, mit den Toten zu sprechen und gleichzeitig auf der Erde und im Himmel zu leben. Er besuchte im Geiste die jenseitigen Welten und brachte anschließend alles, was er gesehen hatte, zu Papier (es scheint sich dabei um eine Art automatischen Schreibens gehandelt zu haben). Das Ergebnis waren äußerst originelle Werke, die einen starken Einfluß auf Persönlichkeiten wie KANT, GOETHE, LAVATER, STRINDBERG und JUNG ausübten. Die englische Dichterin ELIZABETH BARRETT BROWNING erklärte einmal sogar: »Meines Erachtens befinden sich die einzigen uns verfügbaren Auskünfte über das Leben nach dem Tod in Swedenborgs Schriften!«

Die ausführlichsten Beschreibungen der geistigen Welt und ihrer Bewohner finden sich in Swedenborgs *Himmel und Hölle,* einem echten »Jenseits-Reiseführer«. Aus ihm erfahren wir unter anderem auch viel über die Engel – zum Beispiel, daß sie eine »vollkommene menschliche Gestalt« besitzen. So schreibt Swedenborg: »Nach all meiner Erfahrung, die nun schon viele Jahre andauert, kann ich sagen und versichern, daß die Engel ... Gesicht, Augen, Ohren, Brust, Arme, Hände und Füße haben, daß sie sich gegenseitig sehen, hören, miteinander reden – mit einem Wort: daß ihnen gar nichts fehlt, was zum Menschen gehört, außer daß sie nicht mit einem materiellen Leib überkleidet sind.« Der Seher fügt dann hinzu, er »habe sie in ihrem Licht ..., welches das hellste Tageslicht in der Welt um viele Grade übertrifft«, sehr gut erkennen können. Grundsätzlich gilt allerdings, »daß der Mensch die Engel nicht mit den Augen seines Körpers, sondern nur mit den Augen seines Geistes sehen kann, weil dieser in der geistigen Welt ist, alles zum Körper Gehörige dagegen in der natürlichen Welt«.

Um die von Swedenborg geschilderten Engelgestalten wirklich verstehen zu können, ist es unerläßlich, daß man sich mit seiner Auffassung vom Jenseits und vom Leben nach dem Tod vertraut macht.

Swedenborg erklärt, daß wir nach dem Tod nicht sofort in die uns bestimmte Daseinsweise versetzt werden, sondern zuerst eine wichtige Übergangsphase durchlaufen. Unmittelbar nach Verlassen des Körpers gelangt man, wie der Seher schreibt, in die von Himmel und Hölle verschiedene »Geisterwelt«. (Es sei hier nebenbei erwähnt, daß Swedenborg sich zwar der zu seiner Zeit gebräuchlichen Terminologie bedient, aber darauf hinweist, daß Himmel und Hölle eher *Zustände* als »Orte« sind.) In der Geisterwelt nun werden die gerade Verstorbenen liebevoll betreut und umsorgt: Eigens damit beauftragte Geister empfangen die Neuankömmlinge und helfen ihnen, sich in die ungewohnte Dimension einzuleben. Sie

erfüllen diese Aufgabe mit viel Feingefühl und lassen ihren
Pflegebefohlenen stets jede nur erdenkliche Freiheit. Vor allen
Dingen aber vermitteln sie ihnen ein inniges Gefühl der Liebe
und lassen sie spüren, daß ein kundiger Freund bei ihnen ist,
der ihnen alles erklären kann.

In dieser anderen Dimension durchläuft man nach Swedenborg drei verschiedene Zustände: Der erste ist der soeben
beschriebene – derjenige also, in welchem der Verstorbene in
die Geisterwelt gelangt und dort erkannt, willkommen geheißen und getröstet wird. Dieser Zustand ist nicht von langer
Dauer: Sehr schnell wird jeder »er selbst« – verinnerlicht sich,
manifestiert sein wahres Wesen und seine wahren Wünsche
und beginnt, entsprechend seiner wahren Natur, zu handeln.
In der Geisterwelt herrscht, wie bereits gesagt, die größte
Freiheit, und jeder kann dort seine Neigungen – seien sie nun
gut oder böse – ungehindert ausleben. Und darin besteht das
»Gericht«: Gott, der reine Liebe ist, verurteilt niemanden,
vielmehr schlägt jeder die seinen Anlagen entsprechende
»Richtung« ein und schließt sich aus eigenem Willen einer der
unzähligen himmlischen oder höllischen Gemeinschaften an.
Nur aus Liebe läßt Gott dem Menschen die Freiheit, auch
Böses zu tun; andernfalls wäre der Mensch nur eine Maschine
und außerstande, mit seinem Schöpfer den ewigen, für beide
Seiten unverbrüchlichen Bund einzugehen.

Die entscheidende Wahl wird also frei und in eigener Verantwortung getroffen – und sie führt unmittelbar in den dritten,
endgültigen Zustand. Wer das Gute gewählt hat, verwandelt
sich wie eine Puppe, der Schmetterlingsflügel wachsen, in
einen Engel; wer sich für das Böse entschieden hat, wird ein
Teufel.

Die Engel im Himmel befinden sich auf unterschiedlichen,
dem jeweiligen Grad ihrer Liebe zu Gott entsprechenden Ebenen der Vollkommenheit und Weisheit. Sie tragen strahlende
Gewänder, wohnen in herrlichen Palästen, üben die unter-
schiedlichsten Tätigkeiten aus und leben in Gemeinschaften:

Denn im Jenseits gesellt sich gleich und gleich besonders gern
– im guten wie im bösen.

Sehen wir nun, was Swedenborg im einzelnen über die Klei-
dung, die Wohnungen und die Aktivitäten der Engel zu berichten weiß. Natürlich werden wir uns dabei auf einige wenige,
kurze Zitate beschränken müssen; der interessierte Leser sei
auf das Originalwerk verwiesen, in dem er eine Fülle an weiteren, ausführlichen und detaillierten Beschreibungen finden
wird.

»Da die Engel Menschen sind [d. h. zu Engeln gewordene
Menschen, A. d. V.] und wie Menschen der Erde untereinander
leben, so haben sie auch Kleider, Wohnungen und ähnliches,
nur mit dem Unterschied, daß bei ihnen alles vollkommener
ist, weil in vollkommenerem Zustand. Denn wie die Weisheit
der Engel die der Menschen in solchem Grade übertrifft, daß
sie ›unaussprechlich‹ genannt wird, so entspricht auch alles,
was die Engel wahrnehmen und ihnen erscheint, ihrer Weisheit.

Die Kleider, mit denen die Engel angetan sind, stehen ebenso
wie das übrige in Entsprechung ... Ihre Kleider entsprechen
aber der Einsicht. Deshalb erscheinen in den Himmeln alle je
nach ihrer Einsicht bekleidet, und weil manche den anderen
an Einsicht überlegen sind, so sind sie auch schöner gekleidet.
Bei den Einsichtsvollsten funkeln die Kleider wie von feurigem
Glanz, und bei einigen leuchten sie wie im Glanze des Lichtes.
Die weniger Einsichtsvollen tragen blendendweiße oder auch
mattweiße Kleider, die noch weniger Einsichtigen bunte Kleider ... Die Engel des innersten [d. h. höchsten, A. d. V.] Himmels aber erscheinen nackt, weil sie in der Unschuld sind und
die Unschuld der Nacktheit entspricht.«

Als ein wirklicher Bürger zweier Welten besuchte Swedenborg in seinen Visionen die himmlischen Reiche und beschrieb
dann, was er gesehen hatte. Über die Wohnungen der Engel
sagt er beispielsweise:

»Ich habe herrliche Paläste im Himmel gesehen, die sich

jeder Beschreibung entziehen. Oben glänzten sie wie von reinem Gold, unten wie von Edelsteinen – immer ein Palast schimmernder als der andere. Dasselbe gilt auch für ihr Inneres: Die Gemächer waren mit Ornamenten verziert, zu deren Beschreibung uns Worte wie Kenntnisse fehlen. Gegen Süden lagen Paradiese, in denen alles in gleicher Weise glänzte und an einigen Stellen die Blätter wie von Silber und die Früchte wie von Gold waren ... Die Engel bemerkten dazu, diese und unzählige andere, noch vollkommenere Dinge, würden ihnen vom Herrn vor Augen gestellt, doch erfreuten sie mehr noch ihre Gemüter als ihre Augen, und zwar deshalb, weil sie in allen Einzelheiten die Entsprechungen und mit Hilfe der Entsprechungen das Göttliche sehen.

Was die Entsprechungen betrifft, so bin ich auch darüber belehrt worden, daß nicht nur die Paläste und Häuser, sondern auch die kleinsten Einzelheiten innerhalb und außerhalb derselben dem Inneren entsprechen, das vom Herrn her bei ihren Bewohnern ist. So entspricht das Haus selbst im allgemeinen ihrem Guten, die Einzelheiten innerhalb der Häuser den mannigfaltigen Einzelheiten, aus denen das Gute besteht. Die Dinge außerhalb der Häuser entsprechen den Wahrheiten, die aus dem Guten abgeleitet sind, wie auch den Wahrnehmungen und Erkenntnissen ... Die Häuser der Engel werden nicht wie die Häuser der Welt gebaut, sondern ihnen vom Herrn aus Gnaden, entsprechend ihrer Aufnahme des Guten und Wahren, geschenkt. Sie verändern sich auch ein wenig, je nach den Zustandsveränderungen des Inneren ihrer Bewohner ... «

In bezug auf die zahllosen Tätigkeiten und Aufgaben der Engel im Himmel erklärt Swedenborg unter anderem:

»Alle Gesellschaften in den Himmeln werden nach den Nutzwirkungen unterschieden, weil sie ... nach ihrem Guten unterschieden sind und das Gute ein Gutes der Tat oder der tätigen Liebe, also Nutzwirkung ist. Es gibt Gesellschaften, deren Tätigkeit in der Pflege kleiner Kinder besteht; andere Gesellschaften wiederum nehmen sich der Heranwachsenden an, unterrichten und erziehen sie. Wieder andere tun das in gleicher Weise für solche Knaben und Mädchen, die aufgrund ihrer irdischen Erziehung gutartig sind und in den Himmel kommen. Andere Gesellschaften befassen sich damit, die einfältig Guten aus der Christenheit zu lehren und auf den Weg zum Himmel zu leiten, und es gibt Gesellschaften, die in gleicher Weise die vielen heidnischen Völker unterrichten. Wieder andere Gesellschaften beschützen die Geister-Neulinge – diejenigen, die frisch von der Erde herkommen – vor den Anfechtungen böser Geister. Es gibt auch Gesellschaften, die denen beistehen, die sich in der ›unteren Erde‹ befinden, und andere, die den Bewohnern der Höllen helfen und sie im Zaum halten, damit sie einander nicht über die vorgezeichneten Grenzen hinaus peinigen ...«

Sehr Interessantes berichtet Swedenborg auch über die Engel, die in der Nähe der Menschen wirken, die *Schutzengel* also:

»Überhaupt werden Engel aus jeder Gesellschaft zu den Menschen gesandt, um sie zu behüten und von bösen Neigungen und daher rührenden Gedanken abzulenken und ihnen statt dessen gute Neigungen – soviel sie nur in Freiheit aufnehmen mögen – einzuflößen ... Alle diese Tätigkeiten werden vom Herrn durch die Engel verrichtet. Die Engel unterziehen sich nämlich diesen Tätigkeiten nicht aus sich, sondern aus dem Herrn ...«

Eines darf man bei der Lektüre von Swedenborgs Werken nie außer acht lassen: Dem schwedischen Seher war durchaus bewußt, daß man die Phänomene der geistigen Welt unmöglich so schildern kann, wie sie *an sich* sind, sondern nur metaphorisch, also durch entsprechende Bilder und Begriffe aus dem irdischen Erfahrungsbereich des Menschen. Was Swedenborg über den »Zustand des Friedens im Himmel« schreibt, gilt im Grunde für all seine Aussagen über das Leben im Jenseits und insbesondere über die Engel, mit denen er sich ja so ausführlich befaßt:

»Wer den Frieden des Himmels nicht selbst erlebt hat, kann
den Frieden nicht begreifen, in dem sich die Engel befinden.
Solange der Mensch im Körper lebt, kann er diesen Frieden
auch gar nicht in sich aufnehmen und begreifen, weil die
Erkenntnis des Menschen dem Natürlichen verhaftet ist. Wer
ihn begreifen will, muß so beschaffen sein, daß sein Denken
erhoben und er vom Körper weggeführt, in den Geist versetzt
werden und dann bei den Engeln sein kann. Da ich nun auf
diese Weise den Frieden des Himmels empfunden habe, kann
ich ihn auch beschreiben – freilich nicht so, wie er *an sich* ist,
denn menschliche Worte reichen dazu nicht aus –, sondern
nur durch den Vergleich mit der Seelenruhe derer, von denen
es heißt, daß sie in Gott vergnügt seien.«

Die Engel haben keinerlei Zeitbewußtsein, da sie wie alle
Bewohner des Jenseits unter nichtzeitlichen Bedingungen
leben. Alles mißt sich für sie auf der Basis von Zustandsveränderungen und Entsprechungen: Ihnen wird Wärme entsprechend der Intensität ihrer Liebe und Licht entsprechend der
Tiefe ihrer Weisheit zuteil. Sie beeinflussen die Menschen und
senden ihnen geistige Ideen, die sich im Bewußtsein der Sterblichen in natürliche – entsprechend dem Charakter des Emp-
fängers mehr oder weniger weltliche – Ideen verwandeln.

Alle Macht der Engel kommt von Gott, und sie selbst maßen
sich keinerlei Verdienst für ihre Taten an. Sie sind jedoch frei,
und von dieser ihrer Freiheit hängt die Beschaffenheit und
Intensität ihrer Liebe ab – der Quelle all ihrer Kräfte.

Die Engel im Himmel haben eine besondere Sprache, die
für alle gleich ist. Sie muß nicht erlernt werden, sie ist vielmehr
allen angeboren und »fließt unmittelbar aus der Neigung und
ihrem Denken hervor«. Der Klang (oder »Ton«) dieser Sprache
entspricht der Neigung, und ihre speziellen Lautbildungen,
also die einzelnen Wörter, den gedanklichen Vorstellungen.
»Deshalb erkennen die Engel«, schreibt Swedenborg, »den
anderen schon an seiner Redeweise, aus dem Ton seine Neigung und aus der Gliederung des Tons, den Wörtern, seine

TAFEL 17 (umseitig)
*»Der Aufstieg zum Empyreum« von Hieronymus Bosch (Venedig, Palazzo Ducale).
Der Niederländer Bosch (1450–1516) ließ sich von volkstümlichen – magischen,
okkulten und religiösen – Motiven inspirieren. Dieses berühmte Bild dürfte eine
der getreuesten und beeindruckendsten Wiedergaben der bekannten Sterbevision
sein (siehe siebtes Kapitel): Wir sehen den dunklen Tunnel, der in das gleißende
Licht einmündet, und die Seelen, die ihn in Begleitung der Schutzengel durchfliegen.*

TAFEL 18 (linke Seite)
*Beato Angelico (um 1400–1455): »Krönung«. Uffizien, Florenz (Engel und Heilige
– Detail von der linken Seite des Gemäldes).*

TAFEL 19
*Beato Angelico: »Die Verkündigung von Cortona«. Museo di Gesù (Detail, der
Erzengel Gabriel). Fra' Angelico, wie der Maler auch genannt wird, hatte eine
besondere Vorliebe für den »Beschützer« und stellte ihn in unzähligen Gemälden dar.*

TAFEL 20

Engel bei kindlichen sportlichen Betätigungen. Die Putten oder Engelkinder erscheinen erstmals in der griechischen Mythologie, und zwar als Begleiter von Eros und Dionysos. Später wurden sie vom Christentum übernommen. Diese reizende Mosaikarbeit wird im Bardo Museum von Tunis aufbewahrt.

Gesinnung. Die weiseren Engel können schon an einem einzigen Satz die vorherrschende Neigung erkennen, auf die sie vor allem ihre Aufmerksamkeit richten. Bekanntlich hat jeder Mensch verschiedene Neigungen, je nachdem, ob er Freude, Schmerz, Nachsicht und Barmherzigkeit, Aufrichtigkeit und Wahrhaftigkeit, Liebe und Nächstenliebe, Eifer oder Zorn empfindet, ob er sich verstellt und Betrug übt, nach Ehre und Ruhm strebt usw. – die herrschende Neigung liegt allem zugrunde. Die weiseren Engel nehmen dies wahr und können schon an seiner Redeweise den Zustand des anderen vollständig erkennen. Das wurde mir durch zahlreiche Erfahrungen zu wissen gegeben. So hörte ich, wie Engel das Leben eines anderen aufdeckten, kaum daß sie ihn reden gehört hatten.«

Außer einer eigenen Sprache haben die Engel auch eine besondere Schrift, die dem Grad ihrer Weisheit und Erkenntnis entspricht und für Menschen nicht zu entziffern ist. Diese Schrift vermittelt eine wörtliche und eine innere oder spirituelle Bedeutung, und sie geht unmittelbar aus den Gedanken der Engel hervor. »Wer nichts vom Himmel weiß und auch keine andere Vorstellung von ihm haben will als der einer reinen Lichtregion, in der die Engel als Vernunftwesen ohne Gehör und Gesichtssinn umherschweben, kann sich nicht vorstellen, daß sie eine Sprache und eine Schrift besitzen«, schreibt Swedenborg weiter. »Solche Menschen sehen das Dasein eines jeden Dinges nur im Materiellen, während doch die Dinge im Himmel ebenso wirklich bestehen wie in der Welt und die Engel im Himmel alles besitzen, was von Nutzen für das Leben und für die Weisheit ist.«

Über die Weisheit der Engel – die von ihrem ständigen Umflutetsein vom göttlichen Licht herrührt – schreibt der schwedische Visionär: »Die Weisheit der Engel läßt sich nicht mit Worten beschreiben, sondern nur durch einige allgemeine Beobachtungen beleuchten. Mit einem Wort können sie ausdrücken, wozu der Mensch nicht mit tausend imstande ist. Überdies liegt in einem einzigen Wort der Engel Unzähliges, das mit den Worten der menschlichen Sprache gar nicht ausgedrückt werden kann ... In gleicher Weise können die Engel auch mit wenigen Worten den Inhalt eines ganzen Buches bis in die Einzelheiten hinein wiedergeben und ... auch aus dem Ton und einigen wenigen Worten eines Redners dessen ganzes Leben erkennen ... Die Engel werden zwar fortwährend in der Weisheit vervollkommnet, und doch erreichen diese in alle Ewigkeit nie den Grad, daß irgendein Vergleich zwischen ihr und der göttlichen Weisheit des Herrn möglich würde. Diese ist nämlich unendlich und jene endlich. Zwischen dem Unendlichen und dem Endlichen aber gibt es keinen Vergleich.«

Swedenborgs *Himmel und Hölle* enthält unzählige Informationen über das Leben der Engel, über ihre Aktivitäten, ihre Aufgaben, ihre Wünsche und Hoffnungen. Unter anderem heißt es darin auch, daß die himmlischen Geister ein Geschlecht besitzen, also männlich und weiblich sind. So werden auch im Himmel Ehen geschlossen: Sie bestehen »in der Verbindung zweier zu einem Gemüt«, erfolgen kraft göttlichen Willens und entsprechen der Vereinigung des Verstandes mit der Willenskraft, des Guten mit der Wahrheit. Solche Eheschließungen, sagt Swedenborg, dürfen nicht Hochzeiten genannt werden, sondern Verschmelzungen von Seelen durch die Vereinigung des Guten mit dem Wahren.

Schon aus diesen wenigen Zitaten wird Swedenborgs äußerst dynamische Vision vom Jenseits erkennbar – einer Existenzweise, die, wie wir sahen, eine Höherentwicklung, freie, selbständige Entscheidungen und ein Wachstum an Weisheit und Liebe einschließt. Ein Jenseits also, das nur eine sehr entfernte Ähnlichkeit mit manchen »orthodoxen«, absolut statischen Vorstellungen aufweist und somit in viel stärkerem Maße den Erwartungen entgegenkommt, die wir als aktive und jeder Untätigkeit abholde Menschen wahrscheinlich alle hegen.

Wie wir schon gesehen haben, besteht eine der vielen Aufgaben der Engel darin, die Menschen durch ihr Leben zu begleiten und zu versuchen, sie – stets unter Berücksichtigung ihrer persönlichen Freiheit – positiv zu beeinflussen. Für die Teufel gilt das gleiche, wenngleich mit umgekehrten Vorzeichen: Sie versuchen die Menschen negativ zu beeinflussen, sie also dazu zu verleiten, im Leben wie im Jenseits das Böse zu wählen. Eben in dieser zwiefachen, gegensätzlichen Beeinflussung besteht die Freiheit des Menschen, da er als Verkörperter wie als Geist die Möglichkeit hat, sich für das eine oder das andere zu entscheiden. »Bei jedem Menschen«, schreibt der Seher, »sind gute und böse Geister zugegen. Durch die guten hat er Verbindung mit dem Himmel und durch die bösen mit der Hölle ... Durch beide Arten von Geistern befindet er sich auch im Gleichgewicht, und durch das Gleichgewicht in seiner Freiheit.« Es besteht also nach Swedenborg eine ununterbrochene Verbindung zwischen unserer und der geistigen Welt, eine Verbindung, die durch die Tatsache ermöglicht wird, daß der Mensch zwar ein Erdenbürger ist, aber zugleich auch, potentiell, ein Bürger des Himmels.

»Man muß wissen«, sagt der Seher nämlich, »daß jeder Mensch für den Himmel geboren wird und dort angenommen wird, wenn er in der Welt den Himmel in sich aufnimmt; wer ihn jedoch nicht aufnimmt, ist davon ausgeschlossen.«

Die Engel des Emanuel Swedenborg wurden also nicht von Anfang an als solche erschaffen: Sie entstehen vielmehr, wenn Menschen nach dem Tod des Leibes zum himmlischen Vater zurückkehren. »Die Engel möchten, daß ich aus ihrem Munde verkünde«, teilt uns der Seher mit, »daß es im ganzen Himmel nicht einen einzigen Engel gibt, der von Anbeginn als solcher erschaffen, noch in der Hölle irgendeinen Teufel, der einst als Engel des Lichts erschaffen und hinabgestoßen worden wäre. Vielmehr seien im Himmel wie in der Hölle alle aus dem menschlichen Geschlecht hervorgegangen. Wer in der Welt in himmlischer Liebe und im Glauben gelebt habe, findet sich im Himmel, in der Hölle, wer in höllischer Liebe und solchem Glauben befangen war.« Alle Geister also, Engel wie Teufel, begannen ihr Leben einst auf Erden – oder auf einem der unzähligen anderen Planeten des Universums. In der anderen Dimension setzten sie dann ihren Entwicklungsprozeß fort und erreichten schließlich den ihnen gemäßen Zustand: den Himmel oder die Hölle.

Es ist verständlicherweise äußerst schwierig, den Inhalt eines so umfangreichen Buches wie Swedenborgs *Himmel und Hölle* auf einigen wenigen Seiten wiederzugeben. Swedenborgs Lehren haben jahrhundertelang einen großen geistesgeschichtlichen Einfluß ausgeübt und üben ihn auch weiterhin aus. Darüber hinaus stellen sie für jeden von uns einen starken Ansporn dar, die Verantwortung für unsere Taten zu übernehmen, da nur sie uns zu lichten Engeln oder zu Wesen der Finsternis machen können.

Siebtes Kapitel

Das Lichtwesen

Die katholische Kirche lehrt, daß jedem Mensch ein Engel
zur Seite steht, der ihn behütet und beschützt. Gebete wie das
folgende legen Zeugnis von diesem Glauben ab:

>»Schutzengel mein,
>Hüt' mich fein
>Tag und Nacht,
>Früh und spät,
>Bis mein' Seel'
>In Himmel fährt!«

Der heilige THOMAS VON AQUIN (1226–1274) geht in seiner
Summa Theologica auf diese alte Lehre ein und bestätigt, daß
der Schutzengel den Menschen durch das ganze Leben begleitet. Darüber hinaus steht er ihm im Tode bei und weist ihm
im Jenseits den Weg zur Stätte, die ihm bestimmt ist. Zu diesem
letzten Punkt hatte sich übrigens schon der Kirchenvater TER-
TULLIAN (2.–3. Jahrhundert) im selben Sinne geäußert und
erklärt, daß die Seele, sobald sie nach dem Hinscheiden wieder
zu sich kommt, »vor Freude erbebt, das Antlitz ihres Engels
zu erblicken, der sich anschickt, sie zu ihrer Wohnstatt zu
geleiten«.

Nun besitzen wir moderne Zeugenaussagen, die diesen uralten Glauben zu bestätigen scheinen: Ich meine damit die
Berichte von Menschen, die sogenannte »todesnahe Erfahrungen« (»Todesnähe-Erlebnisse«, »Nahtodeserfahrungen«) gemacht und im Niemandsland zwischen Diesseits und Jenseits
etwas gesehen und gehört haben, das sich unauslöschlich in
ihr Gedächtnis eingeprägt hat. Die weltweit bislang dokumen-

tierten Erlebnisse dieser Art gehen in die Tausende, und sie
weisen trotz aller soziologisch, kulturell oder durch kon-
fessionsspezifische Erwartungshaltungen bedingten Unterschiede so auffällige Übereinstimmungen auf, daß man nicht
umhin kann, sie für mehr als bloße Träume oder Phantasien
zu halten.

Folgende Umstände treten anscheinend bei allen Todesnähe-Erlebnissen auf und können somit als charakteristische
Merkmale gewertet werden: Sobald das Wachbewußtsein
erlischt, findet sich der Mensch außerhalb seines Körpers wieder und ist, wenngleich seiner materiellen Hülle beraubt, vollkommen imstande zu denken, sich zu erinnern, zu sehen und
zu hören. Tatsächlich nimmt er alles wahr, was sich in der
Umgebung seines entseelten Körpers ereignet, kann sich allerdings etwaigen Anwesenden selbst nicht bemerkbar machen.
Gleichzeitig nimmt er Kontakt mit einer anderen, höheren
Dimension auf, die in ausnahmslos allen Berichten als »überirdisch« bezeichnet wird: So erblicken die Entkörperten bezau-
bernde Landschaften, hören die lieblichste Musik und sehen
sich vor allem von einem übernatürlichen, jede menschliche
Vorstellung sprengenden Licht umgeben. Am ehesten sollen
sich die neue Dimension und das sie durchflutende Licht mit
dem Wort »Liebe« umschreiben lassen.

Manche Menschen sehen außerdem ihr ganzes vergangenes
Leben »wie einen Film« vor sich ablaufen und fällen darüber
ein ethisches Urteil. Anderen erscheinen ihnen nahestehende,
bereits verstorbene Personen. Wieder andere schließlich
begegnen einem *Lichtwesen,* dessen Funktion stark an die des
Schutzengels erinnert.

In einem ihrer Werke über die Erfahrungen von Sterbenden
(Über den Tod und das Leben danach) schreibt die bekannte
Psychologin und Mitbegründerin der modernen Todes-
psychologie Dr. ELISABETH KÜBLER-ROSS: »Was die Kirche
den kleinen Kindern hinsichtlich ihrer Schutzengel erzählt,
beruht ... auf Tatsachen, denn es ist ... bewiesen, daß jeder

Mensch von seiner Geburt bis zu seinem Tod von Geistwesen
begleitet wird. Jeder Mensch hat solche Begleiter, ob Sie daran
glauben oder nicht, ob Sie Jude oder Katholik oder ohne
Religion sind, spielt überhaupt keine Rolle. Denn jene Liebe
ist bedingungslos, weshalb ein jeder Mensch dieses Geschenk
eines Begleiters erhält. Es handelt sich um jene Begleiter, die
meine kleinen Kinder ›Spielgefährten‹ nennen. Ganz kleine
Kinder sprechen mit ihren ›Spielgefährten‹ und sind sich dessen ganz bewußt[20]. Doch sobald sie in die erste Klasse kommen, sagen ihre Eltern zu ihnen: ›Du bist jetzt ein großer Bub.
Du gehst nun in die Schule. Jetzt macht man nicht mehr solche
kindischen Spiele.‹ Somit vergißt man, daß man ›Spielgefährten‹ hat, bis man auf dem Sterbebett liegt. Und dann sagt
plötzlich eine sterbende alte Frau zu mir: ›Hier ist er wieder.‹
Und weil ich weiß, von was sie spricht, frage ich diese Frau,
ob sie mit mir das soeben Erlebte teilen könne. Alsdann erklärt
sie mir: ›Ja, wissen Sie, als ich ein ganz kleines Kind war,
befand er sich immer bei mir. Aber ich habe ganz vergessen,
daß er überhaupt existiert.‹ Und einen Tag später stirbt sie
ganz beglückt, daß jemand, der sie unsagbar gern gehabt hatte,
wieder auf sie wartet.«

In seinem berühmten Buch *Leben nach dem Tod* schreibt
der amerikanische Arzt RAYMOND A. MOODY: »Das wohl
erstaunlichste Element, das in den Berichten, die ich durchge-
arbeitet habe, immer wieder auftauchte und das mit Sicherheit
den tiefsten Eindruck hinterließ, ist die Begegnung mit einem
sehr hellen Licht. Bei seinem ersten Auftreten ist es in der
Regel matt, worauf es seine Helligkeit jedoch sehr rasch bis
zu überirdischer Leuchtkraft steigert. Trotz der unbeschreibli-
chen Helligkeit dieses Lichts ... greift es die Augen in keiner
Weise an, wie viele eigens betonen; es blendet nicht, noch
hindert es daran, andere Dinge in der Umgebung wahrzunehmen ...

Ungeachtet seiner ungewöhnlichen Erscheinungsform hat
keiner der Beteiligten auch nur den leisesten Zweifel daran

geäußert, daß dieses Licht ein lebendes Wesen sei, ein Lichtwesen. Und nicht nur das: es hat personalen Charakter und besitzt unverkennbar persönliches Gepräge. Unbeschreibliche Liebe und Wärme strömen dem Sterbenden von diesem Wesen her zu. Er fühlt sich davon vollkommen umschlossen und ganz darin aufgenommen, und in der Gegenwart dieses Wesens empfindet er vollkommene Bejahung und Geborgenheit. Er fühlt eine unwiderstehliche, gleichsam magnetische Anziehungskraft von ihm ausgehen. Er wird unausweichlich zu ihm hingezogen.

Ohne die geringsten Abweichungen wird das Lichtwesen stets auf die oben angeführte Weise beschrieben. Interessanterweise wird es jedoch von Fall zu Fall und offenbar je nach dem besonderen religiösen Hintergrund, der jeweiligen Erziehung und religiösen Überzeugung des Betreffenden anders benannt. So identifiziert die Mehrzahl derer, die von ihrer Erziehung und Überzeugung her Christen sind, dieses Licht mit Christus ... Ein Jude und eine Jüdin sahen in dem Licht einen ›Engel‹ ..., einen Abgesandten oder Führer.

Kurz nach seinem Erscheinen beginnt das Wesen, mit dem Sterbenden Verbindung aufzunehmen ... Hier bestehen die Befragten darauf, weder eine vom Wesen kommende Stimme oder sonstige Laute gehört noch ihm ihrerseits auf akustischem Wege geantwortet zu haben. Vielmehr heißt es, daß dabei direkte, ungehinderte Gedankenübertragung stattfinde, und zwar auf eine so klare Weise, daß sowohl Mißverständnisse als auch jegliches Lügen dem Licht gegenüber von vornherein ausgeschlossen seien.«

Nach Moodys Erfahrung fragt das Lichtwesen den Sterbenden telepathisch, ob er bereit sei, die Erde zu verlassen, und ob er im Leben etwas getan habe, das er ihm (dem Lichtwesen) jetzt zeigen möchte. Alle stimmen darin überein, daß die Fragen des Lichtwesens nie wie Anklagen oder Vorwürfe klingen; sie scheinen vielmehr den Zweck zu haben, den Sterbenden über sein vergangenes Leben nachdenken zu lassen. Der Sterbende fühlt sich trotz aller Fragen vom Licht unvermindert geliebt und vorbehaltlos akzeptiert.

Aus den zahlreichen Erfahrungen, die Moody in seinem Buch referiert, wähle ich die folgende als besonders charakteristisch aus:

»Ich wußte, daß ich starb und daß es nichts gab, was ich dagegen hätte tun können, weil mich doch keiner mehr hörte … Ich befand mich außerhalb meines Körpers, ganz ohne Zweifel. Ich konnte ihn da auf dem Operationstisch liegen sehen. Meine Seele war ausgetreten! Zunächst drückte mich all das furchtbar nieder, aber dann erschien dieses gewaltig helle Licht. Am Anfang war es wohl ein bißchen matt, aber dann schwoll es zu einem Riesenstrahl – es war einfach eine enorme Lichtfülle, mit einem großen hellen Scheinwerfer überhaupt nicht zu vergleichen, wirklich ungeheuer viel Licht. Außerdem strahlte es Wärme aus; ich konnte sie deutlich spüren.

Das Licht war … einfach unbeschreiblich. Obwohl es alles zu bedecken schien, konnte ich doch meine ganze Umgebung deutlich erkennen – den Operationssaal, die Ärzte und Schwestern, wirklich alles. Ich konnte deutlich sehen. Es blendete überhaupt nicht.

Als das Licht erschien, wußte ich zuerst nicht, was vorging. Aber dann – dann fragte es mich, es fragte mich irgendwie, ob ich bereit sei zu sterben. Es war, als spräche ich mit einem Menschen – nur daß eben kein Mensch da war. Es war wahrhaftig das Licht, das mit mir sprach, und zwar mit einer *Stimme*.

Inzwischen glaube ich, daß die Stimme, die mit mir gesprochen hatte, tatsächlich merkte, daß ich noch nicht zum Sterben bereit war. Wissen Sie, es ging ihm wohl vor allem darum, mich zu prüfen. Dennoch habe ich mich von dem Augenblick an, in dem das Licht mit mir zu sprechen begann, unendlich wohl gefühlt, geborgen und geliebt. Die Liebe, die es ausströmte, ist einfach unvorstellbar, überhaupt nicht zu beschrei-

ben. Es war ein Vergnügen, sich in seiner Nähe aufzuhalten,
und es war auch humorvoll auf seine Art, ganz gewiß!«

In seiner jüngsten Veröffentlichung über Nahtodeserfahrungen, *Das Licht von drüben,* befaßt sich Moody unter anderem auch mit einer Kasuistik, die in diesem Zusammenhang
recht außergewöhnlich erscheinen mag: den Todesnähe-Erlebnissen von Kindern. Solche Erlebnisberichte sind für den Forscher von besonderem Interesse: Kinder sind noch nicht in
dem Maße kulturell und gesellschaftlich konditioniert wie die
Erwachsenen, daher werden ihre Wahrnehmungen weit weniger durch vorgefaßte Meinungen bestimmt. Wie Moody nun
feststellte, unterscheiden sich die Erfahrungen selbst ganz kleiner Kinder dennoch praktisch in keinem wesentlichen Punkt
von denen der Erwachsenen: die Empfindung, sich außerhalb
des eigenen Körpers zu befinden, die panoramische Rückschau
auf das vergangene Leben, der Eintritt in einen Tunnel, das
Zusammentreffen mit toten Verwandten und einem Lichtwesen, die Rückkehr in den Körper.

Der erste Fall, mit dem Moody in Berührung kam, war der
eines neunjährigen Jungen, Sam, der infolge einer Krankheit
beinahe gestorben war. Moody schreibt: »Er berichtete mir,
... er sei aus seinem Körper herausgeschwebt und habe von
oben zugesehen, wie der Doktor auf seine Brust drückte, um
sein Herz wieder in Gang zu bringen. An diesem Punkt hatte
Sam das Gefühl, sich sehr rasch aufwärts zu bewegen ... Dann
sei er durch einen dunklen Tunnel geglitten und auf der anderen Seite von einer Gruppe von ›Engeln‹ empfangen worden.
Ich fragte ihn, ob diese Engel Flügel gehabt hätten, was er
verneinte. ›Sie glänzten‹, sagte Sam, sie leuchteten, und alle
schienen ihn sehr zu mögen.

An diesem Ort sei alles voller Licht gewesen ... Dann habe
ihm ein Lichtwesen ... gesagt, er müsse zurückgehen und
wieder in seinen Körper zurückkehren. ›Ich wollte nicht
zurückkommen, aber er befahl es mir‹, sagte Sam.« Sam
meinte, dieses Licht sei Gott gewesen.

Die Begegnung mit den leuchtenden Wesenheiten, von der die Wiederbelebten so oft berichten, hat für den Entkörperten eine ganz besondere Bedeutung: Sie schenkt ihm Ruhe und Zuversicht und bleibt ihm ein Leben lang unvergeßlich. So erzählt Moody auch von einem Erwachsenen, der durch ein Todesnähe-Erlebnis in seiner Kindheit von jeder Angst vor dem Sterben befreit worden war. Der Mann hatte im Laufe seines Lebens noch zweimal dem Tod ins Auge geblickt: zuerst im Krieg, dann wieder, als er Opfer eines bewaffneten Raubüberfalls geworden war. Er hatte sich aber nicht wirklich gefürchtet, weil die Erinnerung an das Lichtwesen ihn mit einem unendlichen Gefühl des Friedens und der Zuversicht erfüllt und getröstet hatte.

Ein anderes Kind, JASON, war von einem Auto überfahren worden. Obwohl man ihn schon für tot gehalten hatte, war es den Ärzten gelungen, ihn zu retten. Eine Zeitlang verfolgte Jason von oben, wie man sich um seinen Körper bemühte, dann befand er sich auf einmal »in einem Tunnel mit einem hellen Licht am Ende. Der Tunnel führte ... immer weiter aufwärts.« Während Jason hinaufstieg, merkte er, daß »zwei Leute« ihn begleiteten. »Die beiden sagten mir, alles werde gut werden«, erzählte Jason später, »und sie würden mich in das Licht führen. Ich spürte Liebe von ihnen ausstrahlen ... Es sah so aus, als ob sie lange, strahlend weiße Kleider anhätten.« Diese zwei Lichtwesen waren es dann auch, die Jason aufforderten, auf die Erde, zu seinen Eltern und seiner Schwester, zurückzukehren, da seine Zeit noch nicht gekommen sei.

Sie begleiteten den Jungen wieder durch den Tunnel, und dann war er plötzlich wieder in seinem Körper. Er wußte jetzt, daß er wieder gesund werden würde, und verlor später jede Angst vor dem Tod. Jason sagte, er habe gelernt, »daß es das Wichtigste ist zu lieben, solange man lebt«.

In anderen Fällen, von denen Dr. Moody berichtete, waren die Kinder vom Lichtwesen gefragt worden, ob sie lieber bleiben oder ins Leben zurückkehren wollten, und sie hatten geantwortet, sie wollten ihre Mama wiedersehen. Das Lichtwesen hatte daraufhin ihren Wunsch erfüllt.

Auch andere Forscher haben sich mit Todesnähe-Erlebnissen befaßt und von Begegnungen mit strahlenden Wesen berichtet, deren Rolle stark an die des Schutzengels erinnert.

KENNETH RING, Dozent für Psychologie an der *University of Connecticut* in Storrs, hat mehrere wichtige Untersuchungen über todesnahe Erfahrungen durchgeführt. Auch er hat im Rahmen Hunderter von Gesprächen mit Menschen, die nach solchen Grenzerfahrungen ins Leben zurückkehrten, Berichte von Begegnungen mit engelähnlichen Gestalten gesammelt. Der folgende Fall, der sich im Jahre 1954 ereignete, kann als ein besonders typisches Beispiel gelten. Die Hauptperson war eine damals zweiundzwanzigjährige Frau namens ANN, die nach ihrer zweiten Niederkunft (sie gebar ein kleines Mädchen) infolge starker Blutungen in Lebensgefahr geschwebt hatte.

»Ich erinnere mich«, schrieb Ann in einem Brief an den Forscher, »das Gefühl gehabt zu haben, von irgendeiner starken Kraft angezogen zu werden – nach oben, nicht nach unten! –, zuerst aus dem Zimmer heraus und auf ein helles Licht zu, das anfangs weit weg war, auf das ich aber sehr schnell ›zuflog‹. Die Schmerzen blieben hinter mir zurück ... Ich hielt plötzlich an und spürte, daß ich völlig still dalag – als würde ich auf dem Wasser treiben. Meine Gefühle von Sehnsucht, Liebe, Frieden und Wohlbefinden waren einfach unbeschreiblich schön. Es war einfach absolut – vollkommen – wundervoll. Ich wußte nicht, wo ich mich befand, aber das machte nichts, ich würde für *immer* hierbleiben! Ich war allein, fühlte mich aber nicht einsam ... Dann erfuhr ich (aber es war niemand bei mir, und es sprach auch niemand so, wie ein Mensch spricht), daß ich dort warten sollte, bis jemand käme, um mit mir zu reden. Und ich ›wußte‹, daß jemand aus unvorstellbarer Ferne auf dem Weg zu mir war. Er ... näherte sich mir mit unglaublich hoher Geschwindigkeit. Ich befand mich in einer

Welt (einer riesigen Welt) des totalen Nichts, nur ich ganz allein war da. Das helle Licht, das ich anfangs für ein Fenster in einer Welt vollkommener Dunkelheit gehalten hatte, war jetzt überall um mich herum, aber nicht mehr so hell – eher weich, besänftigend ... Ich fühlte mich unheimlich wohl dort.

Ich ›spürte‹, wie jemand näher kam, und ich ›wußte‹ genau, wann er die Grenze zu der Welt (oder dem Bewußtsein?) überschritt, in der ich mich befand. Er kam von rechts auf mich zu. Innerhalb von Sekunden betrat er ›meine Welt‹, aus einer Entfernung von Hunderten, Tausenden von Lichtjahren kam er zu mir, stand neben mir und ergriff meine rechte Hand.

Als er meine Hand nahm, wußte ich sofort, daß er der beste Freund war, den ich besaß. Ich wußte auch, daß *ich* jemand ganz besonderes für ihn war. Der Schauer, der mich durchfuhr, als sich unsere Hände berührten, ist mit nichts zu vergleichen, was ich je auf der Erde erfahren hatte, in dem Leben, das wir kennen. Wir begegneten uns, indem wir einander ›verstanden‹ – ›spürten‹ –, aber nicht ›sahen‹. Ohne Worte ›sagte‹ er mir, daß er wegen meines Kindes gekommen sei. ›*Mein Kind?*‹ fragte ich und war vor lauter Freude und Glück darüber, daß eines meiner Kinder *mit ihm* gehen würde, ganz überwältigt! Es war eine sehr hohe Auszeichnung, dazu auserwählt zu sein, das ›wußte‹ ich. Ich hatte die Ehre, die Mutter eines ganz besonderen, außergewöhnlichen Kindes zu sein, und ich war unbändig stolz, daß er ausgerechnet *mein* Kind gewählt hatte. (Wir sprachen über sein *Leben,* nicht über seinen Tod!) Es war eine einmalige Chance für mein Kind, und es wäre mir nie eingefallen, mich zu weigern, es diesem Mann anzuvertrauen.

Und so ›gab‹ ich ihm mein Kind, oder wollte es jedenfalls tun, aber ich konnte nicht, denn – wie ich zu meiner großen Enttäuschung feststellte – ich hatte mein Kind gar nicht bei mir! Ich besaß kein Kind, das ich ihm hätte geben können! Ich begann zu weinen, weil ich nun eine so großartige Gelegenheit verpaßte ... Ich war eine Mutter ohne Kind ... Er streichelte mir mitfühlend die Hand und versicherte mir, daß ich

Mutter sei und tatsächlich ein Kind hätte, aber das Kind mußte sich irgendwie verspätet haben. Dann wischte er mit der Hand durch die Luft, und ... ich konnte die Krankenschwestern und Ärzte mit meinem Baby sehen. Der Doktor untersuchte das Kleine und legte es auf eine Art Waage, die seine Lebensdauer (nicht sein Gewicht!) anzeigen sollte. Wir konnten sehen, daß das Gerät nicht ordentlich funktionierte und falsche Angaben machte. Der Doktor gab das Baby der Krankenschwester und sagte, es würde achtzig Jahre leben. Aber der Mann neben mir schüttelte den Kopf und sagte zu mir: ›Die Menschen haben so viel Vertrauen zu ihren Maschinen, daß sie die Wahrheit nicht sehen. Die Waage irrt, das Kind wird nur vier Tage alt.‹ ...

›Dann werde ich es ihnen sagen! Wenn ich zurückkomme, werde ich es ihnen sagen!‹ – ›Nein, das wirst du nicht. Denn du wirst dich an nichts erinnern, wenn du zurückkehrst.‹ – ›Dann will ich nicht zurück, ich will bei dir bleiben.‹ – ›Das kannst du nicht. Ich bin wegen des Kindes hier. Für dich ist die Zeit noch nicht gekommen, mit mir zu gehen. Du mußt zurückkehren.‹

›Und was geschieht jetzt mit meinem Kind?‹

›Ich komme in vier Tagen wieder, um dein Kind zu holen.‹

Und das erfüllte mich erneut mit großer Freude. Nach diesem Versprechen war ich bereit zurückzukehren ... und darauf zu warten, bis ich ›an der Reihe war‹, und völlig damit einverstanden, daß mein Kind *zuerst* ging ...

›Ich werde ihnen sagen, daß die Maschine kaputt ist ...‹

›Du wirst dich nicht daran erinnern ... Die meisten Menschen können sich nicht an diesen Ort erinnern, wenn sie wieder zurückgekehrt sind. Und selbst wenn du dich erinnerst, wird man dir nicht glauben. Wahrscheinlich ist es besser, du erinnerst dich an nichts.‹

›Nein, ich werde mich daran erinnern ... Ich *muß* mich an hier erinnern!‹

Er ließ meine Hand los, und ich fühlte, wie ich von ihm

wegfiel, mich ziemlich schnell nach unten bewegte ... und immer wieder und wieder sagte: ›Ich werde mich daran erinnern ...‹«

Ann kam wieder zu sich, während die Krankenschwester ihren Namen rief und ihr auf die Wangen schlug. Als sie die Augen öffnete, zeigte ihr die Schwester die Neugeborene, und in dem Moment, da Ann sie sah, vergaß sie alles, was sie erlebt hatte. Sie erfuhr dann, daß man um ihr Leben und das der Kleinen gebangt hätte, jetzt aber alles in Ordnung sei. Ann wußte, daß sie dem Arzt etwas über ihr Töchterchen sagen mußte, aber sie erinnerte sich einfach nicht mehr, was es gewesen war.

Am folgenden Tag wurden beim kleinen Mädchen starke Hirnblutungen sowie, damit zusammenhängend, eine Lähmung der rechten Körperhälfte festgestellt. Am vierten Tag starb es. Als Ann davon erfuhr, erinnerte sie sich schlagartig wieder an ihr himmlisches Erlebnis und bekundete eine – für alle unbegreifliche – große Freude. Nur ihr Mann, der Arzt war und von einigen seiner Patienten schon von ähnlichen Erfahrungen gehört hatte (wenngleich man im Jahre 1954 sehr wenig über solche Dinge sprach), glaubte an die Realität von Anns Erlebnis, und diese Überzeugung tröstete auch ihn etwas über den schmerzlichen Verlust hinweg.

»Dieses wunderbare Gefühl, diese Woge reiner Freude, die mich erfaßt hatte, als er meine Hand ergriff und mir sagte, er sei gekommen, um *mein* Kind zu holen«, heißt es in Anns Brief weiter, »... das war der größte Augenblick in meinem Leben. Ich weiß noch immer nicht, *wer* er war, aber das ist mir auch egal! Wenigstens weiß ich, daß es ihn gibt.«

Nach TARI (dem Mädchen, das nur vier Tage alt geworden war) bekam Ann drei weitere Kinder. Ihr Mann starb sechs Jahre nach ihrer erstaunlichen Erfahrung, und ihr ältester Sohn kam als Fünfundzwanzigjähriger bei einem Verkehrsunfall ums Leben. Ann schloß ihren Brief an Dr. Ring mit dem folgenden Postskriptum ab:

»Mein Kummer wurde jedesmal schwächer und kürzer. Die Leute sagten: ›Sie steht unter einem Schock, sie wird später trauern.‹ Und später sagten sie: ›Sie muß sehr stark sein, um all das, was ihr zugestoßen ist, so ruhig ertragen zu können.‹ Beides stimmte nicht. Es tut gut, einmal jemandem die Wahrheit sagen zu können. Sie sind nicht tot. Sie leben und warten auf mich. Unsere Trennung ist nur vorübergehend und von sehr kurzer Dauer – gemessen an der Ewigkeit.«

Auch die Umfrage, die ich selbst vor nicht allzu langer Zeit in Italien durchführte[21], erbrachte mehrere Berichte über Engelbegegnungen, von denen ich einige Beispiele hier vorstellen möchte. Zuerst erzählt eine englische Dame, MARIA T., die seit vielen Jahren in Neapel lebt:

»Im Jahre 1949 mußte ich mich einer schweren Operation unterziehen. Ich lag festgeschnallt auf dem OP-Tisch, man legte mir die Tropfmaske für das Narkosemittel auf Mund und Nase, und auf ein Zeichen des Anästhesisten hin injizierte mir die Schwester etwas in den linken Unterarm. In diesem Augenblick – ich war noch vollkommen bei Bewußtsein – dachte ich: ›Es ist entsetzlich!‹ Ich meinte damit: Es ist entsetzlich, sich so, bei klarem Bewußtsein und im Vollbesitz seiner Kräfte, kampflos dem Tod zu ergeben ...

Im selben Moment, vielleicht nach einigen wenigen Sekunden, spürte ich, wie eine große, starke und sanfte Hand meine Rechte umfaßte ... ich mußte losgehen, ob ich wollte oder nicht, und die Hand führte mich. Währenddessen antwortete mir eine Männerstimme, feierlich und bescheiden, gebieterisch und fürsorglich zugleich: ›Nein, es ist nicht entsetzlich, komm, komm, komm ...‹

Es war die tiefe und etwas heisere Stimme eines älteren Mannes, aber so beruhigend und freundlich, daß ich ihr vertrauensvoll gehorchte. Und von dieser Hand geführt, schwebte ich frei von aller irdischen Schwere, völlig losgelöst, höher und höher empor, in eine zugleich erholsame und erregende

Dunkelheit, in der ich mich wiederfand, mich selbst in einer schon vertrauten Dimension, einem Ort, der mich wieder aufnahm, wiedererkannte ...

Und ich stieg an der Hand meines Führers empor, so als flöge ich von links nach rechts. Ich wußte, wo wir uns hinbegaben, ich fühlte, daß ich etwas erreichen mußte, einen Ort, ein großes Licht ... jemanden oder etwas Schicksalhaftes, Unermeßliches, Erhebendes und Beängstigendes, das mich erwartete und mich bereits kannte.

Und weiter sagte mein Führer, jetzt ohne hörbare Stimme (aber ich verstand ihn vollkommen!): ›Siehst du, wie einfach es ist? Hab keine Angst, dies wird dir gewährt, aber sprich nicht darüber. Niemand würde dir glauben.‹ Dann fügte er mit noch größerer, sanfter Autorität hinzu: ›Aber vergiß nicht: Ordnung, Ordnung, Ordnung ...‹ – und ich verstand das Wort im Sinne von Sittenstrenge, ernstem Lebenswandel.

Ich wachte unvermittelt auf, als hätte mich eine Hand plötzlich losgelassen – oder so kam es mir jedenfalls vor. Ich fand mich in meinem Krankenhausbett wieder, und ich hatte den Eindruck, als hätte mich das ungeheure, rhythmische und unbändige Schlagen meines Herzens geweckt, das dieses letzte, feierliche und sanfte Wort meines verlorenen Führers wie ein Echo wiederholte: ›Ordnung, Ordnung ...‹

In diesen ersten Augenblicken nach dem Aufwachen erfüllte mich ein tiefes Wohlbehagen, eine große Dankbarkeit, aber auch eine unendliche Sehnsucht. Nach wem? Wonach? Ich war verwirrt und dennoch hellwach, und lange hing ich diesem Traum (oder dieser einzigen Wirklichkeit) nach, der in mein Fühlen und Denken eingebrochen war wie etwas Ganzes, Wahres, Richtiges, das ich wiedergefunden, aufs neue erblickt und durchlebt ... und nun aufs neue verloren hatte.

Träume haben mich nie interessiert noch sonderlich beeindruckt, aber diese Erfahrung ist mir als etwas Außergewöhnliches im Gedächtnis haftengeblieben, und sie hat in all den Jahren nichts von ihrer Kraft und Intensität eingebüßt. Ich

habe sie fast ohne nachzudenken niederschreiben können ...
Auf das, was mir gewährt wurde, gründet sich all meine Hoffnung und Erwartung.«

Im Rahmen meiner Umfrage erfuhr ich auch von einem recht außergewöhnlichen Erlebnis. Eine Frau, die nach einem Selbstmordversuch längere Zeit zwischen Leben und Tod geschwebt hatte, berichtete mir davon. Was sie dabei erlebte, unterschied sich sowohl durch seine Dramatik als auch inhaltlich stark von vergleichbaren Fällen. Allerdings begegnete auch sie einer Wesenheit, die sie beschützte, tröstete und ermutigte und die ihr gleich von Anfang an das Gefühl vermittelte, vorbehaltlos akzeptiert zu werden. Ein Schutzengel? Vielleicht.

Hier folgt der Bericht:

»Vor einigen Jahren, nach einer ganzen Reihe von Enttäuschungen, Krankheiten, Mißverständnissen in der Familie und so weiter, beschloß ich zu sterben. Verurteilt nicht die unglücklichen Menschen, die diese schreckliche Wahl treffen! Wer nicht die Qual dieses Augenblicks kennt, wer nicht die Leiden, die zu ihm führten, selbst erlebt hat, kann sie unmöglich begreifen ...

Ich versuchte also, mich umzubringen, aber man fand mich rechtzeitig – auch wenn ich es nie für möglich gehalten hätte. Tatsächlich sagte mir der Stationsarzt, der mich behandelt hatte, viel später: ›Ich habe das Unmögliche vollbracht, aber nicht das Wunder. Sie waren in einem hoffnungslosen Zustand, und nicht ich habe Sie gerettet, nicht ich habe Sie gerettet! Man hat Sie zurückgeschickt ...!‹

Ich erfuhr, daß ich fünf Tage lang im Koma gelegen hatte. Gelangte ich an die Schwelle? Ich glaube, ja. Eines kann ich mit Gewißheit sagen: Im Zustand des Komas macht der Mensch tausend Erfahrungen durch, die weder Träume noch Halluzinationen sind. Es ist ein wirkliches zweites Leben, das uns in eine andere, der unseren vergleichbare Welt führt, voll phantastischer, aber möglicher Begebenheiten. Träume sind oft verschwommen und inkohärent, während das, was ich sah und hörte, von einer unglaublichen Klarheit war, und selbst noch nach Jahren erinnere ich mich an jede Einzelheit, an jedes Wort und jede Empfindung.

Ich weiß nicht, wieviel Zeit seit meiner verzweifelten Tat verstrichen war, aber irgendwann konnte ich wieder denken und wahrnehmen. Ich wachte auf und wußte im selben Moment, daß ich mir etwas angetan hatte, nicht aber was, warum und wann. Ebensowenig wußte ich, ob ich lebte oder tot war.

Ich tauchte in einer Welt des Schweigens auf. Ich empfand mich wieder als ein Körper und ein Geist. Ich weiß nicht, wie es kam, aber ich war absolut sicher, daß ich nicht träumte, sondern bei vollem Bewußtsein *ich selbst* war, mit all meinen Gedanken, Gefühlen und Sinneseindrücken – nur die alltäglichen Sorgen und Kümmernisse waren von mir abgefallen.

Ich sagte ›Körper‹, aber das ist eigentlich nicht richtig: Den Körper erahnte ich nur. Da ich keinerlei physische Schmerzen hatte, war mein Körper schwerelos, heil; ich fühlte mich ganz einfach wohl. Und doch, als ich einige Tage später wieder meine Umgebung wahrnahm, merkte ich, daß dieser Körper in Wirklichkeit von Nadeln zerstochen, mit Kanülen, Sonden und Kathetern gespickt war und mir dementsprechend große Schmerzen bereitete.

Nach und nach erkannte ich, daß ich mich in einem dunklen Raum befand, der allerdings langsam heller wurde – so, als gewöhnten sich meine Augen allmählich an die Dunkelheit und als könnten sie immer mehr Einzelheiten ausmachen, die zuvor gar nicht dagewesen waren. Ich stellte fest, daß ich ausgestreckt auf einem eisigen, rosafarbenen Marmorblock lag und mit einem leichten Tuch bedeckt war. Ich sah mich selbst, aber nicht von oben: Genau von da, wo ich lag, sah ich mich selbst, wie ich dalag ... Ich wußte, daß ich einen Körper hatte, weil ich ihn unter der dünnen Decke erahnte, aber ich fühlte

mich so wohl, daß ich ihn überhaupt nicht empfand. Was mir
Schmerzen bereitete, war mein Geist, in dem beunruhigende,
quälende Gedankenfetzen wild durcheinanderwirbelten. Ich
versuchte irgendein Geräusch zu hören, jemandes Anwesenheit wahrzunehmen, aber ich war allein, vollkommen allein
und verlassen. Ich wartete darauf, daß etwas geschähe, *irgend*
etwas, nur um nicht länger so liegen zu müssen, in diesem
Zustand seelischer Qual, der sich immer weiter, immer weiter
verschlimmerte. Ich wußte, daß ich mich in einer Art Klinik
befand, auch wenn der Raum, in dem ich lag, eher wie eine
große, strenge, trotz ihrer Schmucklosigkeit ziemlich prunk-
volle Kapelle aussah und keinerlei Ähnlichkeit mit einem
Krankenhaus hatte.

Plötzlich merkte ich, daß zu meinen Füßen, rechts neben
dem großen Marmorblock, ein blendendes Licht angezündet
worden war. Es war eine schöne, vergoldete, altertümlich aus-
sehende Lampe, und ihr grellweißes Licht strahlte mich an,
schien nur mich zu beleuchten und von mir aufgesogen zu
werden … Ich wartete weiter in dieser fremden Dimension,
und nur das Licht der Lampe spendete mir etwas Trost.

Auf einmal meinte ich, im Licht ein männliches Gesicht zu
erkennen, ein junges, blasses Gesicht aus Licht mit schwarzen,
strengen, aber freundlichen, zutiefst verständnisvollen Augen.
Und diese Augen fixierten mich, fixierten mich. Ich wandte
mich im Geist an dieses Wesen, und es antwortete mir gleichfalls im Geiste. Es wurde ein langes, wortloses Gespräch.
Hilfe! rief ich, hilf mir, wer immer du sein magst. Beruhige
dich, bleib liegen und hab Vertrauen, antwortete mir das
Gesicht im Licht. Aber ich habe Angst, wo bin ich? Bin ich
tot oder lebe ich? Sei still, sei still, beruhige dich …

Von irgendwo drang ein lauter werdendes Geräusch von
Stimmen an mein Ohr, von vielen Stimmen, die miteinander
zu diskutieren schienen. Ich ›wußte‹, daß es im Stockwerk
über mir einen Raum mit weißer Decke gab, der an ein Kloster
erinnerte: Dort waren mehrere in dunkle Mäntel gehüllte

Gestalten versammelt und diskutierten – sicherlich über mich,
das wußte ich. Es waren Gestalten ohne Gesicht oder mit
Kapuzen, die ihre Züge vollkommen verbargen. Sie sahen wie
Mönche aus. Ich nahm ihre Worte nur als Geräusch wahr, was
gesagt wurde, verstand ich im Geiste. Ich begriff, daß man
mir den Prozeß machte: Ich hatte mich vergangen und mußte
dafür büßen. Ich wußte allerdings noch immer nicht, ob ich
lebte oder tot war, wußte also auch nicht – und weiß es heute
noch nicht –, ob die Strafe darin bestanden haben würde, mich
wieder auf die Erde, oder aber in die Hölle zu schicken. Einzelne Stimmen verteidigten mich, aber die Mehrheit klagte
mich an, und eine bestimmte Stimme war besonders böse und
gnadenlos: eine laute, tiefe Stimme, die mit der größten Heftig-
keit meine Verdammung forderte.

Plötzlich ertönte ein lautes Türenschlagen, ein Getrappel
wie von eiligen Schritten. Die Stimmen wurden vernehmlicher,
ganz besonders die eine, noch bösartiger und herrschsüchtiger
als zuvor. Die Wendeltreppe, die zum oberen Stockwerk
führte, knarrte unter dem Gewicht einer Menschenmenge,
zahlloser dunkler, alter, gebeugter Gestalten, die sich auf mich
stürzen wollten. Ich hatte gerade noch Zeit, dem Licht einen
letzten, flehentlichen Blick zuzuwerfen, und wieder hieß es
mich hoffen. Tatsächlich hielten die Gestalten, die gerade nach
mir greifen wollten, plötzlich inne und konnten nicht weiter:
Ich entrann ihren Händen, weil das Licht sie aufgehalten hatte.
Es war das Licht, das mich freisprach und ihnen Einhalt gebot
– oder sie vielleicht darüber aufklärte, daß sie sich geirrt hatten.
In Wirklichkeit aber hatte mich das Licht gleich von Anfang
an freigesprochen: Bei aller Strenge hatte es doch nicht aufgehört, mir im Geist Hoffnung zuzusprechen. Andererseits war
es auch kein ausdrücklicher Freispruch, keine Absolution
gewesen: Das Urteil war gefällt worden, und ich hatte diese
Angst und Bitterkeit bis zur Neige auskosten müssen.

Die verhüllten Gestalten blieben also stehen, wichen zurück,
und ich erfuhr (doch ich wüßte nicht, wie), daß ich freigespro-

chen war. Sie würden mich sicher zu den Lebenden zurück-
schicken. War es das, worum ich mich so geängstigt hatte?
Oder hatte ich vielmehr um meine Seele gebangt, da es doch
eine Todsünde ist, sich das Leben zu nehmen? Ich habe mir
diese Frage seither immer wieder gestellt, aber es ist mir nie
gelungen, sie zu beantworten ...«

Ich habe diesen langen Bericht fast vollständig wiedergegeben, weil er mir besonders vielsagend und interessant
erscheint. Mit Sicherheit ist dies einer der selteneren Fälle, in
denen die Rolle des Engels als Beschützer und Anwalt ganz
deutlich zutage tritt. Es muß noch hinzugefügt werden, daß
die Erfahrung in keiner Weise den Erwartungen der Erzählerin
entsprach; sie sagte mir: »Was ich erlebte, kam für mich völlig
überraschend. Meine Verzweiflung war grenzenlos gewesen,
und ich hatte felsenfest geglaubt, daß Gott mir in seiner Barmherzigkeit vergeben würde. Ich hatte darauf vertraut, etwas
Besseres vorzufinden als das, was ich hinter mir ließ und was
für mich eine absolute Enttäuschung gewesen war. Aber es
kam ganz anders, auch wenn es am Ende doch eine Art Freispruch gegeben hat ...«

Die Erzählerin hatte sich auch nie irgendwelche Gedanken
über die Rolle des »Beschützers« gemacht: Sie hatte ausschließlich auf die Barmherzigkeit Gottes vertraut. Und sie
wurde nicht enttäuscht – wenngleich ihr die göttliche Vergebung unter ganz unerwarteten Umständen und durch einen
Vermittler zuteil wurde, den sie nicht angerufen hatte. Das
aber macht die Erfahrung für die Zwecke unserer Untersuchung um so wertvoller.

Ich möchte dieses Kapitel mit der Schilderung einer – trotz
ihres traurigen Hintergrundes – besonders schönen und tröst-
lichen Erfahrung abschließen. Der Bericht findet sich in
A{\small NIELA} J{\small AFFÉS} *Geistererscheinungen und Vorzeichen*, einem
Buch, in dem C. G. J{\small UNGS} langjährige Mitarbeiterin die Ergebnisse einer von der Zeitschrift *Der Schweizerische Beobachter*

durchgeführten Umfrage über spontane übernatürliche Phänomene vorstellt und tiefenpsychologisch analysiert. Eine einfache Frau erzählt:

»Es war eine wundervolle Sternennacht, als ich aus dem Fenster guckte. Bis ins Dorf hinunter war alles zu unterscheiden. Auf einmal sah ich neben dem Hause unserer Nachbarn unten am Hügel einen großen Engel stehen. Er hatte fast die Höhe des kleinen Hauses. Am Morgen wurde uns erzählt, mitten in der Nacht sei ein kleines Bübchen zur Welt gekommen, aber um drei Uhr morgens schon wieder gestorben. Die Mutter war erst sehr betrübt. Als ich ihr dann erzählte, wie sie und ihr Kind aber doch offenbar in Engelshut gewesen sei selbe Nacht, da war sie getröstet.«

Aniela Jaffé fügt dem Bericht folgende Bemerkung hinzu: »In diesem Erlebnis ist es der Engel (*ángelos* = der Bote), der sozusagen die Brücke zwischen dem Zeitlichen und dem Unzeitlichen darstellt, und auch in dieser Form vermittelt die Verbindung Sinn und Trost.«

Alle diese Erfahrungen weisen ein wichtiges gemeinsames Element auf: die zentrale Bedeutung der Begegnung mit dem Engel, die jeder als Quelle des Trostes und der Hoffnung empfindet. Sie bestätigen darüber hinaus die christliche Lehre, daß uns im Augenblick des Todes der Engel an der Schwelle zum Jenseits empfangen wird.

Achtes Kapitel

Der Engel in uns

Ist es möglich, von Engeln in psychologischen Kategorien zu sprechen? Ist es also denkbar, daß eine »Begegnung« mit jenen Wesenheiten, denen wir nach Aussage so vieler religiöser Überlieferungen anvertraut sind, auf innerpsychischer Ebene stattfindet? Ist es möglich, so tief in uns hinabzusteigen, daß wir jenem Meister und Ratgeber begegnen, und dann seine Belehrungen nach oben, ins Licht des Bewußtseins zu tragen? Anscheinend ja. Manchmal wenigstens ...

Der große Tiefenpsychologe und Denker C. G. Jung (1875–1961) schreibt in seinen *Psychologischen Betrachtungen:*

»In jedem von uns ist auch ein anderer, den wir nicht kennen. Er spricht zu uns durch den Traum und teilt uns mit, wie anders er uns sieht, als wie *wir* uns sehen. Wenn wir uns daher in einer unlösbar schwierigen Lage befinden, so kann der fremde andere uns unter Umständen ein Licht aufstecken, welches wie nichts geeignet ist, unsere Einstellung von Grund auf zu verändern, nämlich eben jene Einstellung, die uns in die schwierige Lage hineingeführt hat.«

Und weiter: »Der Patient und ich wenden uns gemeinsam an den 2 000 000 Jahre alten Mann, der in uns allen ist. In der letzten Analyse rühren die meisten unserer Schwierigkeiten daher, daß wir den Kontakt zu unseren Instinkten, zu der uralten, unvergessenen Weisheit, die in jedem von uns gespeichert ist, verloren haben.«

Jung stützte sich bei seinen Aussagen sowohl auf seine Erkenntnisse als Psychoanalytiker als auch auf persönliche Erfahrungen. So schildert er in seinem autobiographischen Werk *Erinnerungen, Träume, Gedanken* das Auftauchen einer

Phantasiegestalt aus seinem Unbewußten, die er PHILEMON nannte. Im Kapitel »Die Auseinandersetzung mit dem Unbewußten« heißt es: »Philemon war ein Heide und brachte eine ägyptisch-hellenistische Stimmung mit einer gnostischen Färbung herauf. Seine Gestalt erschien mir zuerst in einem Traum: Es war blauer Himmel, aber er schien wie das Meer. Er war bedeckt – nicht von Wolken, sondern von braunen Erdschollen. Es sah aus, als ob die Schollen auseinanderbrächen und das blaue Wasser des Meeres dazwischen sichtbar würde. Das Wasser war aber der blaue Himmel. Plötzlich schwebte von rechts her ein geflügeltes Wesen herbei. Es war ein alter Mann mit Stierhörnern. Er trug einen Bund mit vier Schlüsseln und hielt den einen so, wie wenn er im Begriff stünde, ein Schloß aufzuschließen. Er war geflügelt, und seine Flügel waren wie diejenigen des Eisvogels mit ihren charakteristischen Farben.«

Ein bemerkenswertes synchronistisches[22] Ereignis verlieh dem Traumbild noch zusätzliche Symbolkraft. Jung berichtet weiter:

»Da ich das Traumbild nicht verstand, malte ich es, um es mir besser zu veranschaulichen. In den Tagen, als ich damit beschäftigt war, fand ich am Seeufer meines Gartens einen toten Eisvogel! Ich war wie vom Donner gerührt! Nur ganz selten sieht man Eisvögel in der Umgebung von Zürich. Darum war ich von diesem anscheinend zufälligen Zusammentreffen so betroffen. Die Leiche war noch frisch, höchstens zwei bis drei Tage alt, und wies keine äußeren Verletzungen auf.«

Mit der Zeit gewann Philemon mehr und mehr an Realität und Konsistenz, bis er für Jung zu einem wirklichen Gesprächspartner wurde. So lesen wir in *Erinnerungen, Träume, Gedanken* weiter: »Philemon und andere Phantasiegestalten brachten mir die entscheidende Erkenntnis, daß es Dinge in der Seele gibt, die nicht ich mache, sondern die sich selber machen und ihr eigenes Leben haben. Philemon stellte eine Kraft dar, die ich nicht war. Ich führte Phantasiegespräche mit ihm, und er sprach Dinge aus, die ich nicht bewußt gedacht hatte. Ich nahm genau wahr, daß er es war, der redete, und nicht ich. Er erklärte mir, daß ich mit den Gedanken so umginge, als hätte ich sie selbst erzeugt, während sie nach seiner Ansicht eigenes Leben besäßen wie Tiere im Walde, oder Menschen in einem Zimmer, oder wie Vögel in der Luft: ›Wenn du Menschen in einem Zimmer siehst, würdest du auch nicht sagen, du hättest sie gemacht, oder du seist für sie verantwortlich‹, belehrte er mich. So brachte er mir allmählich die psychische Objektivität, die ›Wirklichkeit der Seele‹ bei.

Durch die Gespräche mit Philemon verdeutlichte sich mir die Unterschiedenheit zwischen mir und meinem gedanklichen Objekt. Auch er war mir sozusagen objektiv gegenübergetreten, und ich verstand, daß etwas in mir ist, was Dinge aussprechen kann, die ich nicht weiß und nicht meine, Dinge, die vielleicht sogar gegen mich gerichtet sind.«

Philemons Anderssein brachte Jung zu der Überzeugung, es mit *jemandem* zu tun zu haben, mit jemandem, der über einen eigenständigen Charakter und eine autonome Weisheit verfügte – kurz, mit einem wirklichen Lehrer: »Psychologisch stellte Philemon eine überlegene Einsicht dar. Er war für mich eine geheimnisvolle Figur. Zu Zeiten kam er mir fast wie physisch real vor. Ich ging mit ihm im Garten auf und ab, und er war mir das, was die Inder als Guru bezeichnen.«

Wenn ich diese Erfahrung von C. G. Jung referiere, will ich natürlich in keiner Weise behaupten, der große Schweizer Analytiker hätte eine Engelbegegnung gehabt. Es läßt sich allerdings nicht leugnen, daß Philemon durchaus etwas darstellen könnte, das aus psychologischer Sicht stark an die Gestalt und Funktion der Engel erinnert.

Eine zeitgenössische Parallele zur Erfahrung des Schweizer Tiefenpsychologen finden wir in einer merkwürdigen Begebenheit, die der amerikanische Psychiater Eugene G. Jussek in seinem Buch *Begegnung mit dem Weisen in uns* schildert. Jussek, ein angesehener Arzt und international anerkannter Forscher, wendet schon seit längerem die hypnotische Regression an, um bei seinen Patienten verdrängte Kindheitstraumata freizulegen. Im Rahmen seiner Arbeit mit einem jungen Mann namens CHARLES ROBERTS, der unter schwer erklärbaren Verhaltensstörungen litt, hatte Dr. Jussek das Auftauchen bestimmter Erinnerungen festgestellt, die frühere, in England und Irland verlebte Existenzen zu betreffen schienen. Diese Erinnerungen waren äußerst detailliert, und Jussek konnte sie durch eigene Nachforschungen verifizieren und als historisch exakt bestätigen.

Im Verlauf der Regressionstherapie trat jedoch auch ein weiterer Umstand zutage, der den Psychiater ungleich mehr erstaunte: Offenbar erinnerte sich der Patient an ein Wesen, an eine »Person«, die in den Augenblicken des Todes stets bei ihm gewesen war und die Aufgabe zu haben schien, die Evolution seiner Seele zu beaufsichtigen und zu leiten. In der Hypnose sprach der Patient von dieser Person als von seinem »Freund und Lehrer«. Hier eine kurze Passage aus einem von Jusseks zahlreichen Protokollen:

»*Frage:* Was geschah nach dem Tod [mit dem eine der angeblichen früheren Existenzen des Patienten endete, A. d. V.] mit Ihrer Seele?

Antwort: Mein wunderbarer Freund begegnete mir. Ich kenne seinen Namen nicht. Er ist ohne Alter. Unmittelbar nach dem Tod sprachen wir über meine Erfahrungen mit jenem Leben und die Lehren, die daraus zu ziehen waren.

Frage: Haben Sie ihn nach Gott befragt?

Antwort: Es ist immer das gleiche: Gott ist unendlich.«

Jussek konnte feststellen, daß dieses Wesen jedesmal dann in den Erinnerungen seines Patienten auftauchte, wenn dieser das Ende einer seiner früheren Existenzen nacherlebte. Natür-

lich erregte diese Tatsache sein lebhaftes Interesse, und mit
der Zeit gelang es ihm, direkten Kontakt mit dieser »Person«
aufzunehmen. Das Wesen stellte sich als Yan Su Lu vor und
erklärte, es habe, um sich zu manifestieren, die Persönlichkeit
seiner letzten irdischen Inkarnation angenommen: Damals, im
13. Jahrhundert, sei er ein chinesischer Weiser gewesen. Yan
Su Lu willigte ein, mit Jussek über grundlegende Themen wie
Geburt und Tod, Reinkarnation, Selbstmord, den Sinn des
Lebens, Liebe und Erfolg und anderes mehr zu diskutieren.
Er erklärte, er sei Charles' Führer, und behauptete, jeder von
uns habe einen solchen Lehrmeister und Beschützer. Im folgenden Protokoll (es entstand, wie alle anderen, Ende der
siebziger Jahre) äußert sich Yan Su Lu über die Schutzengel.

»*Frage:* Was sind ›Schutzengel‹? Gibt es sie?

Antwort: Das Wort Schutzengel ist ein vager, wenn auch
positiver Begriff. Jawohl, es gibt sie. Es handelt sich um Lehr-
wesen und Ratgeber – um Energieformen, die einen jeden
Menschen umgeben und die sich ihm aus unterschiedlichen
Gründen zuwenden. Die einen dieser Geistwesen stehen der
spirituellen Entwicklung und Erkenntnisfähigkeit des Menschen vor, andere weisen auf Gefahren und Krisen hin. Sie
retten Menschen jedoch nur aus Gefahr, wenn es der Wunsch
des Vaters ist. Wieder andere tragen Sorge für die materiellen
Möglichkeiten, die der Mensch, im Rahmen seiner Existenz,
wahrnehmen kann. Aber vergessen Sie nie, daß jeder einzelne
dieser Lehrer – innerhalb seiner eigenen Strukturen – bereits
die Stufe eines Geistwesens erreicht hat[23]. Anders ausgedrückt
bedeutet dies, daß er bereits wesentlich mehr Lernprozesse
durchlebt hat als der Mensch, den er begleitet. Sicherlich sind
diese Lehrer auch in gewisser Weise Beschützer, doch sie greifen nicht in Geschehnisse ein – wie es in dem Wort ›Schutzengel‹ impliziert ist. Dies würde einem Eingriff in die freie Willensentscheidung des Menschen gleichkommen. Diese Wesen
stehen als Lehrer, Ratgeber und Führer zur Verfügung, wenn

man sie ruft – entweder mit Hilfe der Meditation oder durch ein Gebet. Das ist ihre spezifische Aufgabe.

Das Wort ›Engel‹ ist eine Bezeichnung dieser Lehrer, die bereits vor Jahrhunderten von den Christen eingeführt wurde, um die Geistigkeit jener Wesen stärker zu betonen. Allerdings entspricht diese Benennung nicht gänzlich den Tatsachen, denn die geistigen Lehrer der Menschen besitzen keineswegs die sogenannten ›Flügel‹, die sie zum Fliegen befähigen. Sie sind ihr eigener individueller Geist, und die Art und Weise, wie sie sich selbst begreifen und erfahren, liegt ganz bei ihnen – doch geschieht dies stets auf der ätherischen Ebene.

Frage: Hat jeder Mensch einen Lehrer, wie Charles ihn in Ihnen hat, Yan Su Lu?

Antwort: Ja. Überall im ganzen Universum werden die belebten Dinge von Lehrern begleitet, denn Sie müssen wissen, daß der Vater in seinem allumfassenden Bewußtsein jedem Lebewesen diejenigen zur Seite gestellt hat, die es führen und geleiten. Dies sind die Lehrer. In der christlichen Religion bezeichnet man sie als ›Engel‹. Wir sind für Sie alle da, um Sie in Ihren Stunden der Not, in den Stunden der Meditation und beim Gebet zu führen. Wir sind diejenigen, die Ihnen jederzeit mit all unseren Fähigkeiten behilflich sind – natürlich nur, wenn wir dadurch nicht in Ihre freie Willensentscheidung oder Ihr Karma eingreifen.«

Die bekannte Todespsychologin Dr. ELISABETH KÜBLER-ROSS schreibt in ihrem Vorwort zu Jusseks *Begegnung mit dem Weisen in uns:* »Ich kann nur versichern, daß ich den größten Teil dieses Buches – besonders die Kapitel über ›Sterben, Selbstmord und Schutzengel‹ – durch meine eigenen Forschungen über das Leben nach dem Tod bestätigt fand; zudem bin ich – im Zusammenhang mit meinen eigenen Forschungen während der letzten zwei Jahrzehnte – vielen der von Dr. Jussek angesprochenen Phänomene selbst begegnet. Unsere geistigen Lehrer sind stets bei uns; sie führen uns vom Augen-

blick der Geburt an durch unser Leben und durch den Übergang, den wir Tod nennen. Allerdings können sie unseren
freien Willen – das kostbarste Geschenk des Schöpfers an die
Menschen – nicht beeinflussen. Wir sind also voll verantwortlich für die Entscheidungen, die wir treffen, für unser Handeln,
unsere Worte und unsere Gedanken.«

In seinem Nachwort zu Jusseks Buch erkennt Dr. E. STAN-
TON MAXEY, wissenschaftlicher Direktor des »John E. Fetzer
Energy Medicine Research Institute« in Phoenix (Arizona),
diese Möglichkeit, mit der Lehrergestalt, die in jedem von uns
zu existieren scheint, in Kontakt zu treten, als durchaus reali-
stisch an. Und das Bekenntnis, mit dem er sich zuletzt an den
Leser wendet, erscheint mir als der denkbar beste Abschluß
zu diesem Kapitel:

»Fest steht, daß Eugene Jussek mit seinen Erkenntnissen
eine Herausforderung für einen jeden sein muß, seinem eigenen Yan Su Lu auf die Spur zu kommen. Dieses Suchen bringt
die Freilegung uns bisher unbekannter, innewohnender geistiger Elemente mit sich. Diese Suche verspricht Erfolg. Bereits
eine kurze Betrachtung gewisser Begebenheiten und Träume
dieses Lebens zwingt mich zu der Überzeugung, daß nicht
wenige von uns hierarchischen Geisteswesen begegnet sind
oder begegnen werden, die die Aufgabe haben, unsere Schritte
zu lenken und unseren Weg zu erleuchten.«

Wie wir in den folgenden Kapiteln sehen werden, scheinen
gewisse Erfahrungen, die in letzter Zeit von durchaus ernstzu-
nehmenden Menschen referiert wurden, Dr. Maxeys Überzeugung zu bestätigen.

Neuntes Kapitel

Engel und Naturgeister – Rudolf Steiner und das Abenteuer von Findhorn. »Wir wachen über die Erde.«

»Überall im ganzen Universum werden die belebten Dinge von Lehrern begleitet, denn Sie müssen wissen, daß der Vater in seinem allumfassenden Bewußtsein jedem Lebewesen diejenigen zur Seite gestellt hat, die es führen und geleiten ...« – so sagte der chinesische Weise YAN SU LU, mit dem wir uns auf den vorausgegangenen Seiten befaßt haben. Jedes Phänomen der belebten Welt würde demnach von unsichtbaren, aber realen geistigen Wesenheiten getragen und beschützt werden. Für die Menschen früherer Epochen war dies eine unzweifelhafte Tatsache, und sie sprachen von Genien, Elfen, Nymphen, Naturgeistern oder *Devas*[24] wie von vertrauten, ja fast alltäglichen Erscheinungen.

In nicht allzuferner Vergangenheit wurden diese Themen von einer außergewöhnlichen und sehr interessanten Persönlichkeit wieder aufgegriffen und ausführlich behandelt: Ich meine den österreichischen Denker und Schriftsteller RUDOLF STEINER (1861–1925), den Begründer der Anthroposophie. Nach dieser aus der Theosophie hervorgegangenen Lehre gilt das Universum als die in ständiger Evolution begriffene Manifestation des Göttlichen. Seine Bestimmung ist die Überwindung aller materiellen Hindernisse und die bewußte Rückkehr zum göttlichen Ursprung. Die Anthroposophie strebt eine Verschmelzung östlicher okkultistischer Lehren mit christlich-abendländischem Gedankengut an.

Im Rahmen des gewaltigen dynamischen Gemäldes, das er vom Universum entwarf, widmete Rudolf Steiner den Engeln und Naturgeistern breiten Raum und befaßte sich mit ihnen namentlich in zwei seiner Werke: *Geistige Hierarchien* und *Die geistigen Wesenheiten in den Himmelskörpern und Naturreichen.*

Im erstgenannten Buch erklärt Rudolf Steiner:

»Wenn wir zu sprechen haben von dem, was man geistige Hierarchien nennt, so bedeutet das ja, daß unsere Seelenaugen hinaufsteigen sollen zu denjenigen Wesenheiten, welche ihr Dasein über dem Menschen haben hier auf unserer Erde. Wir können sozusagen für sichtbare Augen nur durch Wesenheiten aufsteigen, welche vier Stufen einer Hierarchie darstellen: die mineralische Welt, die pflanzliche Welt, die tierische Welt, die menschliche Welt. Und über dem Menschen beginnt eine Welt von unsichtbaren Wesenheiten, und es ist dem Menschen durch die Erkenntnisse des Übersinnlichen, soweit sie ihm möglich sind, gegeben, eine Strecke hinaufzusteigen zu denjenigen Mächten und Wesenheiten, die in der übersinnlichen, in der unsichtbaren Welt die Fortsetzung dieser innerhalb der Erde befindlichen viergliedrigen Stufenfolge sind.«

Von den Elementargeistern, also den Geistern von Erde und Wasser, Luft und Feuer, sagt Steiner: »Diese Wesenheiten, denen wir alles das verdanken, was um uns herum ist, ... sind in den Dingen verzaubert.«

Diese Geister, erklärt Steiner, bilden das sogenannte untere Reich geistiger Hierarchien. Danach folgen die höheren oder Engelwesen: zuerst einmal, unmittelbar über dem Menschen, die Engel – unsichtbare Boten der göttlichen Welt. Die Erzengel stehen zwei Stufen über dem Menschen. Über ihnen schließlich befinden sich die Fürstentümer, auch »Urbeginne, Archai [griechisch = Anfänge, Erstlinge, A. d. Ü.], Geister der Persönlichkeit« genannt. Auch diese Wesen, sagt Steiner, haben »ihr Menschentum durchgemacht«, sind also einst Menschen gewesen. Man kann an dieser Stelle nicht umhin, an

EMANUEL SWEDENBORG zu denken, nach dessen Aussage ja, wie wir im sechsten Kapitel sahen, Engel wie Teufel vom Menschen abstammen.

Nach den *Archai* folgen – gleichfalls als Ergebnis eines geistigen Evolutionsprozesses – die Herrschaften, Kräfte und Gewalten. Diese werden auch *Exusiai* (griechisch = Mächte) oder »Geister der Form« genannt.

Aber selbst mit ihnen ist der Gipfel der Entwicklung nicht erreicht: Über diesen Wesenheiten kommen noch die Cherubim, die Seraphim und die Throne, die alle »in unmittelbarer Nähe zur höchsten Gottheit existieren«. Ihre Aktivitäten, erklärt Steiner, sind so erhaben, daß menschliche Worte es nicht vermögen, sie zu beschreiben. Sie sind Geistwesen von höchster Weisheit und unendlicher Herrlichkeit. Alle zusammen konstituieren diese göttlichen Wesen eine komplexe vollkommene Struktur, die dem Universum Zusammenhalt verleiht, es regiert und erhält.

Mit seinen Auffassungen, die ich hier in stark vereinfachter Form wiedergegeben habe, greift Rudolf Steiner mit Sicherheit auf DIONYSIUS AREOPAGITA zurück. Diese christlichen Lehren reichert er allerdings mit östlichen Elementen (namentlich aus der *Bhagavadgita,* der bedeutendsten religiös-philosophischen Dichtung des Hinduismus) sowie mit eigenen intuitiven Erkenntnissen an. Das Ergebnis ist ein außerordentlich dynamisches Modell, das eine großartige, niemals endende kosmische Wanderung des Geistes erahnen läßt.

In einem späteren Kapitel wird erneut von Steiners geistigen Hierarchien die Rede sein, und zwar im Zusammenhang mit dem amerikanischen Schriftsteller SAUL BELLOW. Jetzt wollen wir uns aber noch ein wenig mit den Naturgeistern befassen, jenen Kräften – oder Wesenheiten – also, die alle natürlichen Erscheinungen beherrschen, für das Wachstum der Pflanzen sorgen, den Kreislauf des Wassers und der Winde regeln und alles beeinflussen, was im Reich der Natur Früchte trägt und zur Reife gelangt. Diese Wesenheiten sind ohne Zahl. Ihr

»Betätigungsfeld« gehört jeweils einem der vier Elemente an, und sie stehen in engem und direktem Verhältnis zum »Ätherleib« der Erde, also der immateriellen Struktur, die jeder stofflichen Erscheinung zugrunde liegt. Diesen Wesen widmete Rudolf Steiner 1912 mehrere Vorträge, die später unter dem Titel *Die geistigen Wesenheiten in den Himmelskörpern und Naturreichen* veröffentlicht wurden.

Exakt fünfzig Jahre später, also 1962, ereignete sich in Schottland etwas, das Rudolf Steiner und seiner Lehre von den Naturgeistern recht zu geben schien. Heutzutage werden Steiners Behauptungen vielfach belächelt. Wer aber von der Gemeinschaft von Findhorn gehört hat, weiß, daß sie mit Hilfe ebendieser Geistwesen gegründet wurde – der Geister nämlich, die dem Wachstum und der Evolution des gesamten Naturreiches vorstehen. Die Gründer der Gemeinschaft nannten sie Engel oder auch *Devas*. Wenden wir uns jetzt also der Geschichte von Findhorn zu.

Findhorn ist ein Fischerdorf im Norden Schottlands, ein kalter, windgepeitschter Ort. Trotzdem entstand dort einer der schönsten und üppigsten Gärten, die man sich nur vorstellen kann – und ermöglicht haben dieses Wunder, wie es scheint, tatsächlich die Engel.

Die Engel – erzählt DOROTHY MACLEAN, eine Kanadierin, die zusammen mit ihren Freunden EILEEN und PETER CADDY ganz unfreiwillig zur Entstehung der weltberühmten Gemeinschaft von Findhorn beitrug – sind »große Wesen, deren Leben alles in der Natur schafft und beeinflußt ... Da ich eine praktische Frau bin und mit beiden Beinen auf der Erde stehe, hatte ich niemals zum Ziel, mit Engeln sprechen zu lernen, noch die Vorstellung, daß so ein Kontakt möglich oder gar nützlich sei. Als sich diese Begegnung jedoch herauszustellen begann, geschah das in einer Weise, die ich nicht in Frage stellen konnte.«

Die erstaunlichen Ergebnisse dieser »Begegnung« konnte ich im Jahre 1987, als ich Findhorn einen Besuch abstattete, mit eigenen Augen sehen: Inmitten der öden, sandigen Landschaft der kalten nordschottischen Küste befindet sich ein Garten, in dem Pflanzen wachsen und prächtig gedeihen, die sonst nur in weit südlicheren Breiten anzutreffen sind. Ein »magischer Garten«, der Bauern und Landwirtschaftsexperten aus der ganzen Welt in Erstaunen versetzt und zum Teil gezwungen hat, in Ermangelung einer »vernünftigen« Erklärung die für viele ziemlich befremdliche Engeltheorie zu akzeptieren.

Dorothy Maclean war nach dem Scheitern ihrer Ehe nach Schottland umgesiedelt, wo sie unter der Anleitung ihrer Freundin SHEENA begonnen hatte zu meditieren. Durch dieselbe Freundin hatte sie später Peter und Eileen Caddy und deren drei Kinder kennengelernt. Mit der Zeit machte sich bei Dorothy, vielleicht als ein Ergebnis ihrer spirituellen Übungen, ein merkwürdiges Phänomen bemerkbar: Wenn sie allein in ihrer Wohnung war, hörte sie eine innere Stimme, die immer wieder zu ihr sagte: »Halt ein, höre, schreibe!« Sie ignorierte diese Stimme, solange es ihr möglich war, aber schließlich wurde der Ruf so eindringlich, daß sie ihm einfach Gehör schenken *mußte*. So begann sie alles aufzuschreiben, was sie von innen vernahm. Es waren sehr schöne Botschaften, meist spirituellen Inhalts.

Nach einer Periode des Zweifelns und der Unsicherheit gab Dorothy ihre rationalen Bedenken auf und akzeptierte die Realität und Wahrhaftigkeit dieser Stimme – zumal sie ihr oft genug Dinge offenbarte, von denen sie noch nie etwas gehört hatte und die sich immer als absolut zutreffend erwiesen. Noch heute empfängt Dorothy Ratschläge und spirituelle Richtlinien von der inneren Stimme. Über die Herkunft und die Form der ersten Botschaften schreibt Dorothy:

»Für mich hatten sie ihre Quelle in Gott, ... aber in ihrer Freudigkeit waren sie mit nichts vergleichbar, was ich je als Beschreibung von Gott erfahren und kennengelernt hatte. Mein erstes inneres Erlebnis war gekommen ohne eine Suche

meinerseits. Jetzt aber konnte ich bewußt zu dieser wunder-
vollen, inneren Gegenwart zurückkehren, die jedesmal anders
und doch immer dieselbe war ...

Ich hörte keine richtige Stimme; es war wie eine zarte und
reine innere Eingebung, die ich in meinen eigenen Worten zu
übermitteln versuchte ...«

Inzwischen hatte auch Eileen angefangen, ähnliche Erfahrungen zu machen und Weisungen zu erhalten, nach denen
sie ihr Leben und das ihrer Familie ausrichtete. Die Freundschaft zwischen den Caddys und Dorothy wurde immer enger,
vor allem auch dadurch, daß sie beruflich viel miteinander zu
tun hatten: Peter leitete ein Hotel, in dem Dorothy als Sekretä-
rin und Empfangsdame arbeitete. Eileen kümmerte sich um
Haushalt und Kinder. Sie führten ein einfaches, aber zufriede-
nes Leben.

Dann begannen allerdings die Schwierigkeiten. Das Hotel
schloß am Ende der Saison seine Tore, Dorothy und Peter
verloren ihre Arbeitsplätze, und die Freunde saßen – da sie
bislang in hoteleigenen Unterkünften gewohnt hatten – buchstäblich von einem Tag auf den anderen auf der Straße. »Wir
packten unsere Sachen, holten die drei Jungen aus der Schule
und suchten das einzig verfügbare Dach über dem Kopf auf,
den Wohnwagen der Caddys in der Nähe von Findhorn.« Der
Wohnwagenpark, der ihre neue Heimat werden sollte, war
nicht als Touristenattraktion, sondern aus rein praktischen
Erwägungen eingerichtet worden. Er befand sich auf einer
verlassenen Rollbahn aus der Zeit des Zweiten Weltkriegs und
diente als Wohnsiedlung für Angehörige eines nahegelege-
nen Flugzeug-Stützpunktes. Der Ort war kalt und öde und
machte in dieser Zeit des Jahres (Dorothy und die Caddys
kamen im Herbst dorthin) einen besonders unwirtlichen Eindruck.

Peter und Dorothy machten sich sofort auf die Suche nach
Arbeit, aber alle ihre Bemühungen blieben ergebnislos. Seltsa-
merweise, muß man sagen, da sie beide eine abgeschlossene

Ausbildung hatten und es bislang für sie kein Problem gewesen war, einen Job zu finden. Dennoch versicherten ihnen Dorothys und Eileens innere Führer, alles sei in bester Ordnung und sie hätten keinen Grund zur Sorge. Die Freunde fanden sich also mit dem Gedanken ab, den Winter in Findhorn zu verbringen, und hofften im übrigen, im Frühling wieder im Hotel arbeiten zu können.

Ostern rückte heran, doch nichts änderte sich an ihrer Situation. Das Essen war knapp, und Dorothys und Eileens innere Stimmen empfahlen ihnen, das Land zu bebauen und sich selbst zu versorgen. Das Unternehmen erschien ihnen zwar angesichts der Kargheit des Bodens ziemlich aussichtslos, doch nach jahrelangem Kontakt mit den spirituellen Führern hatten sie sich angewöhnt, deren Ratschläge vertrauensvoll zu befolgen. Sie beschlossen also, neben dem Wohnwagen einen Gemüsegarten anzulegen. Wochenlang bemühten sie sich, das Land urbar zu machen: Sie entfernten Tonnen von Steinen, gruben den sandigen Boden um und vermischten ihn mit Torf und Kompost. »Dann pflanzte Peter Gemüse oder säte Samen aus. Die vielen Gartenbücher, die er gelesen hatte, waren ein zweifelhafter Segen, denn das eine schlug diese, das andere jene Methode vor, und keines war für das Anlegen eines Gemüsegartens in den Sanddünen von Nordschottland geschrieben.«

In dieser schwierigen Zeit begannen die Kontakte mit den Engeln. Eines Tages empfing Dorothy eine Botschaft, die sich von den bisherigen unterschied. Die innere Stimme erteilte ihr mit einemmal neue Ratschläge, wies ihr neue Wege: »Eine der Aufgaben für dich, als mein freies Kind«, sagte sie, »ist es, die Naturkräfte, wie den Wind, zu erspüren, sein Wesen und seinen Zweck für dich wahrzunehmen und positiv mit diesem Wesen in Harmonie zu treten. Es ist nicht so schwer, wie du es dir zunächst vorstellst, denn die Wesen der Naturkräfte freuen sich, eine freundliche Macht zu empfinden. Alle Kräfte müssen innerlich gefühlt werden, sogar die Sonne, der Mond, das Meer, die Bäume, ja selbst das Gras. Alles ist Teil meines Lebens. Alles ist ein Leben.« Eine andere Botschaft lautete: »Fangt damit an, über die Naturgeister nachzudenken, über die höheren, alles überstrahlenden Naturgeister, und stimmt euch auf sie ein … Sie werden überglücklich sein, daß sich Mitglieder der menschlichen Rasse nach ihrer Hilfe sehnen. Das ist der erste Schritt … In der jetzt kommenden neuen Welt werden diese Bereiche den Menschen offenstehen, oder besser gesagt, die Menschen werden geöffnet für sie sein. Seid also offen, sucht mit Sympathie und Verständnis in die wunderbaren Naturreiche einzudringen, immer in der Gewißheit, daß dort Lichtwesen sind, die hilfsbereit, aber den Menschen gegenüber mißtrauisch und auf der Hut vor Falschheit sind. Bleibt bei mir, und die Falschen werden sie nicht finden, ihr aber werdet euch im Sinne des Neuen aufbauen.«

Diese neuen Botschaften verwirrten und beunruhigten Dorothy nicht wenig, da sie sich nicht vorstellen konnte, wie sie den Kontakt zu fremden und unbekannten Geistern herstellen sollte. Die Caddys überredeten sie aber, es wenigstens zu versuchen, und bald gelang es ihr tatsächlich, sich auf die Wesen einzustimmen, von denen ihr innerer Führer gesprochen hatte. So nahm die Kommunikation mit den »Engeln« ihren Anfang, mit den Geistwesen, die allen Erscheinungen im Reich der Natur vorstehen. Eine der ersten Botschaften, die Dorothy niederschrieb, war die folgende:

»Meine Arbeit liegt klar vor mir: Ich manifestiere Kraftfelder trotz aller Hindernisse, von denen es in dieser von Menschen verdorbenen Welt viele gibt. Während das Gemüse-Königreich keinen Groll gegen die, die es nährt, hegt, nimmt sich der Mensch, was er kann, als selbstverständlich, ohne sich zu bedanken. Dies stimmt uns nicht freundschaftlich ihm gegenüber … Die Menschen wissen anscheinend meistens nicht, wohin sie gehen und warum sie etwas tun. Wenn sie es wüßten, wären sie wahre Kraftwerke. Wenn sie einen geraden Kurs einhielten, was könnten wir dann für Helfer sein!«

Dorothy *sah* die Engel nicht, sie spürte lediglich ihre Anwesenheit und schrieb alles nieder, was sie ihr eingaben. Ihren eigenen Aussagen zufolge sind die Engel Energiefelder: die »Pläne«, die jeder natürlichen Art zugrunde liegen, die Kräfte und Energien, die alle Vertreter dieser Art wachsen und gedeihen lassen. Sie sind Personifizierungen der schöpferischen Intelligenz, die Mittel, durch die das Leben auf allen Ebenen des Daseins Ausdruck findet. Sie sind mit der Aufgabe betraut, die Evolution voranzutreiben. Dorothy erfuhr auch, daß jede Spezies ihre eigenen Schutzgeister hat. Sie stellte den Kontakt zu den Engeln der Pflanzen her, und mit jedem neuen Tag konnte sie sich mehr davon überzeugen, daß die Zusammenarbeit mit ihnen möglich und – im wahrsten Sinne des Wortes – fruchtbringend war.

Der wichtigste Mitarbeiter der Engel war anfangs Peter, der den Gemüsegarten bestellte und oft mit großen Schwierigkeiten zu kämpfen hatte. Er schrieb seine Fragen auf, Dorothy stellte sie den Engeln und nahm dann die jeweiligen Antworten entgegen. Nach anfänglicher Skepsis merkte sie recht bald, daß nur ihr Mangel an Vertrauen bestimmte Dinge bislang hatte unmöglich erscheinen lassen. Nach und nach lernten die Freunde von den Naturgeistern – und namentlich vom »Landschaftsengel« –, wie sie die Beete düngen, wie sie aussäen, wie sie jede einzelne Pflanze pflegen und wie und wann sie sie ernten sollten. Aber das war noch nicht alles: »Wenige Tage nach dem ersten Erkennen des Landschaftsengels gab er uns, zusätzlich zu den Gartenanleitungen, weiterführende Informationen ... Er sagte, daß die Strahlungen jedes Gärtners zum Wachsen im Garten beitragen und diese emotionalen und mentalen Energien von den Naturkräften umgewandelt und dem Pflanzenwachstum zugefügt werden. Manche Menschen fördern das Pflanzenwachstum, andere hemmen es oder halten es sogar von den Pflanzen fern. Wenn unsere Kräfte bewußt auf die Gesunderhaltung der Pflanze gelenkt sind, wird dies eine noch größere Wirkung zeigen. Gärten brauchen, wie Kinder, zarte, liebevolle Pflege.«

Um Ihnen einen Eindruck von Inhalt und Form der Engels-
botschaften zu vermitteln, werde ich einige ausgewählte Beispiele zitieren. Das erste datiert aus der Anfangszeit der
Zusammenarbeit mit den Naturgeistern und stammt von
einem Frucht-Deva:

»Glücklichsein ist grundlegend wichtig – ein Geheimnis,
das dem Menschen fremd wird, wenn er seiner Gier nach
Besitz und Macht folgt. Wir wünschen, jedes menschliche
Wesen würde uns zuhören und verstehen, daß nichts wert ist,
getan zu werden, was nicht mit Freude getan wird; daß bei
jeder Tat die Strahlungen der Motive, die nicht aus Liebe und
Freude kommen, die Ergebnisse verderben, daß das Ergebnis
nicht die Mittel rechtfertigt. Wir wissen. Wir sehen diese Dinge
in euren Handlungen. Ihr wißt es tief in euch ebenfalls. Könnt
ihr euch eine Blume vorstellen, die aus Pflicht entstand, die
dann die Herzen der Betrachter beglückte? … So tanzen wir
durchs Leben und schaffen, immer schöpferisch, und hoffen
auf eure Mitarbeit.«

Eine andere sehr konkrete und zugleich sehr poetische Botschaft empfing Dorothy vom Landschaftsengel:

»Für die Pflanzen ist der Regen viel besser als das Wasser,
das der Mensch ihnen geben kann, weil die natürlichen Prozesse viel positive Strahlung erzeugen. Wann immer der
Mensch es aber für notwendig erachtet, die Pflanzen zu gießen,
kann er Strahlungen aussenden, die ebenso wohltätig sind wie
die des Regens. Wenn der Mensch als Teil eines einzigen
Lebens handelt, kann er viele Schwingungen übermitteln. Die
Pflanzen sind für das Wasser dankbar, besonders aber für die
Liebe, die mit dem Wasser einhergehen kann.«

Eine weitere Botschaft des Landschaftsengels:

»Wir können mit euch auf vielfältige Weise zusammenarbei-
ten. Wir können zum Beispiel die Lebenskraft in den einzelnen
Pflanzen beeinflussen, sie intensivieren oder abschwächen. Wir
beschränken uns nicht darauf, die Lebensenergie in Bewegung
zu setzen, so wie man eine Uhr aufzieht, und sie dann sich

XIIII

la Temperanza

XX

il Giudizio

III

l'Imperatrice

VI

l'Innamorato

TAFEL 21 (umseitig)
Im Tarot des französischen Esoterikers Oswald Wirth (1860–1943) taucht die geflügelte Gestalt des Engels in den verschiedensten Zusammenhängen auf. Die hier abgebildeten Karten sind die Großen Arkana »Die Mäßigkeit«, »Das Gericht«, »Die Kaiserin« und »Die Liebenden«.

TAFEL 22/23
Musizierende Engel, Ausschnitt aus einer Tafel von Hans Memling (um 1440 bis 1494). Diese besonders eindrucksvolle Arbeit wird im Koninklijk Museum voor Schone Kunsten in Antwerpen aufbewahrt.

TAFEL 24

Musizierende Engel, 1644 gemalt von Baldassarre Franceschini (1611–1689) genannt il Volterrano. Diese Fresken schmücken Decke und Lünetten der Cappella Grassi in der Kirche der SS. Annunziata zu Florenz.

selbst und ihren Möglichkeiten zu überlassen. Wir kontrollieren sie sorgfältig, begleiten sie auf Schritt und Tritt. Wir haben bestimmte Kräfte empfangen und bedienen uns ihrer im Rahmen der uns gesteckten Grenzen. Erlaubt uns, euch bei eurem Experiment, so gut wir nur können, zu helfen.«

Hier schildert der Apfel-Deva die geheimnisvolle Entstehung seiner Frucht:

»Aus dem Samenfunken geht eine Energieform hervor und wird stumm und still von Engelscharen weitergeleitet, weil die Idee noch ganz ungeformt und begrenzt ist, weshalb sie sorgfältigster Pflege bedarf. Sie tritt dann hervor, wächst an Größe und Umfang, wird heller, bis sie schließlich, immer noch in der Obhut der großen Engel, duftet und klingt. Ihr Kraftfeld ist beständig und leuchtend. Dann wird das Muster zu den Formgestaltern gebracht, den Naturgeistern, die sich selbst anbieten, die Idee auszugestalten. Bedenke, daß sich eine Entwicklung vollzieht. Das Urbild ist überall im Äther erkennbar, es wird von Engeln gehalten und von der Energie der Elemente, unter Mithilfe der Naturgeister, im geeigneten Augenblick manifestiert. Es erscheint dann zu gegebener Zeit und am rechten Ort bei euch, in der Schönheit der Blüte und der Fülle der Frucht.«

Und nun eine Botschaft von der Wesenheit, die dem himmlischen Wasser vorsteht, dem Regen-Deva:

»Ich bin ein integraler Bestandteil dieses Planeten – geliebt und gehaßt, gewalttätig und sanft, lebenspendend, transformierend, unauflöslich verbunden mit den Wolken, dem Wind und dem Meer. Ich nähre die Erde und bilde den kühlen Tau in der Frühe. All das bin ich. Ich bin ein Teil alles Lebendigen, auch deines physischen Körpers. Ich werde mit Gebeten, Riten und modernen Raketen beschworen … Wenn ihr Menschen uns Elemente beherrschen wollt, so beherrscht zuerst euch selbst, eure stürmische Natur und euren engen Horizont. Vereinigt euch dann voller Liebe im Namen Gottes mit uns, seid beweglich, wie wir es sind, und es werden Wunder geschehen!«

Zuletzt eine sehr schöne, zu Herzen gehende Botschaft des
»Herrn der Elemente«: eine Aufforderung an den Menschen,
sich aus der Einsicht heraus, daß er selbst ein Teil der Natur
ist, aufs neue harmonisch in sie einzufügen und jeden Gedanken an Trennung als widersinnig fahrenzulassen:

»Kind der Elemente, bewußt, aus den Elementen geschaffen
und Teil der Elemente zu sein, freue dich. Die Welt und eure
Körper wurden durch lange Jahrhunderte vervollkommnet,
so daß ihr die Freude des Schöpfers in all seinen Manifestatio-
nen finden und zum Ausdruck bringen könnt. Heutzutage
zerstört sich die Menschheit selbst durch den Gedanken des
Getrenntseins. Wie könnt ihr nur denken, ihr seid getrennt,
wie könnt ihr nicht wissen, daß der Wind Teil von euch ist,
wie auch die Sonne euch nicht nur ihre Strahlen sendet, sondern Teil von euch ist. Aus Wasser seid ihr gemacht, und
Wasser umgibt euch. Ohne die Luft, die ihr atmet, würdet ihr
nicht leben. Wie könnt ihr so engstirnig sein und nicht wissen, daß, wenn einer leidet, das gesamte Bewußtsein der Erde
daran teil hat, und wenn einer sich freut, dieses das ganze
Bewußtsein weiß und sich mit freut? ... [Ihr sollt erkennen,]
daß all eure Körper mit ihrer Umgebung eins sind und ihr
die Erde nicht mißbrauchen könnt, ohne euch selbst zu schaden. Das ist nichts Neues, aber die Menschheit erkennt
anscheinend nicht, daß Einssein nicht auf höhere Ebenen
beschränkt ist, sondern gerade hier und jetzt besteht. Die
Harmonie der Erde und das Miteinander des natürlichen
Lebens stören heißt, die Prozesse des Einen durchkreuzen
und die Zukunftsaussichten der Menschheit ruinieren. Wir
müssen den Menschen immer wieder die Notwendigkeit vor
Augen führen, die Einheit zu erkennen ... Wundert ihr euch
über die Gewalt der Elemente? Sie werden noch gewaltiger
werden, wenn der Mensch diese Botschaft nicht aufgreift und
nach ihr handelt ... Diese Einheit ist das Lebensziel. Liebe
und verbinde dich mit allem Leben, welches Teil des Schöpfers
und Teil von dir ist.«

Dorothy Maclean und ihre Freunde Eileen und Peter Caddy akzeptierten die Realität des Kontaktes mit Engeln und Naturgeistern und setzten die empfangenen Belehrungen – sowohl auf persönlicher, innerer als auch auf äußerer Ebene, bei ihrer landwirtschaftlichen Arbeit – in die Tat um.

Nach und nach verwandelte sich der von Peter auf Sand angelegte Garten in ein wahres Paradies, in dem die verschiedensten Pflanzen prachtvoll gediehen: jede Art von Gemüse, Gewürz- und Heilkräutern, Blumen, Himbeeren und Erdbeeren. Später pflanzte man auch Obstbäume an, von denen niemand geglaubt hätte, daß sie in solchen Breiten wachsen oder gar Früchte tragen könnten: Pflaumen-, Kirsch- und Aprikosenbäume. Am erstaunlichsten aber war die Tatsache, daß der Garten Produkte von wahrhaft gigantischen Ausmaßen hervorbrachte: 20 Kilogramm schwere Kohlköpfe, Salatpflanzen von der Größe eines Grünkohls, baumhohe Brokkoli. Die ehemals öde, wüstenartige Gegend um Findhorn verwandelte sich in ein wahres Eden. Die Sache wurde bald publik, und von allen Teilen Großbritanniens kamen Landwirtschaftsexperten angereist, um ihr fachmännisches Urteil abzugeben. Niemand konnte allerdings eine natürliche Erklärung dafür finden, daß ein so karger und trockener Boden ohne Zuhilfenahme von Kunstdüngern oder chemischen Pflanzenschutzmitteln (die Engel hatten dies strengstens untersagt) – und dazu noch in einem so rauhen Klima – derartige Erträge lieferte. Die Medien sprachen bereits vom »Phänomen Findhorn«, und bald begannen zusätzlich zu den Experten auch »ganz normale« Menschen aus aller Welt herbeizuströmen. Manche von ihnen blieben in Findhorn, um mit Dorothy und den Caddys zusammenzuarbeiten, und so entstand allmählich eine kleine Gemeinschaft. Mit den Jahren entwickelte sich diese *Findhorn Community* zu einer regelrechten »Lebensschule«, die theoretisch erklärt und praktisch vorführt, wie eine richtige Beziehung zur Natur, zum Nächsten und zu Gott aussehen könnte.

Alles hat in Findhorn mit dem Garten und dem Kontakt zu den Engeln begonnen, die für das Wachstum allen Lebens sorgen. Die Gründer der Gemeinschaft hatten anfangs keine andere Absicht verfolgt, als sich mit ihrer Hände Arbeit zu ernähren. Erst mit der Zeit begriffen sie, daß die außergewöhnliche Entwicklung ihres Gartens einem höheren Zweck diente: der Welt zu zeigen, daß man durch harmonische Zusammenarbeit mit der Natur und den ihr innewohnenden Kräften selbst unter den ungünstigsten Bedingungen wahrhaft erstaunliche Ergebnisse erzielen kann.

Das Phänomen Findhorn will die Menschheit lehren, daß sie ein neues Verhältnis zu ihrem Planeten aufbauen muß. In der Regel denken wir nur daran, wie wir die Erde ausbeuten, sie uns untertan machen können; wir sollten sie statt dessen als ein atmendes, lebendes Geschöpf begreifen, das uns eine beglückende und fruchtbringende Allianz anbietet. Die Gründer der Findhorn-Gemeinschaft (und ebenso die Tausende von Menschen, die sie seither besucht haben) sind davon überzeugt, daß mit Liebe und gutem Willen *jeder* einen Kontakt zu den Engeln und Naturgeistern mit dem gleichen praktischen Erfolg herstellen kann.

Wie ich vorhin schon andeutete, ist Findhorn heute weit mehr als »nur« eine spirituell geleitete landwirtschaftliche Kommune. Der Garten, der primär dem Zweck diente, die Aufmerksamkeit der Welt zu erregen, entwickelt sich jetzt in »normaleren« Bahnen: Er gedeiht wie eh und je, aber seine Erzeugnisse haben wieder gewohnte Ausmaße. Dafür beschäftigt man sich in Findhorn inzwischen nicht mehr ausschließlich mit landwirtschaftlichen Fragen, sondern setzt sich mit den verschiedensten konkreten und spirituellen Problemen in vielfacher Weise auseinander: Es werden Vorträge gehalten, Kurse und Seminare angeboten und eine Vielzahl von Büchern und Informationsbroschüren veröffentlicht. Die Pflege des Gartens erfolgt in Gemeinschaftsarbeit, und zwar weiterhin gemäß der Ratschläge und Anweisungen, die Dorothy Maclean einst von den Engeln empfing. Schenkt man den Aussagen mancher Besucher und Einwohner von Findhorn Glauben, so ist der Kontakt zu den Naturgeistern aber noch keineswegs abgerissen: Immer wieder behaupten Menschen, die Anwesenheit der Engel und Devas »spüren«, ja die Wesen sogar sehen zu können.

Findhorn zielt nicht darauf ab, seine Besucher festzuhalten, sondern sie zu prägen. Es zieht aus aller Welt Menschen an, die guten Willens sind, zeigt ihnen Wege zu einer gesunden Lebensweise in Harmonie mit der Natur, den Mitmenschen und der geistigen Dimension – und schickt sie dann wieder zurück, damit sie das, was sie gelernt und begriffen haben, durch das Wort und ihr Beispiel verbreiten.

Vor über zwanzig Jahren schrieb GEORGE TREVELYAN über Findhorn und seine Menschen: »Sie beweisen buchstäblich, daß die Wüste wie eine Rose blühen kann. Sie zeigen außerdem die erstaunliche Geschwindigkeit, in der das geschehen kann. Wenn es in Findhorn so schnell geschehen kann, dann wäre es ebenso in der Sahara möglich. Wenn genügend Menschen wirklich anfingen, diese Kooperation bewußt zu nutzen, könnten große Mengen Nahrung in fast allen unfruchtbaren Gebieten wachsen.« Jeder, der Findhorn besucht hat, kann ihm nur recht geben.

Und wem gebührt der Dank für all dies? Den Naturgeistern, den Engeln, die in Findhorn eine weitere Botschaft den Menschen überbracht haben: eine Botschaft der Zusammenarbeit, des Friedens und des guten Willens.

»Wir wachen über die Erde.«

Ich möchte Ihnen nun einen weniger aufsehenerregenden, aber nicht minder interessanten Fall vorstellen. Auch hier geht es um die innere Kommunikation mit den himmlischen Beschützern.

ELISA ist eine junge Frau aus Rom. Sie hat Yoga praktiziert und meditiert und ist, obwohl sie sich zum Katholizismus bekennt, von der Einheit aller Religionen überzeugt. Vor allem vertraut sie auf den inneren Gott und glaubt schon so lange, wie sie zurückdenken kann, an die Engel, da sie bereits als Kind ihre Wirklichkeit erfahren hat.

Elisa ist nicht an Ruhm und Ehren interessiert: Ihr geht es einzig und allein darum, daß die Botschaft, die ihr die Engel anvertraut haben, in möglichst weiten Kreisen bekannt und akzeptiert wird. »Die Engel«, sagt sie, »wollen die Menschen wissen lassen, daß es sie gibt und daß sie der Welt helfen möchten, ihr zerstörtes Gleichgewicht wiederzufinden. Deshalb versuchen sie, uns durch Botschaften aufzurütteln, uns begreiflich zu machen, daß wir alle für die Erde, unseren Lebensraum, verantwortlich sind. Sie erklären auch, daß in diesem Zeitalter Visionen viel häufiger auftreten werden, da sie allen sensiblen und gläubigen Menschen, die imstande sind, sich den höheren Dimensionen zu öffnen, ihre Botschaften übermitteln wollen.«

In vielerlei Hinsicht unterscheidet sich die Geschichte von Elisa und ihren Kontakten mit den Engeln nicht allzusehr von dem, was wir über Findhorn sagten. Anders als DOROTHY MACLEAN und ihre Freunde aber, die sich ganz plötzlich und unerwartet mit Devas und Naturgeistern konfrontiert sahen, hat Elisa die Engel schon immer in ihrer Nähe gespürt und sie sogar gesehen: »Sie sind groß, strahlend, bestehen aus reinem Licht und haben kein Geschlecht«, sagt sie. »Sie selbst definieren sich als ›vor reiner, durch keinerlei Gedanken befleckter göttlicher Energie vibrierende Lichtwesen‹. So weit ich zurückdenken kann, habe ich vor dem Einschlafen schon immer leuchtende Gestalten um mich gesehen, die sanft zu mir sprachen. Ich wußte, daß es Engel waren, und fürchtete mich nicht vor ihnen. Damals glaubte ich sogar, daß es ganz normal sei, die Engel zu sehen, daß es allen so ginge. Später, als ich auf die Schule kam, halfen sie mir bei den Hausaufgaben, sie trösteten mich, wenn ich Probleme hatte, und waren überhaupt immer an meiner Seite. Als junges Mädchen hörte ich dann, wenn ich ruhig und entspannt war, auch eine Stimme, und ich schrieb alles auf, was sie mir diktierte. Sie sprach zu mir vom Himmel, von der Seele und vom Tod, der ein Übergang in ein anderes Leben ist. All diese Dinge überstiegen mein damaliges Fassungsvermögen, und ich erzählte niemandem etwas davon, weil ich befürchtete, man würde mich für eine Schwindlerin halten.«

Wie viele andere Menschen in einer vergleichbaren Situation mußte auch Elisa erkennen, daß solche inneren Erfahrungen nicht einfach »vom Himmel fallen«, sondern das Ergebnis eines langen und oft mühsamen Ringens sind. Meditation und Yoga schenkten ihr die Kraft und die Ruhe, die sie benötigte, um sich ihren spirituellen Erlebnissen gelassener hinzugeben und regelrechter mystischer Erfahrungen der Liebe und Einheit mit dem All teilhaftig zu werden. Der gleichbleibende Kern all dieser Erfahrungen war von jeher die Begegnung mit den Lichtwesen, die Elisa übrigens immer neben sich spürt und die ihr seit 1978 Botschaften über die Zukunft der Menschheit übermitteln.

Von sich selbst haben die Lichtwesen einmal erklärt:

»Wir betrachten uns nicht als schwache, hinfällige, elende menschliche Wesen: Wir erstrahlen vom göttlichen Gold, das in uns ist. Wir sind würdige Kinder des Vaters. Er gewährt uns die Gnade, als über alles geliebte Kinder des himmlischen Throns zu seiner Seite zu sitzen. Wir lieben das, was Gott liebt, lieben Gott, so wie er uns liebt. Er hat uns das Universum, euch Sterbliche, die Erde als Objekt unserer Liebe gegeben. Und er hat uns ein großes Herz geschenkt, das der Mittelpunkt der kosmischen Liebe ist ... Wir vereinigen unsere Geister und unsere Herzen, um von Gott Vater den Frieden im Kosmos zu erflehen, um mit unserer Liebe, unseren Gebeten und unserer Meditation die Bosheit und den Haß der Menschen wie ein reißender Fluß zu bekämpfen und hinwegzuspülen, um von ihm Licht anstelle der Unwissenheit, Liebe anstelle des Hasses, Altruismus anstelle der Selbstsucht zu erbitten ...«

Die Welt der Engel besteht nach ihren eigenen Aussagen aus verschiedenen Schwingungsebenen, mit denen wir entsprechend dem Grad unserer spirituellen Entwicklung in Kontakt treten können. »Die Engel«, sagt Elisa, »drängen mich, das Gewissen der Menschen aufzurütteln und ihre Botschaften zu verkünden. Sie fordern zur Liebe auf, zum Gebet, zum positiven Denken als Gegenmittel zur Negativität, die den Menschen dazu verleitet hat, seine Welt zu vergiften. Die Engel bedürfen unserer Zusammenarbeit: Helfen wir ihnen nicht, können sie ihr gutes Werk nicht vollbringen. Der einzige Zweck ihres Daseins ist, den göttlichen Plan auf Erden und im ganzen Universum zu verwirklichen, unseren armen, mißhandelten Planeten zur Harmonie und zum Gleichgewicht zurückzuführen.«

Unter den zahlreichen Botschaften, die Elisa von den Engeln empfangen hat, liegt ihr vor allem die folgende (sie stammt aus dem Jahr 1985) am Herzen, weil sie die Ziele und Absichten der himmlischen Beschützer besonders deutlich zum Ausdruck bringt:

»Wir manifestieren uns euch Brüdern und Schwestern des Planeten Erde, weil ihr euch in einer äußerst kritischen Situation befindet. Ihr habt keine Zeit mehr zu verlieren. Wir sind zur Rettung eures Planeten gekommen und sind auf die Mitarbeit jedes Hilfswilligen angewiesen: Ohne euch Sterbliche vermögen wir nichts. In sieben Monaten wird sich eine schreckliche Katastrophe ereignen. Versucht so viele Menschen wie möglich zu bekehren, sprecht zu ihnen vom Heiland und von Gott – sie werden euch glauben. *Wir wachen über die Erde ...* Wir sind die rettenden Engel, ein jeder von uns hat seine Aufgabe ... Läutert eure Geister und Herzen immer mehr, fastet, betet, bekehrt.«

Die Katastrophe, von der die Engel sprachen, ereignete sich

tatsächlich, wie angekündigt, sieben Monate nach Empfang der Botschaft. Es war das Unglück von Tschernobyl.

Die Engel haben Elisa außerdem gesagt, sie sei »für eine wichtige Mission programmiert worden« – nämlich für die Verbreitung ihrer Botschaften, die einen zwiefachen Zweck verfolgen: Einmal uns begreiflich zu machen, daß wir alle für unseren Planeten, über den sie zu wachen haben, verantwortlich sind; zweitens uns durch ihre Belehrungen, die sie einzelnen empfänglichen und gläubigen Menschen anvertrauen, auf höhere und immer höhere spirituelle Ebenen zu führen. Elisa beabsichtigt, die Botschaften, die sie empfangen hat, bald einem größeren Kreis bekannt zu machen. Das vorliegende Buch über die himmlischen Boten schien mir jedenfalls den geeignetsten Rahmen für eine – wenn auch gezwungenermaßen sehr knappe – Vorankündigung zu bieten.

Zehntes Kapitel

Engel als Retter in der Not

Auch wenn die meisten Menschen die Engel aus ihrem Bewußtsein verdrängt zu haben scheinen, haben die Engel ihrerseits – wie gewisse ungewöhnliche Begebenheiten bezeugen – die Menschen keineswegs vergessen. So sind zahlreiche Fälle von Männern, Frauen und Kindern bekannt, die von »hochgewachsenen, leuchtenden, sanft und freundlich blickenden Jünglingen«, wie sie im allgemeinen beschrieben werden, aus lebensbedrohlichen Situationen gerettet wurden. Ein besonders auffälliges charakteristisches Merkmal dieser jugendlichen Retter ist, daß sie unmittelbar nach vollbrachter Hilfeleistung verschwinden.

Ich gebe zu, daß wir mit diesem Thema ein wenig »orthodoxes« Kapitel über die Engel beginnen, doch es schien mir andererseits nicht recht, so viele schöne Geschichten einfach zu übergehen. Bei den durch übernatürlichen Eingriff geretteten Menschen, von denen im folgenden die Rede sein wird, handelt es sich in der Mehrzahl um Laien, doch es ist eine wohlbekannte Tatsache, daß von vielen Mystikern und Heiligen ähnliche Erlebnisse berichtet werden. Es seien hier als Beispiel nur die zwei römischen Volksheiligen genannt: die bereits erwähnte Franziska Romana, die von ihrem Schutzengel aus dem Tiber gezogen wurde, und der heilige Philippus Neri (1515–1595), den sein Engel buchstäblich in die Luft hob, um ihn vor einer führerlos heranjagenden Kutsche in Sicherheit zu bringen.

Warum sollte man aber dann ausschließen, daß auch im Leben gewöhnlicher Sterblicher das Übernatürliche gelegentlich auftreten kann? Warum sollte man die *grundsätzliche* Möglichkeit des Wunders leugnen?

Auf den folgenden Seiten will ich also einige Berichte über solche Begebenheiten – ohne Kommentare oder Werturteile meinerseits – vorstellen. Der erste Fall betrifft BERNHARD OVERBERG (1754–1826), einen deutschen Geistlichen und Pädagogen, der sich große Verdienste vor allem als Reformator des katholischen Volksschulwesens erwarb. Zeitgenossen beschrieben ihn einhellig als einen rechtschaffenen und vernünftigen Mann, und sein außergewöhnliches Erlebnis wurde außer durch ihn selbst auch durch mehrere glaubwürdige Personen bezeugt. Hier also Overbergs eigener Bericht:

»Einmal war ich unterwegs, um zwei fromme Schwestern, die mich in wichtigen Angelegenheiten besucht hatten und einige Tagesreisen von mir entfernt wohnten, wieder nach Hause zu begleiten. Eines Abend gelangten wir an eine ausgedehnte Heide, die sich bis N. erstreckt, der Stadt, in der die Nonnen wohnten. Obwohl unser Kutscher auf das gewissenhafteste auf den Weg achtete, verirrten wir uns, und nach einer Stunde ergebnisloser Suche beschlossen wir, da die Nacht nunmehr hereingebrochen war, in einem Bauernhaus, auf das wir zufällig gestoßen waren, um Obdach zu ersuchen. Der Eigentümer und seine Frau empfingen uns überaus freundlich und bekundeten die größte Freude, uns vier Reisende bewirten zu dürfen. Sie bereiteten ein Abendessen, welches sie mit uns gemeinsam einnahmen, und erst nach zehn Uhr zogen sich alle zur Nachtruhe zurück.

Da ich vor dem Zubettgehen noch im Breviarium las, fiel aus dem Buche das Bildnis eines Engels, welchen ich von jeher als meinen Schutzengel anzusehen gewohnt war, und ich gab mich einige Minuten lang der Betrachtung des wohltätigen Werkes der himmlischen Helfer hin. Während ich so nachsann, hörte ich, wie an die Tür meiner Kammer geklopft wurde, öffnete und erblickte einen sehr schönen und gutgekleideten jungen Herrn, welcher sich vor mir verneigte und sprach: ›Mein Herr, verlaßt mit den frommen Schwestern dieses Haus vor ein Uhr nachts, stillschweigend und ohne allen Lärm. Den

Grund hierfür sollt ihr morgen früh erfahren.‹ Mit diesen
Worten trat er wieder aus der Kammer hinaus und ließ mich
zutiefst verwundert zurück.

Es ging auf Mitternacht zu. Ich blickte erneut auf das Bildnis
des Engels und erkannte, daß es aufs Haar dem Jüngling glich,
der mich soeben aufgesucht hatte. Ich zögerte also nicht länger,
sondern ging den Kutscher wecken und trug ihm auf, die
Pferde in aller Eile und Stille aufzuzäumen, dann weckte ich
die Nonnen, und so verließen wir binnen weniger Minuten
das Haus, ohne daß jemand etwas bemerkt hätte. Nach drei
Stunden erreichten wir N., weckten den Verwalter der Posthal-
terei und ließen uns Kaffee bereiten.

Wir hatten uns kaum an den Tisch gesetzt, als ein sehr
erregter junger Kaufmann des Weges kam, rasch vom Pferde
stieg und sich zu uns gesellte. Er ließ sich neben mir nieder,
lief dann ans Fenster, setzte sich erneut, alles mit den Anzeichen größter Besorgnis. Schließlich bat ich ihn, mir den Grund
für seine Erregung zu offenbaren, worauf er mir zu verstehen
gab, daß er mich allein zu sprechen wünsche. Ich gab den
Nonnen ein Zeichen, daß sie den Raum verlassen möchten,
und vernahm, kaum daß wir allein waren, die folgende Rede:
›Mein Herr, die Ursache meiner Erregung ist eine unglaubliche
Begebenheit, deren Zeuge ich heute nacht geworden bin. Mit
Sicherheit ist ein Verbrechen geschehen! Aus verschiedenerlei
Gründen wollte ich N. noch im Laufe des gestrigen Abends
erreichen, doch ich kam in der Heide vom Wege ab und
gelangte nach Stunden ergebnislosen Umherirrens an ein
Gehöft. Da ich jedoch eine größere Summe Geldes bei mir
trug, zögerte ich, aus Furcht, beraubt zu werden, um Obdach
zu bitten. Indem ich um das Haus herumging, bemerkte ich,
daß eines der Fenster erleuchtet war: Ich blickte hinein und
sah sieben große und starke Männer von furchterregendem
Äußeren, welche um einen Tisch saßen. In diesem Moment
sah einer von ihnen nach der Uhr und sagte dann zu seinen
Spießgesellen: Es hat eins geschlagen. Die Nonnen und ihr

Begleiter schlafen jetzt sicher tief und fest. Ans Werk, also!
Sie erhoben sich mit finsteren Mienen und unheilverkünden-
den Gebärden, und ich wartete nicht, bis sie herauskamen:
Ich sprang aufs Pferd, gab dem Tier die Sporen, und hier bin
ich! Ich bin sicher, daß diese Männer inzwischen ein Verbrechen an den Reisenden verübt haben ...!‹

Weil ich anhand seiner Beschreibung erkannt hatte, daß es
sich bei dem Gehöft um dasjenige Haus handelte, in welchem
wir hatten nächtigen wollen, konnte ich ihn zu meiner großen
Freude versichern, daß die Männer ihren zweifellos verbreche-
rischen Plan nicht hatten in die Tat umsetzen können, da wir,
vom Engel gewarnt, rechtzeitig geflohen waren ...«

Der nächste Fall, von dem ich berichten möchte, ereignete
sich in den dreißiger Jahren dieses Jahrhunderts auf den Neuen
Hebriden. Die Hauptpersonen dieser verblüffenden Begebenheit waren ein Missionar, Reverend JOHN G. PATTON, und
seine Frau. Eines Nachts, so berichtet der Geistliche, wurde
die Missionsstation von feindseligen Eingeborenen umzingelt.
Die Insulaner hatten offensichtlich die Absicht, die Gebäude
in Brand zu stecken und den Reverend und seine Frau umzubringen. Außerstande, sich zu verteidigen, warfen sich die
beiden auf die Knie und flehten Gott um Hilfe an. Die Nacht
verging in banger Erwartung. Als die Sonne aufging, sahen
die Eheleute, daß die Eingeborenen die Belagerung aufgeho-
ben hatten und sich unverrichteter Dinge entfernten.

Ein Jahr darauf bekehrte sich der Häuptling dieses Stammes
zum Christentum, und Reverend Patton fragte ihn, was ihn
in jener Nacht davon abgehalten habe, die Station zu zerstören
und ihn und seine Frau zu töten. Zur großen Verwunderung
des Missionars erzählte der Häuptling, er und seine Krieger
hätten, gerade als sie sich zum Angriff rüsteten, zahlreiche
Männer gesehen, die die Gebäude bewachten: Es seien Hünen
in strahlenden Gewändern gewesen, und sie hätten Schwerter
in ihren Händen gehalten. Von diesem Anblick entsetzt, seien

sie weggelaufen und hätten auch später – aus Angst, diese Krieger wieder anzutreffen – keinen weiteren Versuch unternommen, die Station anzugreifen.

Reverend Patton ist davon überzeugt (und hat dies auch schriftlich bestätigt), daß es Engel waren, die ihn und seine Frau in jener Nacht beschützten – und dadurch für die Ausbreitung des Christentums auf dieser Südseeinsel sorgten.

Der folgende Fall spielte sich 1942 in China ab, zu einer Zeit also, da große Teile des Landes unter japanischer Besetzung standen. Wir verdanken den Bericht über das Ereignis Dr. NELSON BELL, der damals am Krankenhaus von Tsingkiangpu, in der Provinz Kiangsu, arbeitete. Dr. Bell war Stammkunde einer christlichen Buchhandlung in Shanghai, wo er regelmäßig Bibeln kaufte, um sie dann unter seine Patienten zu verteilen. In ebendiesem Geschäft trug sich die merkwürdige Begebenheit zu, von der jetzt die Rede sein soll.

Eines Morgens gegen neun Uhr hielt ein japanischer Militärlastwagen vor dem Buchgeschäft. Auf der Ladefläche saßen fünf Soldaten, und hinter ihnen türmten sich Stapel von Büchern. Der Verkäufer, ein chinesischer Christ, war zu der Zeit allein im Geschäft und begriff voller Angst, daß die Japaner gekommen waren, um den Laden zu plündern. Von Natur aus furchtsam, wußte er sofort, daß er nichts würde dagegen unternehmen können.

Die Soldaten sprangen von der Pritsche herunter und marschierten zielstrebig auf die Ladentür zu; aber noch ehe sie hineingehen konnten, überholte sie ein elegant gekleideter Chinese und betrat vor ihnen das Geschäft. Der Verkäufer kannte ihn nicht und war sicher, ihn noch nie zuvor gesehen zu haben. Aus einem unerfindlichen Grund schienen die japanischen Soldaten außerstande, dem Mann zu folgen. Sie blieben draußen stehen, starrten auf die vier großen Schaufenster, machten aber keinerlei Anstalten einzutreten. Der Unbekannte fragte den Verkäufer, was die Soldaten wollten. Der erklärte ihm, die Japaner räumten viele Buchläden in der Stadt aus, und nun sei offensichtlich dieses Geschäft an der Reihe. Die beiden Männer beteten zusammen, und der Unbekannte sprach dem Verkäufer Mut zu. So vergingen zwei Stunden. Während dieser ganzen Zeit standen die Soldaten vor dem Geschäft, doch keiner von ihnen unternahm auch nur den Versuch hereinzukommen. Schließlich saßen sie wieder auf und fuhren davon. Sofort verabschiedete sich der Unbekannte. Er hatte nichts gekauft, ja nicht einmal das geringste Interesse für Bücher bekundet.

Als einige Zeit später der Besitzer in den Laden kam, fragte ihn der Verkäufer: »Herr Lee, glauben Sie an Engel?«

»Selbstverständlich«, antwortete Lee.

»Ich auch«, meinte der Verkäufer.

Dr. Bell, der die Geschichte erfuhr, war gleichfalls davon überzeugt, daß es sich bei dem Unbekannten um ein himmlisches Wesen gehandelt haben mußte.

Sehen wir uns nun ein paar zeitgenössische Fälle an. In den Vereinigten Staaten von Amerika erscheint eine Zeitschrift namens *Guideposts,* die regelmäßig Berichte über Engelerfahrungen bringt. Diesem Magazin entnehme ich die nächsten zwei Fälle; der erste wurde 1982, der zweite 1983 veröffentlicht.

Eine junge Frau berichtet folgendermaßen über ihr ungewöhnliches Abenteuer:

»Ich gebe zu, es war schon sehr unvorsichtig von mir, nach Sonnenuntergang im Gewirr von Sträßchen hinter der Endstation dieser Buslinie in Los Angeles spazierenzugehen. Aber ich war jung und zum ersten Mal in der Großstadt. Ich hatte später an diesem Abend eine berufliche Verabredung und dachte, ich könnte die mir verbleibende Zeit dazu nutzen, diesen Teil der Stadt zu erkunden. Natürlich verlief ich mich bald in den fast menschenleeren Straßen, und wie ich versuchte, mich in der Dunkelheit zu orientieren, bemerkte ich, daß mir drei Männer folgten. Sie hielten sich dicht an der Hauswand und versuchten offensichtlich, nicht aufzufallen. Zitternd vor Angst tat ich, was ich in Notsituationen immer tue: Ich senkte den Kopf und flehte Gott um Beistand an.

Als ich nach dem Gebet wieder aufblickte, sah ich einen vierten Mann, der auf mich zulief. O Gott, jetzt war ich wirklich verloren! Ich war so in Panik, daß es einige Augenblicke dauerte, bis mir bewußt wurde, daß ich den Mann trotz der jetzt schon tiefen Dunkelheit ganz deutlich sehen konnte. Er trug eine schneeweiße Sportjacke und Blue jeans, und er hielt einen Henkelmann in der Hand. Er mußte um die dreißig Jahre alt sein und war ziemlich groß, auf jeden Fall über einsachtzig. Sein Gesicht war streng, aber schön – ich weiß ihn nicht anders zu beschreiben. Ich lief auf ihn zu und sagte: ›Ich habe mich verirrt, und drei Männer verfolgen mich. Ich habe furchtbare Angst ...‹

›Komm‹, sagte er, ›ich bring dich in Sicherheit.‹

Er war stark und flößte mir ein Gefühl von Geborgenheit ein.

›Ich weiß wirklich nicht, was passiert wäre, wenn Sie nicht in diesem Augenblick vorbeigekommen wären ...‹ sagte ich.

›Aber ich weiß es!‹ entgegnete er. Er hatte eine tiefe, melodische Stimme.

›Gerade bevor Sie kamen, hatte ich Gott um Hilfe gebeten ...‹

Ein kaum wahrnehmbares Lächeln spielte um seine Lippen und seine Augen. ›Jetzt bist du in Sicherheit.‹ Tatsächlich war die Bushaltestelle schon in Sicht.

›Danke, tausendmal Danke!‹ rief ich von ganzem Herzen aus.

›Mach's gut, Euphie!‹

Ich war wie vom Donner gerührt. Euphie! Er wußte meinen Namen! Ich drehte mich blitzschnell nach ihm um, aber er war verschwunden.«

TAFEL 25

*Auf dem mythischen Geschöpf Burâq reitend, wird der Prophet Mohammed vom
Erzengel Gabriel durch den Paradiesgarten geführt, in dem mehrere schwarzäugige
Huris spielen und sich vergnügen. Miniatur des 15. Jahrhunderts aus dem Mi'râj
Nâmeh (»Buch von der Himmelfahrt«). Der Islam wurde vom Alten Testament
beeinflußt und nahm zahlreiche Engelgestalten in sein »Pantheon« auf.*

TAFEL 26
*Engel mit Ampullen (1340),
heute im Pariser Louvre. Diese
Figur wurde von Jeanne d'Év-
reux für die Abteikirche von
Maubuisson in Auftrag gegeben
und ist vermutlich eine Arbeit
von Évrard d'Orléans.*

TAFEL 27 (rechte Seite)
*Verkündigung (um 1360). Die-
ses herrliche Werk eines unbekannten Künstlers gehört zu
einer Altartafel (»Szenen aus
dem Marienleben«) der Klaris-
sen und wird im Kölner Dom
aufbewahrt.*

TAFEL 28
*Schiwa und Parvati, die Verkörperungen des absoluten Geistes und seiner unum-
schränkten Macht, thronen inmitten übermenschlicher Musiker, während engelähnliche Wesen Blumen auf sie herabregnen lassen. Indisches Aquarell von 1780.*

Und wieder aus *Guideposts:*

»Wir saßen im Vorgarten meiner Eltern, als wir plötzlich einen Schrei hörten. Es war die Stimme unserer zweieinhalbjährigen Tochter. Wir rannten zum rückwärtigen Teil des Gartens und sahen Helen, von Kopf bis Fuß durchnäßt und weinend, mitten auf dem gepflasterten Weg stehen. Sie war offensichtlich in das kleine, aber tiefe Goldfischbecken meiner Eltern gefallen. Gott sei Dank war sie unversehrt! Eines machte mich allerdings stutzig: Weder der Beckenrand noch der Weg wiesen feuchte Fußspuren auf, und Helen stand ungefähr sechs Meter vom Wasser entfernt. Die Kleine konnte unmöglich ohne fremde Hilfe aus dem Becken geklettert sein: Es hatte einen Durchmesser von etwa zwei Metern und war einen Meter zwanzig tief.

Jahrelang zerbrachen wir uns den Kopf über dieses merkwürdige Ereignis. Helen selbst hatte keinerlei bewußte Erinnerung daran behalten, allerdings litt sie seitdem an einer unüberwindlichen Angst vor Wasser. Als Erwachsene versuchte sie, sich mit Hilfe eines Psychotherapeuten von dieser Phobie zu befreien.

Der Therapeut schaffte es schließlich, sie die lange zurückliegende Erfahrung in allen Einzelheiten noch einmal durchleben zu lassen. Als sie den Augenblick erreichte, in dem sie ›ins Wasser fiel‹, stieß sie einen Schrei aus:

›Jetzt weiß ich's wieder! Er packte mich an den Oberarmen und zog mich heraus!‹

›Wer hat das getan?‹ fragte der Therapeut.

›Jemand in Weiß‹, antwortete Helen. ›Er zog mich aus dem Wasser und verschwand.‹«

Nach so vielen Jahren war es natürlich unmöglich, die Identität der geheimnisvollen Gestalt in Weiß festzustellen. Die Umstände der Rettung legen allerdings die Vermutung nahe, daß es sich auch in diesem Fall um einen Engel gehandelt haben könnte …

Auch die nächsten zwei Berichte stammen aus *Guideposts* – einer wahren Fundgrube für den »Engelforscher«. Bob, ein amerikanischer Geschäftsmann, teilte der Zeitschrift das folgende Abenteuer aus seiner Kindheit mit:

»Als Kind war ich ein begeisterter Kicker. Einmal, ich muß damals fünf gewesen sein, rollte mein Ball aus dem Vorgarten auf die Straße und von da in den Kanal. Da ich sehr an ihm hing und ihn nicht verlieren wollte, rannte ich sofort hinterher. Gerade als ich mich über das Wasser beugen und den Arm nach dem Ball ausstrecken wollte, erschien ein großer, leuchtender, weißgekleideter Engel, trat mir in den Weg und sagte mit einem entschiedenen Kopfschütteln: ›Nein!‹ Ich gehorchte. Hätte ich es nicht getan, wäre ich aller Wahrscheinlichkeit nach in den Kanal gefallen und ertrunken.«

Die Hauptperson der nächsten Begebenheit ist ein zehnjähriges schwedisches Mädchen mit Namen KARIN SCHUBBRIGGS. Karin machte einmal eine Radtour mit ihren Eltern. Sie fuhr schnell und ließ die beiden bald hinter sich zurück. Nach einiger Zeit hielt sie am Ufer eines Flusses an, um sich auszuruhen und auf Vater und Mutter zu warten. Nicht weit von dieser Stelle ankerte ein großes Boot. Karin kletterte an Bord, wollte von da in ein Kanu springen, das längsseits des Bootes lag, rutschte aber aus und fiel ins Wasser. An dieser Stelle war die Strömung ziemlich stark, und Karin, die nicht schwimmen konnte, fing verzweifelt an zu zappeln und zu schreien.

In diesem Augenblick kamen die Eltern an. Kaum hatte er die Situation erfaßt, stürzte sich der Vater ins Wasser und versuchte mit allen Mitteln, die Tochter, die schon untergegangen war, zu erreichen – doch ohne Erfolg. In dieser schrecklichen Notlage schickte er ein Stoßgebet zum Himmel und flehte Gott an, das Kind zu retten.

Da geschah etwas Unglaubliches: Karin tauchte aus dem Wasser wieder auf und begann gekonnt und sicher zu schwimmen. Binnen weniger Sekunden hatte sie das Ufer erreicht.

Als man sie abgetrocknet und warmgerieben hatte, erzählte sie: »Das war wirklich eine komische Sache! Auf einmal hatte ich das Gefühl, daß jemand neben mir war, aber unsichtbar. Starke Hände haben mich an Armen und Beinen gepackt und sie so bewegt, daß ich geschwommen bin. Ich hatte nicht das Gefühl, selbst zu schwimmen: Das hat jemand anderer gemacht! ...«

Ein italienisches Gegenstück zu diesen Erfahrungen stellt das Erlebnis von Herrn MARIO ARTISTICO aus Rom dar. Der Vorfall ereignete sich 1954 in Neapel, wo der damals fünfjährige Mario mit seiner Familie lebte. Jeden Tag ging er zu einem Freund, der im selben Haus, ein Stockwerk über ihm wohnte, und dann spielten die beiden den ganzen Nachmittag zusammen.

Eines Abends, als Mario wieder einmal bei seinem Freund war, hörte er, wie seine Mutter ihn von unten herauf zum Essen rief. Sie mußte wohl schon mehrmals gerufen haben, denn sie klang recht ungeduldig, und Mario rannte sofort los. »In der Eile«, erzählt Herr Artistico, »stolperte ich und fiel kopfüber die Treppe hinunter. Aber gerade als nur noch wenige Zentimeter mein Gesicht von den steinernen Stufen trennten, spürte ich, wie eine geheimnisvolle, unwiderstehliche Kraft mich auffing und mich wie auf einem Gleiter sanft hinabschweben ließ. Ungläubig und entzückt zugleich erlebte ich diese wunderbaren Augenblicke wie einen Traum: Ich flog! Auf diese Weise legte ich die erste Treppe zurück. Als ich den Absatz erreichte, machte mein Körper, noch immer in der Luft schwebend, eine Kurve und flog dann die zweite Treppe hinunter. Schließlich fand ich mich *stehend* vor unserer Wohnungstür wieder. Mein Flug dürfte insgesamt an die fünfzehn Sekunden gedauert haben. Während dieser ganzen Zeit hatte ich die deutliche Empfindung gehabt, von einer Kraft (oder ›zwei Händen‹?) an der Taille gehalten zu werden, so wie man ein Kind hält, dem man das Schwimmen beibringt.

Verblüfft und vor Aufregung völlig außer mir klingelte ich und rief, kaum daß meine Mutter die Tür geöffnet hatte: ›Mama, Mama, ich bin geflogen!‹ Meine Mutter achtete nicht weiter auf meine Worte und meinte, ich sollte mir schleunigst die Hände waschen, das Essen stünde schon auf dem Tisch.

Es ist mir klar, daß ich meine vielfältigen Empfindungen während des ›Fluges‹ unmöglich auch nur annähernd wiedergeben kann. Dieses wunderbare und höchst reale Ereignis ist mir unauslöschlich im Gedächtnis und im Herzen haftengeblieben, und jedesmal, wenn ich daran denke, kommt es mir vor, als durchlebte ich es aufs neue.«

Zum Abschluß noch eine rührende Geschichte, die Reverend BILLY GRAHAM in seinem eigenen Buch über die Engel erzählt: »Dr. S. W. Mitchell, ein bekannter Neurologe aus Philadelphia, hatte sich nach einem besonders anstrengenden Arbeitstag schlafen gelegt. Plötzlich weckte ihn ein heftiges Klopfen an der Tür. Er stand auf, öffnete und sah ein ärmlich gekleidetes, verstört aussehendes kleines Mädchen. Die Kleine sagte, ihre Mama sei sehr krank, und flehte ihn an, mitzukommen und sie zu untersuchen. Es war eine kalte, stürmische Nacht, es schneite, und er war wirklich erschöpft, aber er zog sich unverzüglich an und folgte dem Kind.

Nach einem längeren Marsch durch die Kälte erreichten sie schließlich ein Häuschen. Die Mutter des Mädchens war allein und litt, wie der Arzt sofort erkannte, an einer schweren Lungenentzündung. Er verabreichte ihr fürs erste einige Medikamente und rief dann im Krankenhaus an, um die Aufnahme der Kranken zu veranlassen. Bevor er sich verabschiedete, beglückwünschte er die Leidende zu ihrer aufgeweckten und tapferen Tochter. Die Frau sah den Arzt mit einem merkwürdigen Blick an und sagte dann traurig: ›Meine Tochter ist vor einem Monat gestorben ...‹ Sie fügte hinzu, sie habe den Mantel und die Schühchen des Kindes aufbewahrt, sie seien dort im Kleiderschrank, neben dem Bett.

Verwundert öffnete Dr. Mitchell den Schrank, und tatsächlich: Da hing der Mantel des Mädchens, das ihn geweckt und hierhergeführt hatte! Das Kleidungsstück war warm und trokken, es konnte also unmöglich noch wenige Minuten zuvor bei dieser naßkalten Witterung getragen worden sein.«

Soweit Billy Graham. Direkt im Anschluß an seine Erzählung fragte sich der Prediger, ob der Engel in dieser Stunde der Not nicht die Gestalt der Tochter der Erkrankten angenommen haben könnte. Ein Engel ... oder die Tochter selbst: Letzten Endes liefe es auf dasselbe hinaus!

Ein besonderer Fall von Rettung durch die Engel

Diese außergewöhnliche Erfahrung wurde mir von einer guten Freundin mitgeteilt, der Mailänder Ärztin DEDE RIVA. Frau Dr. Riva befaßt sich mit Psychodynamik und bietet in ihrem Therapiezentrum Kurse und Seminare an. Hier ihr Bericht:

»Vor einigen Jahren erfuhr ich, daß ein berühmter Mailänder Spezialist bei einer sehr guten Freundin ein Leberkarzinom diagnostiziert hatte. Ich sagte mir, daß ich etwas für sie tun mußte, und brachte sie zu einer anderen Freundin von mir, einer Pranatherapeutin und Malerin, die in einem sehr schönen Turm in Varese wohnt und arbeitet. Wir führten eine Therapiesitzung in einer heiteren, ja fröhlichen Atmosphäre durch, die in einem merkwürdigen Kontrast zur realen Situation stand. Die Ärzte hatten meiner Freundin nur noch zwei Monate zu leben gegeben, dennoch fühlten wir uns alle auf eine unerklärliche Weise glücklich.

Am Ende der Sitzung verließen wir den Turm und begegneten sofort zwei Männern. Der eine war etwa einssiebzig, der andere größer; einer hatte ein etwas slawisch anmutendes Gesicht, der andere feinere Züge. Sie waren vollkommen normal gekleidet und sprachen ein ausgezeichnetes Italienisch, allerdings mit einer leicht fremdartigen Intonation, die erkennen ließ, daß sie keine Einheimischen waren. Sie hielten uns an und fragten uns nach einer bestimmten Straße. Da wir uns in der Stadt nicht auskannten, konnten wir ihnen jedoch nicht helfen. Wir waren kaum ein paar Schritte weitergegangen, als meine Freundin und ich uns umdrehten und gleichzeitig ausriefen: ›Aber das waren ja Engel!‹ Doch die beiden waren verschwunden ...

Ich weiß nicht, was uns beiden, meiner Freundin und mir, die Gewißheit gab, daß die Männer Engel sein mußten. Ich weiß nur, *daß* wir es wußten. Ich weiß außerdem, daß meine Freundin noch immer am Leben ist, daß sie sich bester Gesundheit erfreut und daß ihre Lebergeschwulst spurlos verschwunden ist. Ich kann keine Beweise für die Realität des Ereignisses vorbringen, aber unser beider Gefühl, wirklich zwei besonderen Wesen begegnet zu sein, war außerordentlich lebhaft und unbezweifelbar gewesen. Vielleicht war es ihre fremdartige Sprechweise, unsere unerklärliche Fröhlichkeit unmittelbar vor der Begegnung, die Ausstrahlung der zwei Männer – nun, all das, vereint mit der Genesung meiner Freundin, hat sowohl mich als auch sie davon überzeugt, zwei Beschützern begegnet zu sein.«

Dede Riva hat die »Engelhypothese« wohl auch deswegen ohne Schwierigkeiten akzeptieren können, weil die Erfahrung für sie alles andere als neu war. So erzählt sie weiter:

»Ich habe schon oft das Gefühl gehabt, höhere Hilfe zu empfangen. Ich bin von Natur aus ein ziemlich ängstlicher Mensch und werde mit schwierigen Situationen nur sehr schlecht fertig. Schon als Kind habe ich die Anwesenheit des Beschützers gespürt: Damals wollte ich sogar immer einen Sitzplatz für ihn neben mir frei lassen! Dieses Gefühl des Behütetseins hat mich bis heute nicht verlassen, und wann immer ich Hilfe brauche, wende ich mich in Gedanken an meinen Schutzengel. Dann kommt regelmäßig dieser Augenblick, in dem es ›klickt‹: Mein seelischer Zustand ändert sich ohne ersichtlichen Grund, und ich bin plötzlich ein anderer Mensch – weiß mit einemmal, daß mir ›jemand‹ beisteht!«

Wie soll man solche Erfahrungen bewerten? Meines Erachtens – gar nicht. Das beste ist, wir lassen die Fakten für sich sprechen, die verschiedenen Berichte auf uns wirken. Wie wir im nächsten Kapitel sehen werden, scheinen Engelbegegnungen weit häufiger zu sein, als man gemeinhin annehmen würde. Vielleicht kommt es wirklich nur darauf an, danach zu fragen, darüber zu sprechen, sich anzuvertrauen …

Elftes Kapitel

Eine Umfrage über die Engel

»Was hat mich … im Jahre 1982 dazu gebracht, eine Untersuchung über Engelerfahrungen zu beginnen? Das war wieder einer von diesen Anstößen, die logisch nicht zu erklären sind. Den einen Tag steckte ich noch in meinem normalen Alltagsleben (sofern das Leben jemals normal sein kann), am nächsten Tag ging's schon richtig los …« – so beginnt der niederländische Arzt Dr. H. C. Moolenburgh den Bericht seiner ungewöhnlichen Untersuchung, in deren Verlauf er vierhundert Patienten mit der verhältnismäßig überraschenden Frage konfrontierte: »Haben Sie jemals in Ihrem Leben einen Engel gesehen?«

»Der Leser soll nicht denken, daß es mir leichtfiel, diese Frage zu stellen«, erklärt der Arzt sofort. »Jedesmal, wenn ich sie aussprechen wollte, erfaßte mich so eine merkwürdige Verlegenheit. Manchmal bekam ich sogar Herzklopfen davon. Es war schwieriger, Männern diese Frage zu stellen. Warum es bei Frauen leichter war, weiß ich nicht genau. Vielleicht haben sich die Frauen in dieser Zeit noch einen Sinn für das Wunderbare erhalten …«

Hatte er sich dann schließlich zu der schweren Frage durchgerungen, beobachtete Moolenburgh zuerst einmal die (nichtverbalen) Reaktionen seiner Gesprächspartner. Dies waren die Ergebnisse:

65 Personen, das heißt 16 Prozent der Befragten, »verfielen in tiefes Nachsinnen« (eine nach Moolenburghs Meinung äußerst verblüffende Reaktion).

45 Personen (11 Prozent) fingen spontan an zu lachen – allerdings nicht hämisch oder abfällig: Es war eher das lustige, frische Gelächter von Menschen, die mit einer ziemlich abwe-

gigen, aber letzten Endes harmlosen, nicht weiter beunruhigenden Frage fertig werden mußten.

37 Personen (9 Prozent) verschlug es schlicht die Sprache.

Weitere 37 bekundeten eine ungeheure Befriedigung, »als fühlten sie sich in etwas bestätigt, was sie bereits dachten«.

19 Personen reagierten negativ, also erschrocken, verärgert oder mißbilligend.

9 der Befragten erklärten, daß sie sogar mit einem Engel *zusammenlebten* (gemeint war der Ehepartner).

Weitere 20 Personen zeigten eine konstruktive Reaktion: »Nein«, sagten sie, »einen Engel habe ich noch nie gesehen, aber – «, und dann folgte der Bericht eines geheimnisvollen, übernatürlichen Erlebnisses.

Zusammenfassend stellte Dr. Moolenburgh fest, daß die Mehrzahl (89 Prozent) der Befragten – und zwar ungeachtet ihrer jeweiligen Religionszugehörigkeit (viele von ihnen bezeichneten sich als »konfessionell nicht gebunden«) – zum Teil heftige emotionale Reaktionen zeigten, die Frage also keineswegs als neutral oder belanglos empfanden. Diese Erkenntnis veranlaßte Moolenburgh zu folgendem tröstlichem Kommentar: »Der westliche Mensch ist nicht so versachlicht, wie man manchmal denkt. Er muß in einer Welt leben, wo alles logisch und rationell geplant und gesteuert wird. Aber wenn man ein wenig an diesem rationalistischen Lacküberzug kratzt, zeigt sich, daß auch der Mensch unseres Jahrhunderts noch immer tief mit dem Geheimnisvollen verbunden ist.«

Bevor ich die konkreten Ergebnisse der Untersuchung verrate, ist es vielleicht interessant zu erfahren, was Dr. Moolenburgh seinerseits antwortete, wenn einer der Patienten die Frage an ihn zurückgab. Seinem eigentlichen Bericht schickt er eine Erklärung für den Leser voraus: Die schönste Eigenschaft seiner Heimat (Kennemerland in der Provinz Nordholland), sagt er, sei für sein Empfinden der ständig wechselnde, bald heitere, bald von vielfarbigen Wolken durchzogene und nicht selten mit prächtigen Regenbogen geschmückte Himmel.

Wie wir gleich sehen werden, spielten diese meteorologischen
Erscheinungen eine wichtige Rolle bei seiner »Engelbegegnung«.

»Als Junge lag ich einmal vor unserem Haus und blickte in
den Himmel. Die Dahlien blühten, ... und es lag dieser unbe-
stimmte Geruch in der Luft ... Ein Geruch von Holzfeuer,
mit Pilzen versetzt und mit etwas noch Subtilerem, das keinen
Namen hat. Der Himmel war fast durchwegs blau, aber mitten
hindurch lief eine hohe Federwolke.

Als ich so nach der Wolke sah, erblickte ich einen riesenhaften Engel, der über unserem Dünenstrand schwebte. Der Kopf
schien in ein leichtes, herabhängendes Tuch gehüllt (so wie
die Araber es tragen). Die Flügel waren etwas ausgestreckt
und flaumig. Die Gestalt trug einen langen Mantel, der bis zu
den Füßen hing. Die Füße selbst waren unsichtbar. Der Engel
hing totenstill dort oben und blickte ruhig über das Land.
Der Himmel um ihn schien weiter und tiefer als sonst. Manchmal ist die blaue Luft wie eine feste Glasglocke, die unmittelbar
über den Augen des Betrachters beginnt. Aber dieses Blau
war weit wie ein Ozean und glänzte, als ob die Sonne auf
kleine Wellen schien. Dann verwischte sich das Bild langsam
und wurde wieder zur Wolke, und die Stille des Herbstmor-
gens lag über dem Land.

Was sieht man eigentlich in so einem Augenblick? Projiziert
die Vorstellungskraft einen Engel auf eine Wolke? Modelliert
ein zufälliger Wind, der auf eine weit oben schwebende Wolke
trifft, den Schein einer himmlischen Gestalt? Oder ist da noch
etwas anderes?

... So weiß ich also nicht, ob ich einen Engel gesehen habe.
Aber noch immer, wenn ich an diesen Herbsttag zurückdenke,
fühle ich eine große weite Stille um mich ...«

Kehren wir nun zu Dr. Moolenburghs Umfrage zurück, die
vielleicht wirklich von jener fernen Kindheitsvision angeregt
wurde.

Von 400 Befragten erklärten 31, also ein relativ hoher Prozentsatz, persönliche Begegnungen mit engelähnlichen Wesen gehabt zu haben. Weitere 61 Personen berichteten von übernatürlichen Erlebnissen, und sieben erzählten von Grenzerfahrungen (sie hatten zu irgendeinem Zeitpunkt an der Schwelle des Todes gestanden und dabei Dinge gesehen und gehört, die ihnen unauslöschlich im Gedächtnis haftengeblieben waren). Sehen wir uns nun einige Beispiele an.

Eine junge Frau war bei der Geburt ihres Kindes beinahe gestorben. In der darauffolgenden Nacht sah sie eine silberne Leiter, die bis in den Himmel führte. Am oberen Ende der Leiter sah sie einen Engel, der sie zu erwarten schien, und sie erkannte, daß sie die Wahl hatte, sich ihm anzuschließen oder zu Ehemann und Kind zurückzukehren. Sie entschied sich für das Leben, und von dem Augenblick an begann sie zu genesen.

Von einer ähnlichen Erfahrung berichtete ein Mann, der nach einem Verkehrsunfall mit schwersten Verletzungen in ein Krankenhaus eingeliefert worden war. Mit einemmal sah er eine offene Tür, aus der ein gewaltiges, übernatürliches Licht hervorstrahlte, und eine engelähnliche Gestalt, die ihm zuwinkte. Er verspürte einen so starken Wunsch, die Schwelle zu überschreiten, daß er sich die Infusionsnadel aus dem Arm zog. Dann ging er aber in sich, dachte noch einmal über seine Situation nach und beschloß, doch wieder auf die Erde zurückzukehren.

»Die Himmelsleiter, die himmlische Pforte, wie Jakob sie in Bethel sah, existiert noch immer«, schreibt dazu Moolenburgh. »Aber unsere materialistische Zeit hat sie verdunkelt. Und jetzt, wo ich dies schreibe, bemerke ich plötzlich, daß ich Goethe zitiere: ›Die Geisterwelt ist nicht verschlossen, dein Sinn ist zu, dein Herz ist tot!‹«

Wie Moolenburghs Untersuchung beweist, gibt es aber nicht wenige Ausnahmen: Menschen, deren »Herz« nicht »tot« ist, die also nicht nur in einem veränderten Bewußtseinszustand – wie in den zwei soeben geschilderten Fällen –

Engel sehen, sondern auch bei ganz normalem Wachbewußtsein. So erzählte ein Mann etwa, er sei eines Tages mit seiner
Verlobten in die Kirche gegangen. Plötzlich sehen beide neben
dem Altar ein strahlendweißes, dabei keineswegs blendendes,
übernatürlich schönes Licht. Die Helligkeit ist so stark, daß
die Gestalt des Priesters, der gerade die Messe feiert, fast völlig
unsichtbar wird.

Als er Dr. Moolenburgh von diesem Erlebnis berichtete,
wurde der Mann noch nachträglich so ergriffen, daß er in
Tränen ausbrach. Er betonte, seine Verlobte habe genau die
gleiche Wahrnehmung gehabt, und erklärte, sie betrachteten
diese Erfahrung als ihr kostbarstes gemeinsames Gut. Das
Licht habe ihnen ein unaussprechliches Gefühl von Frieden
und Gnade vermittelt. Später hatten die beiden den Priester
auf die Erscheinung angesprochen, doch er hatte nichts bemerkt.

Ein sehr guter Freund erzählte Dr. Moolenburgh die folgende Begebenheit: Einmal, Jahre zuvor, hatte er eine außerordentlich kritische Phase durchgemacht. Seine Schwierigkeiten
waren so groß gewesen, daß er zuletzt sogar begonnen hatte,
um sein Leben zu fürchten. Eines Tages telefonierte er gerade,
als er plötzlich sah, wie ein Engel – eine übernatürlich strahlende Gestalt – durchs Fenster hereinschwebte. (»Jetzt ver-
stehe ich, warum Engel mit Flügeln dargestellt werden; das
ist ihr Strahlenfeld«, sagte der Mann später.) Das Wesen richtete einige tröstende Worte an ihn – die sich als wahrhaft
lebensrettend erwiesen – und verschwand wieder.

Eine Patientin schilderte Dr. Moolenburgh ein anderes schönes Erlebnis. Als Kind lebte sie auf dem Land, und nicht weit
von ihrem Elternhaus wohnte eine Bauernfamilie. Eines Tages
erfuhr ihre Mutter vom Hausarzt, daß die Nachbarstochter
im Sterben lag. Sofort ging sie zu der Bäuerin, um ihr in dieser
schweren Stunde seelischen Beistand zu leisten. Die zwei
Frauen waren gerade im Gebet versunken, als jemand ener-
gisch an die Tür klopfte. Die Mutter von Moolenburghs

Patientin ging öffnen; vor der Tür stand ein Jüngling, der die etwas barsche Frage an sie richtete: »Frau, was ist los?«

Sie antwortete: »Ein Kind liegt im Sterben.«

Ohne zu zögern ging der junge Mann zum Schlafzimmer des Mädchens, legte ihm die Hände auf und trieb die Krankheit im Namen JESU CHRISTI aus. Dann verließ er das Haus durch die Hintertür und wurde nie wieder gesehen. (In Anbetracht der Tatsache, daß auf dem Lande jeder jeden kennt und jeder über jeden Bescheid weiß, erschien dies der Erzählerin besonders merkwürdig.)

Sobald der Fremde das Haus verlassen hatte, erwachte das Mädchen aus dem Koma, und am folgenden Tag fing es sogar an zu quengeln, weil es wieder in die Schule gehen wollte. Das alles trug sich dreißig Jahre vor Moolenburghs Umfrage zu; inzwischen war aus dem Kind eine Frau geworden, und sie erfreute sich bester Gesundheit.

Ein weiterer typischer Fall: Ein Mädchen wächst in einer stark spiritistisch orientierten Familie auf. Die Kleine fürchtet sich oft vor dem, was in ihrer Umgebung geschieht, und betet dann immer um Hilfe. Eines Tages geht sie allein in einem Wäldchen spazieren, als sie sich plötzlich einem Mann gegenübersieht: Er ist von nirgendwo gekommen, sondern ganz einfach vor ihr erschienen. Er sieht vollkommen normal aus. Der Mann geht auf sie zu und sagt, sie bräuchte sich nicht mehr zu fürchten – und tatsächlich ist ihre Angst von diesem Augenblick an verschwunden. Der Mann sagt auch, ihr Weg werde nie leicht sein, aber der Herr werde ihr immer beistehen. Dann verschwindet er ebenso unvermittelt, wie er aufgetaucht war.

Dieses Erlebnis hinterließ bei ihr ein wochenlang anhaltendes Glücksgefühl; darüber hinaus konnte sie von diesem Augenblick an unterscheiden, ob sie es mit echter oder unechter Spiritualität zu tun hatte (eine Fähigkeit, die, wie Dr. Moolenburgh bemerkt, im *Neuen Testament* »Scheidung der Geister« genannt wird).

Eine andere Patientin erzählte Dr. Moolenburgh, ihr Urgroßvater sei Missionar in Afrika gewesen. Eines Tages mußte der Geistliche einen einsamen Weg entlanggehen, um ein Mitglied seiner Gemeinde zu besuchen. Er wußte nicht, daß ihm zwei Räuber auflauerten. Der Überfall fand allerdings nicht statt, weil zwei weißgekleidete Männer den Geistlichen begleiteten. Später erzählten die zwei Wegelagerer in einer Schenke von ihrer mißglückten Unternehmung, und der Wirt setzte den Missionar umgehend davon in Kenntnis. Der verblüffte Geistliche beteuerte aber, allein gereist zu sein und von seinen zwei weißgekleideten Lebensrettern überhaupt nichts bemerkt zu haben!

Die nächste Geschichte ereignete sich um die Jahrhundertwende in Den Helder. Damals gab es dort ein Vergnügungsviertel, das von einigen Zuhältern mit eiserner Hand regiert wurde. In einem Arbeiterviertel, nicht weit von diesem »sündigen« Stadtteil entfernt, wohnte ein Bäcker, der aufgrund seines frommen Lebenswandels »der selige Breet« genannt wurde. Er besuchte Kranke und half seinen Mitmenschen, wann immer er konnte. Außerdem veranstaltete er in seiner Backstube jeden Sonntag religiöse Versammlungen, die von sehr vielen Menschen besucht wurden. Breets Missionstätigkeit war es unter anderem zu verdanken, daß mit der Zeit mehrere Prostituierte ihren Lebenswandel aufgaben – was die Zuhälter, wie man sich vorstellen kann, beträchtlich gegen ihn aufbrachte. Eines Nachts klingelte jemand an der Tür des frommen Bäckers. Der »selige Breet« stand auf, blickte aus dem Fenster und sah einen Mann, der zu ihm hinaufrief: »Herr Breet, in der Jansenstraße 24 liegt ein Schwerkranker, er bittet um Ihren Besuch.«

Breet zog sich an und machte sich, da der Unbekannte inzwischen verschwunden war, allein auf den Weg. Um zu der angegebenen Adresse zu gelangen, mußte er eine kleine Brücke überqueren, die sich über eine Gracht spannte. Der Bäcker erreichte schließlich das Haus Nummer 24 und klingelte. Anfangs rührte sich nichts. Dann fragte eine ärgerliche Stimme, wer zu dieser nachtschlafenden Zeit ehrliche Leute störe. Breet gab den Grund seines Kommens an, und der andere erwiderte, noch unfreundlicher als zuvor, im Haus sei niemand krank und er solle machen, daß er wegkomme. Verblüfft ging Breet wieder nach Haus.

Zwanzig Jahre später kam ein Unbekannter zu Breet und bat ihn um eine Unterredung. Er erzählte, er sei der Mann gewesen, der ihn in jener Nacht zur Jansenstraße geschickt hatte: »Ich haßte Sie so sehr«, erklärte er, »daß ich mit einem Freund verabredet hatte, Sie zu ertränken. Wir lockten Sie zu einer Adresse am Ende der Brücke und warteten dort auf Sie, um Sie ins Wasser zu werfen. Aber da Sie mit zwei Begleitern kamen, wagten wir es nicht. Sie hatten je einen Begleiter zur Rechten und zur Linken.« Breet erwiderte, er sei damals allein gewesen, aber der andere ließ sich nicht irremachen und beteuerte immer wieder, sowohl er als auch sein damaliger Komplize hätten genau gesehen, daß ihn zwei Männer begleiteten. Der Besucher war einer der Zuhälter, die Breet den Verlust einiger Prostituierten nachtrugen; inzwischen hatte er aber einen ehrlichen Beruf ergriffen und wollte einen Schlußstrich unter seine verbrecherische Vergangenheit ziehen.

Die nächste Geschichte erfuhr Dr. Moolenburgh, diesmal wieder aus erster Hand, von einer älteren Patientin. Der Fall ereignete sich während des Krieges. Die Frau wohnte zu der Zeit in Heemstede, und ihr Sohn studierte in Amsterdam. Jeden Sonntagabend begleitete sie ihn zur Straßenbahn, die damals noch bis nach Amsterdam fuhr. An einem solchen Abend wollte sie direkt hinter dem abfahrenden Wagen die Schienen überqueren, um sich auf den Heimweg zu machen. Sie war in Gedanken, sorgte sich um den Sohn, der als Halbjude Gefahr lief, von den Nazis verhaftet zu werden, und ging los, ohne sich umzusehen. »In diesem Augenblick wurde sie von zwei kräftigen Händen von hinten am Ellbogen gepackt und scharf vor den Rädern der aus der Gegenrichtung heranrollenden Tram weggerissen. Ihr Lebensretter ließ sie los, und sie drehte sich um, um sich zu bedanken. Aber es war niemand da. Sie war mutterseelenallein.« Wem verdankte sie nun ihre Rettung? Die Patientin erklärte Moolenburgh, sie hege keinen Zweifel daran, daß sie durch eine übernatürliche Macht vor dem sicheren Tod bewahrt wurde.

Zuletzt noch die Geschichte einer »Rettung im großen Stil«, die sich in Moolenburghs Jugend ereignete. Im November 1939 wurde Finnland vom mächtigen Rußland überfallen, und niemand zweifelte daran, daß die Rote Armee das kleine finnische Heer vernichten würde. Doch es kam anders: Wenngleich von einer erdrückenden Übermacht in die Zange genommen, konnten die Finnen entkommen. Sie schienen für die russischen Angreifer unsichtbar geworden zu sein. Jahre später hörte Moolenburgh eine sehr schöne Erklärung für dieses Wunder: Die Finnen hätten in der Stunde der Not um Hilfe gebetet und »mitten in der Nacht einen riesenhaften Engel gesehen, der mit ausgestreckten Flügeln über dem finnischen Lager schwebte. Und die Russen hatten die umzingelten Finnen nicht finden können ...«

Welche Folgerungen zieht Dr. Moolenburgh nun aus den Ergebnissen seiner Untersuchung? Wie wir eingangs sahen, gaben 31 Patienten (das heißt 7,75 Prozent aller Befragten) an, schon einmal einen Engel gesehen zu haben. Dies müßte aber, so Moolenburgh, den Schluß zulassen, daß, vorsichtig geschätzt, »mindestens ein Prozent der niederländischen Bevölkerung einmal im Leben einem Engel gegenübergestanden hat. Ausgehend von fünfzehn Millionen Menschen würde sich das auf etwa 150000 Engelbegegnungen in der heutigen Bevölkerung belaufen ...« Diese Zahl hält allerdings Moolenburgh selbst für zu hoch gegriffen, zumal, wie er schreibt, es dann unerklärlich wäre, daß man nicht häufiger von derlei Erfahrungen hört: »Es ist kaum zu glauben, daß so etwas in unserer redefreudigen Bevölkerung möglich [sein sollte]. Selbst im

TAFEL 29
*Eine herrliche Verkündigung von Benvenuto di Giovanni (1436–um 1518) in der
Kirche von San Bernardino, Sinalunga (Italien).*

TAFEL 30 (linke Seite)
Der Engel der Verkündigung (14. Jahrhundert). Diese anmutige Marmorplastik wird heute im Metropolitan Museum of Art (New York) aufbewahrt.

TAFEL 31
Der Fluß des Todes, den die Seele auf ihrer Reise durch das Jenseits überqueren muß. Eine messerrückenschmale Brücke (das Gericht) scheidet die guten von den bösen Seelen. Die Gerechten erreichen dank ihres inneren Gleichgewichts das jenseitige Ufer und werden dort von einem Engel empfangen und ins Paradies geleitet. Die Sünder stürzen dagegen in die Fluten des Flusses, der sie in die Unterwelt trägt. Fresko aus dem 13. Jahrhundert, in der Kirche von Santa Maria, Loreto Aprutino (Italien).

TAFEL 32 (umseitig)
Diese türkische Miniatur aus dem 16. Jahrhundert zeigt Engel im Himmel bei der Durchführung kultischer Handlungen. Der Tradition zufolge erlernte der Prophet Mohammed die typisch islamische Art zu beten, indem er die Engel im Paradies nachahmte.

وبعض ملائكة ركوعيب اولوب عبادتدن استكبار ايتمزلرنتكه رب العزت
يبور ومن عنده لايستكبرون عن عبادته عند تدنمراد قوب شرقدر

Krieg, wo es doch um Leben und Tod ging, war es fast unmöglich, die Untergrundarbeit ganz geheimzuhalten, weil wir so redselig sind.«

Aber auch aus einem anderen Grund hält Moolenburgh sein Ergebnis für nicht repräsentativ: »Ich vermute, daß ich durch meine Einstellung viel mehr Menschen mit Engelerfahrungen anziehe als jemand, der eine solche Untersuchung für ausgemachten Blödsinn hält. So ist es nun mal im Leben: ... Gerade Phänomene aus der Welt des Geheimnisvollen haben eine besondere Neigung, sich in der Umgebung der Person, die daran glaubt, zu häufen.«

Auf alle Fälle aber zeitigte diese Umfrage für Moolenburgh *ein* wichtiges Ergebnis: »Als ich mit der Untersuchung begann, dachte ich, daß die Schlußfolgerung lauten würde: ›Früher hat man noch Engel gesehen, heute aber nicht mehr.‹ Jetzt ... ergibt sich dagegen die Schlußfolgerung: ›Engel werden mindestens ebensooft wie früher gesehen, aber es spricht niemand mehr darüber.‹«

Man kann also nur hoffen, daß Veröffentlichungen wie Moolenburghs Buch – oder auch das vorliegende – mehr Menschen dazu ermutigen werden, mit ihren bislang verschwiegenen Erfahrungen an die Öffentlichkeit zu treten. Ich kann mich noch sehr gut an die Schwierigkeiten erinnern, mit denen ich zu kämpfen hatte, als ich vor zwölf, dreizehn Jahren mit meiner Umfrage über sogenannte »Todesnähe-Erlebnisse« (Nahtoderfahrungen) begann: Die meisten Menschen hatten Angst, sich über diese höchst intimen und sprachlich kaum faßbaren Augenblicke zu äußern. Da sie bei ihren ersten Versuchen, ihre Erfahrung mitzuteilen, grundsätzlich mit negativen Reaktionen konfrontiert worden waren, befürchteten sie, jetzt auch wieder auf Unglauben zu stoßen oder gar für verrückt gehalten zu werden. Von mehr als einem Gesprächspartner hörte ich Äußerungen wie: »Ich weiß, daß Sie mir glauben, deshalb sage ich Ihnen gern, was ich zwischen Leben und Tod gesehen habe. Bislang hatte mir aber niemand Glauben geschenkt, und so gab ich es schließlich auf, davon zu sprechen ...«

Seitdem hat sich vieles geändert. Die in den letzten Jahren veröffentlichten Fälle von »Überleben des eigenen Todes« gehen in die Hunderte, und – was noch wichtiger ist – sie werden von Menschen untersucht und vorgestellt, deren nüchterne Urteilskraft kaum in Zweifel gezogen werden kann: von Ärzten, Psychologen und Universitätsdozenten. Wer heute erzählt, im Koma gewesen zu sein und in diesem Zustand außergewöhnliche Dinge gesehen und gehört zu haben, stößt nicht mehr auf Skepsis, sondern auf Interesse und Anteilnahme.

Eine solche Entwicklung könnte sich mit der Zeit durchaus auch im Zusammenhang mit den Engeln ergeben. Schließlich sind wir ohne weiteres bereit, an Teufel und Dämonen zu glauben, wir veranstalten Kongresse, um über sie zu diskutieren, lesen Bücher, in denen von ihnen die Rede ist. Warum sollten wir also nicht ebensogut an die viel tröstlichere Existenz des »Beschützers« glauben? An ihn zu glauben kann nur positive Auswirkungen für uns haben. Uns an ihn zu wenden bedeutet letzten Endes, den besten und edelsten Teil unserer selbst anzurufen, jener leisen, aber niemals verstummenden Stimme zu lauschen, die uns immer zum Besseren drängt, die uns auffordert, dem Leben und unseren Mitmenschen vertrauensvoll und mit Liebe zu begegnen, und uns empfiehlt, die Augen »nach oben« zu richten.

Wenn wir den Willen und die Kraft aufbrächten, dem Ruf dieser Stimme zu folgen, würde mit Sicherheit vieles besser werden – besser für uns, für die Menschen, mit denen wir zusammenleben, und für unsere ganze Umwelt. Warum tun wir es also nicht?

Zwölftes Kapitel

Thomas von Aquin und der Schutzengel. Ein Engel für Giorgia

Im Kapitel über das Lichtwesen haben wir die folgenden Worte von ELISABETH KÜBLER-ROSS gelesen:

»... jeder Mensch (wird) von seiner Geburt bis zu seinem Tod von Geistwesen begleitet ... Jeder Mensch hat solche Begleiter, ob Sie daran glauben oder nicht ... Denn jene Liebe ist bedingungslos, weshalb ein jeder Mensch dieses Geschenk eines Begleiters erhält. Es handelt sich um jene Begleiter, die meine kleinen Kinder ›Spielgefährten‹ nennen. Ganz kleine Kinder sprechen mit ihren ›Spielgefährten‹ und sind sich dessen ganz bewußt. Doch sobald sie in die erste Klasse kommen, sagen ihre Eltern zu ihnen: ›... Du gehst nun in die Schule. Jetzt macht man nicht mehr solche kindischen Spiele.‹ Somit vergißt man, daß man ›Spielgefährten‹ hat ...«

Elisabeth Kübler-Ross stützt sich bei ihren Aussagen auf jahrelange Beobachtungen von Sterbenden, von denen viele, an der »Schwelle« angelangt, jenen Freund aus Kindertagen wiederfinden und wiedererkennen und sich vertrauensvoll unter seinen Schutz begeben. Sie referiert also direkte Erfahrungen.

Der Glaube an den Schutzengel ist, wie wir bereits sahen, Bestandteil vieler religiöser Traditionen. Die erste Anspielung auf die Gestalt des Beschützers finden wir in *Psalm* 91, 9-13:

»Denn du, Herr, bist meine Zuversicht; den Höchsten hast du dir gemacht zum Schutz.

Es begegnet dir kein Unglück; und keine Plage nähert sich
deinem Zelte.
Denn seinen Engeln befiehlt er deinetwegen, dich zu bewah-
ren auf allen deinen Wegen.
Auf den Händen werden sie dich tragen, daß an keinen
Stein stoße dein Fuß.«

Die Lehre vom Schutzengel erfuhr eine sehr autoritative Bestätigung und Kodifizierung durch Thomas von Aquin (1226–
1274). Dieser größte aller Kirchenlehrer befaßte sich in seinem
Hauptwerk, der *Summa Theologica,* sehr eingehend mit den
Engeln und allen damit zusammenhängenden theologischen
Fragen. Seine Aussagen waren so scharfsinnig und tiefschür-
fend, seine Ausdrucksweise so überzeugend und mitreißend,
daß ihn schon seine Zeitgenossen mit dem Titel *Doctor Angelicus* oder »engelgleicher Doktor« ehrten.
Nach Thomas von Aquin sind die Engel rein geistiger Natur,
unzählbar, hinsichtlich ihrer Weisheit und Vollkommenheit
voneinander verschieden und in Chöre und Hierarchien unterteilt: Seraphim, Cherubim und Throne (1. Hierarchie); Herrschaften, Kräfte und Gewalten (2. Hierarchie); Fürstentümer,
Erzengel und Engel (3. Hierarchie). Diese Einteilung geht,
wie wir uns erinnern, auf Dionysius Areopagita (zweites
Kapitel) zurück.
Die Engel haben nicht schon immer existiert, sie wurden
vielmehr – möglicherweise vor der Schöpfung der Welt und
des Menschen – von Gott erschaffen. Sie sind mit freiem Willen
begabt, und ebendiese Freiheit war es, die manche von ihnen
zur Sünde des Hochmuts, des Stolzes und des Neides verleitete,
wodurch sie zu »gefallenen Engeln« oder Dämonen wurden,
unfähig, Gott und den Menschen, sein Geschöpf, zu lieben.
Jedem Menschen, gleichgültig ob Christ, Jude, Muslim oder
Heide, steht ein Schutzengel zur Seite, der ihn – und wäre er
auch der größte Sünder – niemals verläßt. Der Schutzengel
hindert den Menschen selbst dann nicht an der Ausübung

seiner Willensfreiheit, wenn er damit böse Ziele verfolgt. Allerdings bemüht er sich um eine positive Beeinflussung seines Schützlings, indem er ihm Einsicht schenkt und fromme Gedanken eingibt. Die Dämonen wiederum wirken auf den Menschen in entgegengesetzter Weise ein. Indem er nun mit Hilfe des Schutzengels den Versuchungen des Teufels widersteht, erwirbt sich der Mensch Verdienste: Er tut Gutes, indem er das Böse überwindet. Damit beteiligt sich der Teufel – wider Willen zwar, doch nicht weniger wirkungsvoll – am göttlichen Heilsplan.

Die Menschen können zu den Engeln sprechen, ihnen ihre intimsten Geheimnisse (die nur Gott von sich aus kennt) enthüllen und ihnen so ihre Bedürfnisse, Sehnsüchte und Wünsche offenbaren.

Soweit also die – stark gekürzte und vereinfachte – Darstellung der Engelslehren des *Doctor Angelicus*.

Denken wir an den Schutzengel, so stellen wir ihn uns in der Regel als Begleiter der Kinder vor – und eben von einem Kind, einem kleinen Mädchen, stammt die weiter unten folgende, wie ich finde sehr interessante und ansprechende Zeugenaussage.

Das Mädchen heißt GIORGIA D., ist acht Jahre alt und lebt mit seinen Eltern, einer Volksschullehrerin und einem Arzt, in Pavullo, einem Städtchen im nördlichen Appennin. Sie hat ein Zwillingsschwesterchen, Giulia, und einen etwas älteren Bruder.

Giorgia ist ein hübsches, aufgewecktes, außerordentlich lebhaftes Mädchen: eines dieser Kinder, bei deren Anblick man unwillkürlich denkt, daß sie einen wirklich sehr wachsamen Schutzengel haben müssen ... Tatsächlich hat Giorgia schon mehrere gefährliche Situationen unter sehr merkwürdigen, fast wunderbar zu nennenden Umständen überstanden. Einmal wurde sie beinahe überfahren: Sie rannte auf die Straße, und ein Auto kam buchstäblich einen Zentimeter vor ihr zum

Stehen. Ein anderes Mal, sie war erst drei Jahre alt, fiel sie einen Felsabhang hinunter. »Sie landete nach einem Sturz von mehreren Metern auf beiden Füßen und war völlig unversehrt«, erzählt ihr Vater. »Man hätte meinen können, sie wäre wirklich geflogen.«

Schon lange vor diesem Ereignis begann Giorgia von *ihrem Freund* zu sprechen – und seit damals ist dieser Freund nicht von ihrer Seite gewichen.

»Sie redet darüber immer in absolut gleichbleibender Weise«, sagt die Mutter, »und sie verwickelt sich dabei nie in Widersprüche. Vor kurzem ist sie zum ersten Mal zur Beichte gegangen und hat auch dem Pfarrer davon erzählt, und er konnte unseren Eindruck nur bestätigen, daß Giorgia diese ›Freundschaft‹ auf eine sehr heitere und schöne Weise erlebt. Sie brüstet sich nicht damit, aber sie verheimlicht sie auch nicht. Sie ist für sie eine ganz natürliche Sache!«

Auch mir hat Giorgia von ihrem besonderen Freund erzählt. Hier unser Gespräch:

Wie oft warst du mit deinem Freund schon zusammen?

»Unheimlich oft. Ich hab die Stimme meines Freundes schon gehört, da war ich noch ganz klein.«

Was ist das für eine Stimme?

»Eine Männerstimme, wie die von Papa.«

Und was sagt sie dir so für Sachen?

»Einmal hab ich mich in der Schule mit einem Jungen gestritten, der war unheimlich blöd. Ich hab ihn getreten, und er hat mich wieder getreten. Und dann hab ich die Stimme von meinem Freund gehört, und er hat gesagt, daß ich nicht zurücktreten soll.«

Hörst du diese Stimme nur, wenn du dich streitest?

»Nein, auch sonst. Ich hör sie, wenn ich ins Bett gehe und an die Schule denke und mir Sorgen mache. Und mein Freund sagt: Mach dir keine Sorgen und lern schön. Er sagt, ich brauch keine Angst zu haben, weil schon alles gut wird.«

Kommt dein Freund immer von sich aus, oder rufst du ihn auch manchmal?

»Manchmal ruf ich ihn: Ich mach die Augen zu und *drück sie mit den Händen runter*[25]. Dann kommt er sofort.«

Hörst du deinen Freund nur, oder siehst du ihn manchmal auch?

»Meistens hör ich ihn, aber manchmal hab ich ihn auch gesehen. Beim ersten Mal hab ich mich mit Giulia gestritten, und da ist er erschienen und hat gesagt, ich soll mich nicht streiten. Und da hab ich aufgehört.«

Und wie sieht dein Freund aus?

»Er hat ein hellblaues Kleid, das bis zu den Füßen runtergeht, blonde Haare und blaue oder grüne Augen. Seine Flügel sind groß und weiß, und er hält sie ausgebreitet. Er hat so ein Licht um den Kopf und auch ein bißchen um den Körper. Er ist größer als ich, und er ist immer lustig. Er kommt ganz plötzlich an, dann geht er wieder, und ich höre seine Stimme weiter.«

Siehst du und hörst du ihn auch, wenn andere dabei sind?

»Ja, dann auch. Wenn ich mich während der Pause langweile, in der Schule, dann ruf ich ihn, und wir reden und erzählen uns Sachen ...«

Sieht ihn deine Schwester auch?

»Nein, sie hört ihn auch nicht. Wenn ich ihr sage, daß mein Freund da ist, dann kriegt sie Angst!«

Wann war er denn das letzte Mal da?

»Vor ein paar Tagen, da hab ich mich mit Giulia gestritten, und er hat mir gesagt: Hör auf, dann bist du braver als sie ...«

Wem hast du denn schon von deinem Freund erzählt?

»Papa, Mama, Giulia, dem Pfarrer und jetzt auch dir.«

Wie oft hast du ihn insgesamt gesehen?

»Dreimal. Das letzte Mal im Mai, das war bei meiner ersten Kommunion. Ich hab in der Kirche gesessen, und er ist zwischen mir und dem Pfarrer erschienen. Er hat sich gefreut.«

Hat er dir gesagt, warum?

»Er hat mir gesagt, daß er sich freut, weil ich zur Kommunion gehe.«

Dreizehntes Kapitel

Die Engel in Kunst und Literatur

Das Motiv des Engels hat schon immer die Phantasie der Künstler beflügelt und namentlich die Maler und Bildhauer inspiriert.

Darstellungen geflügelter Wesen und himmlischer Boten finden sich bei den Sumerern und Babyloniern, den Ägyptern, den Griechen und den Römern. Die berühmte, wunderschöne Nike (Siegesgöttin) von Samothrake etwa, die im zweiten vorchristlichen Jahrhundert entstand und heute im Pariser Louvre aufbewahrt wird, sieht tatsächlich aus wie eine weibliche Version eines christlichen Engels.

In der christlichen Kunst finden sich natürlich unzählige gemalte und in Holz oder Stein gearbeitete Engeldarstellungen. Bevorzugt werden Themen aus dem *Alten* und vor allem dem *Neuen Testament:* die Verkündigung Mariä und an die Hirten, Josephs Traum, der Engel von Gethsemane (*Lukas* 22, 43), die Himmelfahrt, die Befreiung des Petrus aus dem Kerker und anderes mehr. Dazu kommen noch die Engelchöre, die Heerscharen von musizierenden Engeln, Schutzengeln, Putten oder die zahllosen Kerzen, Bücher und andere Gegenstände tragenden Engel, die in so vielen katholischen Kirchen zu sehen sind.

Eine ausführliche Behandlung dieser Motive und ihrer unterschiedlichen Realisierungen würde natürlich den Rahmen dieses Buches sprengen, und so verweise ich nur auf die Bildtafeln, die eine Auswahl von besonders gelungenen Engeldarstellungen aus verschiedenen Epochen vorstellen. Mit zwei Künstlern möchte ich mich allerdings etwas eingehender befassen: Hieronymus Bosch und Marc Chagall.

Der große niederländische Maler Hieronymus Bosch

(1450–1516) ließ sich von volkstümlichen – magischen, okkulten und religiösen – Motiven, von phantastischen Märchen und Mythen inspirieren. Sein berühmtes Bild *Der Aufstieg zum Empyreum* (Bildtafel 17) ist die getreueste und beeindruckendste Wiedergabe der bekannten Sterbevision (siehe siebtes Kapitel: *Das Lichtwesen*): Wir sehen den dunklen Tunnel, der in das gleißende Licht einmündet, und die Seelen, die ihn in Begleitung der Schutzengel durchfliegen. Zu Boschs Zeiten war es allerdings nicht üblich, über die sogenannten »Todesnähe-Erlebnisse« zu sprechen. Was inspirierte Bosch also zu diesem Bild? Offensichtlich eine persönliche Erfahrung (von der wir allerdings nichts wissen) – oder aber der Bericht eines »Augenzeugen«. Sicher ist jedenfalls, daß Bosch *wußte*. Und im Lichte dessen, was *wir* heute wissen, erscheint sein – möglicherweise jahrhundertelang als Allegorie mißverstandenes – Gemälde um so realistischer und wahrheitsgetreuer.

Der zweite Künstler, dem ich etwas mehr Aufmerksamkeit schenken möchte, ist MARC CHAGALL. In den Werken des 1887 geborenen und 1985 verstorbenen russischen Malers nehmen metaphysische, übernatürliche, symbolische und traumhafte Elemente einen sehr breiten Raum ein. Die Engel, die zusammen mit den Liebespaaren und den phantastischen, bizarr gefärbten Tieren Chagalls Himmel bevölkern, sind keine Ausgeburten der Phantasie, sondern entspringen einem Traum, den der Künstler in seiner Autobiographie schildert. Hier ist er:

»In diesen Zimmern, mit Arbeitern und Straßenhändlern als Nachbarn, blieb mir nichts anderes übrig, als mich auf den Bettrand zu legen und über mein Leben zu grübeln. Worüber sonst? Und Träume suchten mich heim: ein viereckiges Zimmer, leer. In einer Ecke ein Bett und ich darin. Es wird dunkel.

Plötzlich öffnet sich die Zimmerdecke, und ein geflügeltes Wesen schwebt hernieder mit Glanz und Gepränge und erfüllt das Zimmer mit wogendem Dunst.

Es rauschen die schleifenden Flügel.
Ein Engel! denke ich. Ich kann die Augen nicht öffnen, es ist zu hell, zu gleißend.
Nachdem er alles durchschweift hat, steigt er empor und entschwindet durch den Spalt in der Decke, nimmt alles Licht und Himmelblau mit sich fort.
Dunkel ist es wieder. Ich erwache.«

Wir wissen nicht, ob die von anderen Künstlern gemalten oder skulptierten Engel, wie in den zwei hier geschilderten Fällen anzunehmen, aus persönlichen Erfahrungen hervorgingen. Vielleicht nicht – vielleicht sind sie lediglich die bewußte künstlerische Ausgestaltung eines uralten Motivs, das die Phantasie eines jeden empfindsamen Menschen anspricht. Die zwei angeführten Beispiele aber – Bosch und Chagall – dürften genügen, um uns alle künstlerischen Erscheinungsformen des Engels von nun an mit etwas anderen Augen betrachten zu lassen.

Eine gesonderte Erwähnung verdient der englische Dichter, Maler und Kupferstecher WILLIAM BLAKE (1757–1827). Blakes Werke – sowohl seine Dichtungen und Gemälde als auch die Radierungen, mit denen er seine Bücher selbst illustrierte – tragen ein deutliches mystisch-visionäres Gepräge.
Schon in seiner Kindheit hatte Blake Visionen von Engeln und Geistern, und er erklärte später, von einem Engel das Malen gelernt zu haben. Die Erscheinungen übernatürlicher Wesenheiten blieben ein konstantes Element seines Lebens und Schaffens. So gab er an, fast täglich JESUS zu sehen und viele seiner Werke nach dessen Diktat geschrieben zu haben. In seinem epischen Gedicht *Jerusalem* erklärt er beispielsweise, er selbst sei nur »der Sekretär« gewesen – die *Schöpfer* des Gedichts lebten im Jenseits.
Blake behauptete auch, seine Radierungen und Gemälde seien nichts als Kopien seiner Gesichte – der Quellen seiner künstlerischen und religiösen Inspiration. Er lebte stets zwi-

schen zwei Welten, die ihm gleichermaßen real erschienen, und schaffte es, diese beiden Wirklichkeiten in seinem Werk und in seiner außergewöhnlichen Persönlichkeit zu verschmelzen. Als die zwei zuverlässigsten Erkenntnismittel betrachtete Blake die Intuition und die Vorstellungskraft. Himmel und Hölle erschienen ihm als vollkommen reale Reiche, die sich genauso beschreiben und darstellen ließen wie die Dinge und Wesen dieser Welt. Aus der Fülle seiner prophetischen Schriften greife ich zur Veranschaulichung die folgende kurze Passage heraus:

»Die uralte Überlieferung, der zufolge die Welt nach Ablauf von sechstausend Jahren vom Feuer verzehrt werden wird, entspricht, wie ich in der Hölle vernahm, ganz der Wahrheit. Sobald an den Cherub mit dem flammenden Schwert die Weisung ergehen wird, seinen Posten vor dem Baum des Lebens zu verlassen, wird die gesamte Schöpfung verglühen und, während sie jetzt nur endlich und verderbt erscheint, heilig und unendlich erscheinen ...«

Mit dem malenden Dichter oder dichtenden Maler William Blake haben wir bereits das Reich einer anderen Kunst betreten. Ihr, der Literatur, möchte ich den Rest dieses Kapitels widmen. Wie wir nämlich sehen werden, haben auch viele »reine« Sprachkünstler das Motiv des Engels geliebt und in ihre Werke eingearbeitet.

Spricht man von Engeln in der Literatur, kann man nicht umhin, zuallererst an Dante Alighieri (1265–1321) zu denken. Tatsächlich finden wir im 28. Gesang des *Paradieses* eine vollkommene poetische Umsetzung der areopagitischen Lehre von den himmlischen Hierarchien – die einerseits natürlich zum kulturellen Erbe des christlichen Mittelalters gehörte, andererseits aber durchaus ihre Entsprechung in persönlichen Visionen des Dichters gehabt haben könnte.

Die himmlischen Hierarchien werden Dante von Beatrice, seiner Führerin durch das Paradies, erläutert:

(94) Hosianna sang dem in der Mitte Chor
Um Chor: Ihm, der sie hält und stets wird halten,
Wo eines jeden Stelle je zuvor.

(97) Und sie, die Zweifel meinen Sinn sah spalten,
Sie sprach: ›Die beiden ersten Ringe zeigen
Der Seraphim und Cherubine Walten;

(100) So rasch in seinen Bahnen kreist ihr Reigen,
Dem Punkte nahn zu können; und fürwahr,
Ein jeder kann's, je höhres Schaun ihm eigen.

(103) Die Liebesglut, die nächst umringt dies Paar,
Throne von Gottes Majestät sie heißt:
Vom ersten Dreigestirn die letzte Schar.

(106) Und alle glühn in Wonne, daß du's weißt,
Je mehr ihr Schauen in die Tiefe dringet
Der Wahrheit, drin zum Frieden kommt der Geist.

(109) So kannst du sehn: die Kraft des Schauens bringet,
Nicht die der Liebe schafft das selige Leben,
Da diese ja aus jener erst entspringet.

(112) Und Schaun ist jedem nach Verdienst gegeben,
Das Gnade zeugt und guten Willens Macht:
So muß von Stufe sich's zu Stufe heben.

(115) Das nächste Dreiblatt, das in solcher Pracht
Der Lenz hier sprossen läßt, der nimmer endet,
Dem nie sein Laub der Widder raubt zur Nacht,

(118) Sein immerwährend Hosianna spendet
Es dreifach in drei Weisen, die der Sang
Empor von dreien Jubelchören sendet.

(121) In dieser heiligen Reihn gehn ihren Gang
Herrschaften erstlich, Kräfte dann zum zweiten,
Den Mächten, sieh, gebührt der dritte Rang.

(124) Danach im Tanz die Fürstentümer schreiten,
Erzengel drauf; den letzten Kreis sodann
Erfüllen ganz der Engel Lustbarkeiten.

(127) Empor schaun all die Chöre, und ihr Bann
Wirkt niederwärts, so daß emporgezogen

Zu Gott ein jeder, jeder zieht hinan.
(130) Sankt Dionys hat ihrer Schau gepflogen
Mit solcher Inbrunst, daß er so wie ich
Die Ordnungen erkannt und abgewogen;
(133) Gregor sodann von seiner Lehre wich,
Doch als er hier die Augen aufgeschlagen,
Da mußt' er selber lachen über sich.
(136) Und wußte solch Geheimnis wahrzusagen
Ein Sterblicher auf Erden, staune nicht:
Er, der's gesehn hier oben, ließ ihm tagen
(139) Aus diesen Kreisen dies und andres Licht.‹

Einige wenige Erläuterungen werden das Verständnis dieser
Passage erleichtern. Dante hört die Engel Gott (*dem in der
Mitte*, Vers 95) – um den sie, von seiner Gnade durchdrungen,
unaufhörlich kreisen – Hosianna singen. Beatrice (*sie*, 97), die
seinen Wunsch errät, die wahre Beschaffenheit der himmlischen Hierarchien zu erfahren (*die Zweifel meinen Sinn sah
spalten*, 97), liefert ihm die nötigen Informationen. So spricht
sie zuerst von den *Seraphim* und *Cherubim*, die – um sich
Gott (*dem Punkte*, 101) weitestmöglich anzugleichen – mit
höchster Geschwindigkeit in den von ihm vorgezeichneten
Bahnen kreisen. Die *Throne* vollenden die erste Hierarchie
(*Dreigestirn*, 105). Diese ersten drei Chöre genießen eine Seligkeit, deren Intensität dem Grad der Klarheit und Bewußtheit
ihrer Anschauung Gottes entspricht (106–108): Eben von der
Kraft dieser Anschauung hängt nämlich die himmlische Seligkeit ab (110), nicht von der Liebe an sich, welche erst aus dem
Erkennen erwächst (111).

Dann wendet sich Beatrice den nächsten drei Chören zu
(*das nächste Dreiblatt*, 115): den fortwährend Gott lobprei-
senden *Herrschaften*, *Kräften* und *Mächten* (oder Gewalten).
Die dritte Hierarchie schließlich vollenden die *Engel*, deren
Menschennähe durch ihr verspieltes, »kindliches« Wesen veranschaulicht wird (*der Engel Lustbarkeiten*, 126).

Alle diese Chöre sind in ekstatischer Konzentration ausschließlich auf Gott, das Zentrum des Himmels, ausgerichtet (127), und sie üben zugleich einen segensreichen Einfluß auf alles jeweils unter ihnen Befindliche aus (128–129). *Sankt Dionys* (130), der Areopagite nämlich, versenkte sich einst mit einer solchen Inbrunst in die Kontemplation der Hierarchien, daß er sie wie Beatrice selbst (*wie ich*, 131), also wie einer der erlauchtesten Geister des Himmels, zu erkennen und zu beschreiben vermochte.

Mit seiner Anspielung auf den später heiliggesprochenen *Gregor* erlaubt sich Dante eine kleine theologische Spitze: Der Papst, läßt der Dichter Beatrice sagen, der zu Lebzeiten Dionysius' Lehre abgelehnt hatte (133), konnte nach seiner Ankunft im Paradies nicht umhin, deren Wahrheit anzuerkennen.

Eine wichtige Rolle spielen die Engel (genauer gesagt die Erzengel) im »Prolog im Himmel« von JOHANN WOLFGANG GOETHES *Faust:* Ihr Wechselgesang schlägt, wie ein Literaturwissenschaftler schrieb, »das Motiv der großen allgemeinen Ordnung« an. Hier also Goethes Verse:

Raphael
Die Sonne tönt nach alter Weise
In Brudersphären Wettgesang,
Und ihre vorgeschrieb'ne Reise
Vollendet sie mit Donnergang.
Ihr Anblick gibt den Engeln Stärke,
Wenn keiner sie ergründen mag;
Die unbegreiflich hohen Werke
Sind herrlich, wie am ersten Tag.

Gabriel
Und schnell und unbegreiflich schnelle
Dreht sich umher der Erde Pracht;

Es wechselt Paradieseshelle
Mit tiefer schauervoller Nacht;
Es schäumt das Meer in breiten Flüssen
Am tiefen Grund der Felsen auf,
Und Fels und Meer wird fortgerissen
In ewig schnellem Sphärenlauf.

Michael
Und Stürme brausen um die Wette,
Vom Meer aufs Land, vom Land aufs Meer,
Und bilden wütend eine Kette
Der tiefsten Wirkung rings umher.
Da flammt ein blitzendes Verheeren
Dem Pfade vor des Donnerschlags;
Doch deine Boten, Herr, verehren
Das sanfte Wandeln deines Tags.

Zu drei
Der Anblick gibt den Engeln Stärke,
Da keiner dich ergründen mag,
Und alle deine hohen Werke
Sind herrlich, wie am ersten Tag.

Es ist bekannt, daß Goethe als ein sensibler und tief empfin-
dender Mensch im Laufe seines Lebens wiederholt mit der
Welt des Geheimnisvollen, vielleicht Übernatürlichen in
Berührung kam. So können wir auch im Zusammenhang mit
den Engeln gewisse persönliche Erfahrungen nicht ausschließen. Die drei Erzengel im *Faust* wirken allerdings eher wie
dichterische Personifikationen als wie die göttlichen Boten,
die wir von der Bibel her kennen.

Ein anderer sehr großer Dichter, RAINER MARIA RILKE, hat
den Engeln sogar eine zentrale, leitmotivisch verbindende
Funktion in einem seiner bedeutendsten Werke eingeräumt:

TAFEL 33
Detail aus einem Fresko von Pietro Cavallini (um 1250 – um 1340), Santa Cecilia in Trastevere (Rom). Der strahlende Engel, der Franz Kafka im Jahre 1914 erschien (dreizehntes Kapitel), muß diesem wunderschönen Seraph geähnelt haben.

TAFEL 34
Gustave Doré (1832–1883): Illustration zu Dantes »Göttlicher Komödie«. In dieser lichtdurchfluteten, strahlenden Szene sieht man Dante und Beatrice inmitten von Engelscharen.

TAFEL 35
*Das Paradies als blühender Garten, Ausschnitt aus Stefano da Zevios (um 1374
bis 1438) »Madonna im Rosenhag«. Die Jungfrau Maria ist selbst die vollkommenste Mittlerin zwischen Himmel und Erde und somit die würdige Herrscherin über
die geflügelten Boten. Museo di Castelvecchio (Verona).*

TAFEL 36

In den Gemälden von Marc Chagall (1887–1985) nehmen metaphysische, symbolische und traumhafte Elemente einen sehr breiten Raum ein. Die Engel, die zusammen mit den Liebespaaren und den phantastischen, bizarr gefärbten Tieren so oft seine Himmel bevölkern, sind allerdings keine Ausgeburten der Phantasie, sondern entspringen einer persönlichen Erfahrung, die der große russische Maler in seiner Autobiographie schilderte (siehe dreizehntes Kapitel).

den *Duineser Elegien.* Namentlich in der ersten und zweiten Elegie finden wir schöne und zu Herzen gehende Verse über diese himmlischen Wesen, die für den Dichter etwas wie der Übermensch für NIETZSCHE zu symbolisieren scheinen – die Fähigkeit also, über sich selbst hinauszuwachsen und alles Niedere, Irdische zu überwinden. Nach Urteil vieler Kritiker ist Rilkes Vision die bedeutendste – und wohl auch bekannteste – literarische Umsetzung des Engelmotivs überhaupt.

»Wer seid ihr?« – fragt der Dichter diese Wesen, die ihm grundsätzlich »schrecklich« erscheinen, und gibt dann selbst die folgende Antwort:

»Frühe Geglückte, ihr Verwöhnten der Schöpfung,
Höhenzüge, morgenrötliche Grate
aller Erschaffung, – Pollen der blühenden Gottheit,
Gelenke des Lichtes, Gänge, Treppen, Throne,
Räume aus Wesen, Schilde aus Wonne, Tumulte
stürmisch entzückten Gefühls und plötzlich, einzeln,
Spiegel: die die entströmte eigene Schönheit
wiederschöpfen zurück in das eigene Antlitz.«

Im Jahre 1925 sah sich Rilke selbst veranlaßt, in einem Brief zu erklären, sein Engel habe »nichts mit dem Engel des christlichen Himmels zu tun«, sondern sei eher in der Nähe der islamischen Gottesboten anzusiedeln.

Das Motiv des Engels taucht auch am Ende von THOMAS MANNS 1912 erschienener, berühmter Novelle *Der Tod in Venedig* wieder auf. Die – vermutlich ohnehin bekannte – Handlung ist rasch erzählt: Der deutsche Schriftsteller GUSTAV VON ASCHENBACH, ein auch als Künstler bürgerlichen Idealen nacheifernder »Leistungsethiker«, fährt in den Urlaub nach Venedig. Kurz nach seiner Ankunft bricht die Cholera aus. Trotz der drohenden Gefahr bleibt Aschenbach in der Stadt – und ebenso die Familie des »antikisch-schönen« polnischen

Knaben TADZIO, in den sich der alternde Schriftsteller, anfangs
ohne es recht zu merken, verliebt hat. Die Novelle ist die
Geschichte dieser graduellen Erkenntnis, die für Aschenbach
in der Einsicht gipfelt, daß seine einer vergangenen Epoche
entlehnten Ideale »Haltung«, »Leistung« und »Würde« im
Angesicht einer plötzlich ausbrechenden Leidenschaft jegliche
Bedeutung verlieren.

Der Tod aber verleiht Aschenbach eine neue, über-mensch-
liche Würde; er ereilt ihn auf dem Strand, wo der Schriftsteller
– wie schon viele Male zuvor – Tadzio mit sehnsüchtigen
Blicken verfolgt. Der Knabe hat mit einem Kameraden gerun-
gen und ist von ihm beinahe erwürgt worden. Es gelingt ihm,
sich zu befreien, und er läuft aufs Meer zu. Damit beginnt die
Schlußszene, in der sich Tadzio vor den Augen des sterbenden
Schriftstellers in den Engel des Todes verwandelt, der ihm
vorausgeht und ihn ins Unendliche führt:

»Am Rande der Flut verweilte er sich, gesenkten Hauptes,
mit einer Fußspitze Figuren im feuchten Sand zeichnend, und
ging dann in die seichte Vorsee, die an ihrer tiefsten Stelle
noch nicht seine Knie benetzte, durchschritt sie, lässig vordrin-
gend, und gelangte zur Sandbank. Dort stand er einen Augenblick, das Gesicht der Weite zugekehrt, und begann hierauf,
die lange und schmale Strecke entblößten Grundes nach links
hin langsam abzuschreiten. Vom Festland geschieden durch
breite Wasser, geschieden von den Genossen durch stolze
Laune, wandelte er, eine höchst abgesonderte und verbin-
dungslose Erscheinung, mit flatterndem Haar dort draußen
im Meere, im Winde, vorm Nebelhaft-Grenzenlosen. Aber-
mals blieb er zur Ausschau stehen. Und plötzlich, wie unter
einer Erinnerung, einem Impuls, wandte er den Oberkörper,
eine Hand in der Hüfte, in schöner Drehung aus seiner Grund-
positur und blickte über die Schulter zum Ufer. Der Schauende
dort saß, wie er einst gesessen, als zuerst, von jener Schwelle
zurückgesandt, dieser dämmergraue Blick dem seinen begegnet war. Sein Haupt war an der Lehne des Stuhles langsam

der Bewegung des draußen Schreitenden gefolgt; nun hob es
sich, gleichsam dem Blicke entgegen, und sank auf die Brust,
so daß seine Augen von unten sahen, indes sein Antlitz den
schlaffen, innig versunkenen Ausdruck tiefen Schlummers
zeigte. Ihm war aber, als ob der bleiche und liebliche Psycha-
gog dort draußen ihm lächle, ihm winke; als ob er, die Hand
aus der Hüfte lösend, hinausdeute, voranschwebe ins Verhei-
ßungsvoll-Ungeheure. Und wie so oft, machte er sich auf, ihm
zu folgen.«

Knapp zwei Jahre nach Erscheinen von THOMAS MANNS
Novelle beschrieb FRANZ KAFKA in seinen *Tagebüchern* eine
Engelerscheinung ganz anderer Art. Die Vision erinnert einerseits an MARC CHAGALLS weiter oben besprochenes Traumgesicht. Andererseits unterscheidet sie sich von ihm sowohl
durch ihre für Kafka so typische surreale Konkretheit als auch
durch ihr überraschendes Auftreten: Sie ist nicht eben das,
was wir bei diesem von Angst und Einsamkeit gequälten
Schriftsteller, dessen hervorstechendstes seelisches Merkmal
die Hoffnungslosigkeit gewesen zu sein scheint, anzutreffen
erwarten würden. Mit Datum 25. Juni 1914 schrieb Kafka:
  »Vom frühen Morgen an bis jetzt zur Dämmerung ging ich
in meinem Zimmer auf und ab. Das Fenster war offen, es war
ein warmer Tag. Der Lärm der engen Gasse trieb ununterbrochen herein. Ich kannte schon jede Kleinigkeit im Zimmer
durch das Anschauen während meines Rundganges. Alle
Wände hatte ich mit den Blicken abgestreift ... Den Tisch in
der Mitte hatte ich vielmal mit Fingerspannen abgemessen.
Zum Bild des verstorbenen Mannes meiner Wirtin hatte ich
schon die Zähne oft gefletscht. Gegen Abend trat ich zum
Fenster und setzte mich auf die niedrige Brüstung. Da blickte
ich zufällig zum erstenmal ruhig von einem Platz in das Innere
des Zimmers und zur Decke auf. Endlich, endlich begann,
wenn ich mich nicht täuschte, dieses so vielfach von mir
erschütterte Zimmer sich zu rühren. An den Rändern der

weißen, mit schwacher Gipsverzierung umzogenen Decke begann es. Kleine Mörtelstücke lösten sich los und fielen wie zufällig, hie und da mit bestimmtem Schlag, zu Boden. Ich streckte die Hand aus, und auch in meine Hand fielen einige, ich warf sie, ohne mich in meiner Spannung auch nur umzudrehn, über meinen Kopf hinweg in die Gasse ... Aber ich ließ von solchen Spielen ab, als sich jetzt dem Weiß ein bläuliches Violett beizumischen begann, es ging von dem weiß bleibenden, ja geradezu weiß erstrahlenden Mittelpunkt der Decke aus, in welchen knapp oben die armselige Glühlampe eingesteckt war. Immer wieder in Stößen drängte sich die Farbe, oder war es ein Licht, gegen den sich jetzt verdunkelnden Rand hin. Man achtete gar nicht mehr auf den fallenden Mörtel, der wie unter dem Druck eines sehr genau geführten Werkzeugs absprang.

Da drängten in das Violett von den Seiten her gelbe, goldgelbe Farben. Die Zimmerdecke färbte sich aber nicht eigentlich, die Farben machten sie nur irgendwie durchsichtig, über ihr schienen Dinge zu schweben, die durchbrechen wollten, man sah schon fast das Treiben dort in Umrissen, ein Arm streckte sich aus, ein silbernes Schwert schwebte auf und ab. Es galt mir, das war kein Zweifel; eine Erscheinung, die mich befreien sollte, bereitete sich vor. Ich sprang auf den Tisch, um alles vorzubereiten, riß die Glühlampe samt ihrem Messingstab heraus ... sprang dann herunter und stieß den Tisch aus der Mitte des Zimmers zur Wand hin ... Kaum war ich fertig, brach die Decke wirklich auf. Noch aus großer Höhe, ich hatte sie schlecht eingeschätzt, senkte sich im Halbdunkel langsam ein Engel in bläulich violetten Tüchern, umwickelt mit goldenen Schnüren, auf großen, weißen, seidig glänzenden Flügeln herab, das Schwert im erhobenen Arm waagrecht ausgestreckt. ›Also ein Engel!‹ dachte ich, ›den ganzen Tag fliegt er auf mich zu, und ich in meinem Unglauben wußte es nicht. Jetzt wird er zu mir sprechen.‹ Ich senkte den Blick. Als ich ihn wieder hob, war zwar noch der Engel da, hing ziemlich tief unter der Decke, die sich wieder geschlossen hatte, war aber kein lebendiger Engel, sondern nur eine bemalte Holzfigur von einem Schiffsschnabel, wie sie in Matrosenkneipen an der Decke hängen. Nichts weiter. Der Knauf des Schwertes war dazu eingerichtet, Kerzen zu halten und den fließenden Talg aufzunehmen. Die Glühlampe hatte ich heruntergerissen, im Dunkel wollte ich nicht bleiben, eine Kerze fand sich noch, so stieg ich also auf einen Sessel, steckte die Kerze in den Schwertknauf, zündete sie an und saß dann noch bis in die Nacht hinein unter dem schwachen Licht des Engels.«

Franz Kafka hinterließ keinerlei Kommentar zu seiner außergewöhnlichen Vision, daher können wir nur Spekulationen darüber anstellen: Fand eine wirkliche »Begegnung« statt? Oder öffnete sich vielleicht der Himmel für diesen gepeinigten Menschen nur bildlich, um sich schon nach einem Augenblick wieder zu verschließen, dabei aber etwas Greifbares zu hinterlassen – die buntbemalte Galionsfigur, die zwar kein lebendiger Engel ist, aber einen solchen symbolisiert? Mit Sicherheit erlebte Kafka einen Augenblick der Gnade, ihm wurde ein »Zeichen« zuteil, das ihn tröstete und aufrichtete.

Sehr wichtig erscheint mir auch der Hinweis auf die Notwendigkeit einer beiderseitigen Bereitschaft, damit solche *Begegnungen* zustande kommen können: Der Engel hat sich aufgemacht, um den Dichter zu erreichen, und während des Fluges schickt er ihm Botschaften, die dieser lange Zeit nicht bemerkt. Dann endlich begreift er, akzeptiert das Unglaubliche, bereitet sich vor und trifft alle nötigen Vorkehrungen für das Zustandekommen des übernatürlichen Ereignisses – das auch tatsächlich eintritt. Die Bedeutung ist klar: Nur wenn man innerlich dazu bereit ist, kann man die himmlischen Zeichen empfangen – ist man übernatürlicher »Heimsuchungen« würdig.

Die Erscheinung des goldenen und bläulich violetten Engels, der mit seinen weißen, rauschenden Flügeln in das graue Zimmer des Dichters herabsteigt, ist ein wundervoll

strahlendes Bild, das wie ein Regenbogen die Düsternis von
Kafkas Welt aufreißt. Der Prager Dichter, der besser als jeder
andere – und mit fast prophetischen Worten – die Krise des
heutigen Menschen schilderte, hat also nicht nur Entfremdung
und Kontaktarmut gekannt: Er nahm auch ein Zeichen des
Himmels wahr. Nur eines, soweit uns bekannt ist; doch es
hat ausgereicht, um ein Leben aufzuhellen – auch wenn von
ihm nichts weiter zurückblieb als das schwache Licht einer
Kerze.

Auch Pier Paolo Pasolini (1922–1975) konnte sich der Faszination des himmlischen Boten nicht entziehen. Sein Engel
erscheint in der Erzählung *Teorema* (1968), und zwar in der
Gestalt des Briefträgers Angelo, genannt »l'Angiolino« (»das
Engelchen«) – vordergründig, um bedeutungslose Postsen-
dungen (Drucksachen und Werbeprospekte, die niemand liest)
zuzustellen, in Wahrheit aber, um durch seine an ferne Welten
gemahnende Erscheinung Freude und Heiterkeit zu verbreiten.

Angiolino hat seinen ersten wichtigen Auftritt im großen
Garten eines reichen Industriellen, in dem die Damen des
Hauses mit einem Gast zusammensitzen, aber »nicht sprechen
oder allenfalls jene banalen Worte, die etwas ganz anderes,
Dunkles und vielleicht Unaussprechliches bedeuten« – wie
Pasolini dieses Beisammensein kommentiert.

Da taucht völlig unerwartet »der Briefbote mit dem lockigen
Haar« auf, »teils unschuldig, teils unverschämt, von der fernen
Stadt wie durch ein Wunder hierhergeschickt. Er bringt die
Nachmittagspost, nichts als unverschlossene Umschläge und
Drucksachen, auf die keiner gewartet hat und die keiner öff-
net«, während seine lachenden Augen »reine, einfache Freude«
vermitteln.

Dann geht Angiolino singend wieder weg.

Noch deutlicher wird die Funktion des Postboten Angelo,
als er die in ihrem sinnentleerten Leben gleichsam eingesperr-

ten Hauptpersonen zum zweiten Mal aufsucht. »Sie haben sich wieder in ihr einfaches, wildes, ausdrucksloses Schweigen gehüllt, bezwungen von etwas, das größer ist als sie, dem sie sich in aller Demut unterwerfen.«

Und da »erscheint der Briefbote Angelo; er kommt ganz selbstverständlich mit seiner Fröhlichkeit, die aus anderen Welten, von anderen Bewohnern stammt«.

Wie durch ein Wunder fangen die Verstummten an zu sprechen. »So erfährt der lockige Briefbote, ... daß es hier ein Problem gibt, in das er eingeweiht wird.«

Es werden geeignete Maßnahmen ergriffen, und »weil offensichtlich alles gutgeht und das Problem glücklich gelöst ist, verschwindet Angiolino, wie er gekommen ist: alles vergessend, fort in andere Regionen, zu anderen Bewohnern, in andere Welten, aus denen er entsandt wurde«.

Ein Bote des Friedens, des Glücks und der Freude, der seine Aufgabe – die traditionelle Aufgabe der Engel – erfüllt hat.

Wir hätten in diesem Zusammenhang auch aus Werken von FRIEDRICH HÖLDERLIN, ANATOLE FRANCE, STEFAN GEORGE, PAUL VALÉRY, GEORG TRAKL, ALFRED DÖBLIN und vielen anderen europäischen Schriftstellern zitieren können. Aber auch in der amerikanischen Literatur, bei dem Nobelpreisträger SAUL BELLOW etwa, werden wir fündig: Tatsächlich enthält sein 1975 erschienener Roman *Humboldts Vermächtnis* mehrere längere Passagen, in denen von den himmlischen Hierarchien die Rede ist. *Humboldts Vermächtnis*, für das Bellow 1976 den Pulitzer-Preis erhielt, ist ein farbenprächtiges Gemälde der modernen amerikanischen Gesellschaft, und das Thema der Engel erfüllt darin eine deutliche Kontrastfunktion. Bellow begnügt sich aber nicht mit oberflächlichen Anspielungen. Er kennt die Schriften RUDOLF STEINERS und ist mit dessen Lehren von den höheren Welten gut vertraut, was es ihm ermöglicht, kenntnisreiche Erörterungen über Cherubim, Seraphim und die anderen Engelchöre anzustellen.

Mit der Aufgabe, über die Engel zu sprechen, betraut Bellow sowohl den Ich-Erzähler seines Romans, CHARLIE CITRINE, als auch dessen »Guru«, den Steiner-Jünger Dr. SCHELDT.

»Dann spricht Dr. Scheldt über den Text *Ich bin das Licht der Welt*. Für ihn ist dieses Licht auch als die Sonne selbst zu verstehen. Dann redet er vom Evangelium des Johannes, das sich von den weisheitserfüllten Cherubim befruchten ließ, während das Evangelium des Lukas sich auf die feurige Liebe der Seraphim stützt – Cherubim, Seraphim und Throne sind dabei die höchste geistige Hierarchie. Ich bin nicht ganz sicher, daß ich ihm folgen kann. ›Ich habe nicht die geringste Erfahrung mit dieser fortgeschrittenen Materie, Dr. Scheldt, aber ich finde es trotzdem gut und tröstlich, alles gesagt zu bekommen, ausgesprochen zu hören. Ich weiß überhaupt nicht, wo ich stehe. Eines Tages, wenn das Leben ruhiger geworden ist, werde ich mich in den Ausbildungskurs versenken und Ernst damit machen.‹«

Zu einem späteren Zeitpunkt wird das gelehrte Gespräch wieder aufgenommen und weitergeführt. Citrine berichtet: »Ich befragte ihn wegen der Geister der Form, der Exousiai, die im jüdischen Altertum unter einem anderen Namen bekannt waren. Diese Gestalter des Schicksals hätten schon vor langer Zeit ihre Funktionen und Kräfte an die Archai abgeben sollen, die Geister der Persönlichkeit, die in der universalen Hierarchie den Menschen einen Rang näherstehen. Aber eine Anzahl andersdenkender Exousiai, die in der Weltgeschichte eine rückständige Rolle spielten, hatte sich jahrhundertelang geweigert, die Archai ans Ruder zu lassen. Sie hemmten die Entwicklung einer modernen Form des Bewußtseins. Unbotmäßige Exousiai, die zu einer früheren Phase der menschlichen Evolution zählten, waren verantwortlich für Stammessucht und das Fortbestehen von einem Bauern- und Volksbewußtsein, Haß auf den Westen und das Neue, sie nährten atavistische Verhaltensweisen. Ich fragte mich, ob das nicht erklären könnte, wie Rußland im Jahr 1917 eine revolutionäre

Maske angelegt hatte, um die Reaktion zu bemänteln, und ob der Kampf dieser selben Kräfte nicht auch hinter Hitlers Aufstieg zur Macht stehen könnte ... «

Und weiter: »Gewisse geistige Wesenheiten müssen ihre Entwicklung durch die Menschen vollziehen, und wir verraten und verlassen sie durch dieses Wegtreten, diesen Willen zum Schlummer. Unsere Pflicht ... ist es, mit den Engeln zusammenzuarbeiten. Sie erscheinen in uns ... Angeleitet von dem Geist der Form pflanzen die Engel die Samen der Zukunft in uns. Sie prägen uns gewisse Bilder ein, deren wir uns ›normalerweise‹ nicht bewußt werden ... Und wenn wir nicht erwachen, wenn die geistige Seele nicht veranlaßt werden kann, an dem Wirken der Engel mitzuhelfen, dann sind wir verloren ...«

Die von Saul Bellow referierten Lehren stammen, wie bereits erwähnt, von Rudolf Steiner. Sie besagen, daß die himmlischen Hierarchien stets auf den Menschen einwirken und sein Handeln mit mehr oder weniger großem Erfolg beeinflussen. Ein überraschender Gedanke – zumindest als »Moral« eines zeitgenössischen Romans, der die Entfremdung in der amerikanischen Gesellschaft anprangert!

Das erste Kapitel von Salman Rushdies Roman *Die satanischen Verse* – der dank der wahrlich satanischen Reaktion von Ajatollah Khomeini zu sofortigem Weltruhm gelangte – ist »Der Engel Gibreel« (also Gabriel) überschrieben.

Der Roman beginnt im wahrsten Sinne des Wortes mit einem Knalleffekt: Im Morgengrauen eines eisigen Wintertages explodiert ein Jumbo-Jet der *Air India* sechstausend Meter über dem Ärmelkanal. Nur zwei Männer überstehen die gewaltige Explosion unverletzt – zwei Inder: der Filmstar Gibreel Farisha und Saladin Chamcha, ein wegen der tausend verschiedenen Stimmen, die er hervorbringen kann, berühmter Rundfunksprecher. Lange fliegen die beiden durch die Luft: Saladin, der nicht einmal seine Melone verliert, in tadelloser Haltung, Gibreel dagegen äußerst erregt, unbeherrscht zappelnd und herumfuchtelnd. Beide singen, brüllen, witzeln und schreien sich gegenseitig herausfordernd an. Als sie schließlich in die kalte, düstere Wolkendecke eintauchen, streben sie im Flug aufeinander zu, umarmen sich und stürzen so zusammen auf die Erde. Sie landen, wunderbarerweise ohne den geringsten Schaden zu nehmen, auf einem englischen Strand.

Dieses Wunder bewirkt bei unseren Helden allerdings eine radikale Metamorphose: Gibreel verwandelt sich in eine Art modernen Erzengel und sieht sich ganz umgeben von einem schwachen goldenen Lichtschein. Saladin dagegen merkt zu seinem Entsetzen, daß ihm Hörner sprießen und daß sich seine Oberschenkel in massige, zottige Keulen verwandelt haben. Anstelle von Füßen hat er jetzt gespaltene Hufe.

Dergestalt zu Verkörperungen des Guten und des Bösen geworden, setzen Gibreel und Saladin ihr Leben auf Erden fort und werden Zeugen einer Reihe phantastischer, sinnbildlicher Begebenheiten, in denen Gut und Böse unentwirrbar miteinander verwoben sind – ebenso wie sich die Schicksale des Engels Gibreel und des Teufels Saladin immer wieder kreuzen und ineinander verschlingen.

Werfen wir schließlich einen kurzen Blick auf die zehnte Muse, den Film. Auch er hat sich wiederholt der Engel angenommen. Im jüngsten Werk des deutschen Regisseurs WIM WENDERS, *Der Himmel über Berlin,* spielen die himmlischen Boten sogar eine zentrale Rolle.

Der Himmel über Berlin ist die poetische Geschichte zweier Engel, die auf die Erde kommen. Einer von ihnen verwandelt sich in einen Mann und beschließt, nicht in den Himmel zurückzukehren, sondern fortan das Schicksal der Sterblichen zu teilen.

Diese wenigen, ausgewählten Beispiele belegen, wie ich meine, die über die Jahrhunderte hinweg gleichbleibende Präsenz der

Engel in der abendländischen Kultur. Ihre Allgegenwart zeigt
aber die zentrale Bedeutung, die diese Wesenheiten für die
menschliche Vorstellungskraft besaßen – und offensichtlich
noch immer besitzen: als ein Symbol der Freude und der
Hoffnung, als ein fest in der menschlichen Psyche verwurzel-
ter Archetyp (um einen Jungschen Begriff zu verwenden), der,
von allem Prestigeverlust der etablierten Religionen und aller
Mythosvergessenheit unbeeinflußt, bis auf den heutigen Tag
fortwirkt.

Vierzehntes Kapitel

Zwei Interviews zum Thema Engel

Um den »empirischen« Aspekt dieser Abhandlung über die Engel noch ein wenig zu vertiefen, möchte ich an dieser Stelle zwei Menschen zu Wort kommen lassen, die über langjährige persönliche Erfahrungen mit den himmlischen Beschützern verfügen. Für ihre Bereitschaft, durch dieses Buch auch andere an dem teilhaben zu lassen, was ihnen gewährt wurde, bin ich ihnen zu großem Dank verpflichtet.

Im ersten Interview berichtet Frau GIULIANA, eine Charismatikerin aus Rom, von ihren Kontakten zu den Engeln; im zweiten spricht Pater EUGENIO FERRAROTTI aus Genua.

Ein Charismatiker ist jemand, der Charisma oder *Charismen* besitzt. Unter »Charismen« (Mehrzahl von griechisch *chárisma*) versteht man in theologischer Ausdrucksweise »übernatürliche Gnadengaben«, die »dem einzelnen zur Förderung des Gesamtwohls« verliehen werden. Im *Ersten Sendschreiben an die Korinther* (12, 8 und 28 f.) zählt PAULUS unter anderem die folgenden Charismen auf: *Einsicht, Heilkräfte, Prophetie*, die *Fähigkeit, zwischen guten und bösen Geistern zu unterscheiden, Zungenreden* und *Handauflegen*. Die *Apostelgeschichte* (2, 4) berichtet, wie die Jünger diese göttlichen Gaben empfingen und dadurch in den Stand gesetzt wurden, die Ungläubigen zu überzeugen. Heutzutage scheint sich dieses Phänomen zu wiederholen, und vielleicht ist dafür das Herannahen des dritten Jahrtausends verantwortlich, das ja das Zeitalter des Geistes werden soll.

Frau Giuliana besitzt seit zwanzig Jahren die Gabe des *inspirierten Schreibens*. Dieses Charisma offenbarte sich bei ihr kurz nach dem Tod ihres einzigen, gerade zwanzigjährigen Sohnes, ARMANDO.

»Nachdem eine heimtückische Krankheit Armando plötzlich hinweggerafft hatte«, erzählt Frau Giuliana, »begann ich
seine Stimme zu hören, die zu mir sprach. Anfangs glaubte
ich, der Schmerz über seinen Verlust ließe mich phantasieren.
Also sagte Armando, daß er – um mich davon zu überzeugen,
daß es sich dabei nicht um Halluzinationen handelte, – andere,
höhere Wesenheiten zu mir schicken würde. Und so geschah
es denn auch: Es kamen die größten italienischen Dichter und
diktierten mir neue poetische Werke, und es kamen die Kirchenväter und inspirierten mich, so daß ich theologische
Schriften in ihrem Geiste verfassen konnte. Nun war ich nicht
nur völlig außerstande, solche Dinge *von mir aus* zu schreiben
– ich war damals nicht einmal besonders religiös. Gewiß, ich
zweifelte nicht an der Wahrheit der christlichen Dogmen, aber
um wahren, tiefen Glauben hatte ich mich noch nie bemüht,
und ich war auch keine sehr eifrige Kirchgängerin. Diese
Schriften – und insbesondere die theologischen Abhandlun-
gen, die von Priestern und anderen Experten untersucht und
für inhaltlich durchaus in der Tradition der Kirchenväter ste-
hende, wertvolle Traktate erklärt wurden – überzeugten mich
davon, daß es sich bei den Stimmen nicht um Produkte meines
Geistes, sondern um etwas ›von außen‹ Kommendes handelte.
Seit damals schreibe ich. Außer den Dichtern und den Kirchenvätern kommt mein Sohn, kommen Verstorbene (die in
der Regel von den Hinterbliebenen wiedererkannt werden),
und es kommen auch Schutzengel: besonders Armandos
Beschützer, der sich mir als Astralio vorgestellt hat, und mein
eigener, der Clarus heißt. Ich habe auch Texte empfangen, die
von der heiligen Jungfrau und von Jesus inspiriert zu sein
schienen. Von Anfang an haben Priester, namentlich der
Mariologe Pater Roschini, meine Arbeit mitverfolgt, und man
ist nie auf etwas gestoßen, das im Widerspruch zu den Lehren
der katholischen Kirche gestanden hätte. So habe ich ruhig
und guten Gewissens bis auf den heutigen Tag damit fortfahren
können.«

Sprechen wir jetzt speziell von den Engeln: Hatten Sie zu irgendeiner Zeit damit gerechnet, mit ihnen in Kontakt zu treten?

»Ich hielt das nicht einmal für *möglich:* Ich war ja gar nicht sicher, ob es sie überhaupt gab! Durch diese Botschaften, die ich empfange, habe ich allerdings erkannt, daß die Engel wirklich existieren, da sie Dinge sagen, die nur von ihnen kommen können!«

Wie empfangen Sie Ihre Botschaften?

»Im allgemeinen höre ich Stimmen, aber bei den Engeln verhält es sich anders: ›Sie‹ werfen mir *Ideen* in den Kopf, wie Wellen. Das sind keine Worte, es sind Schwingungen. Die Engel sind reine Geister, und sie sprechen in der Regel nicht. Sie tun es nur in besonderen Fällen – wie damals, als Gabriel, der Marias Schutzengel war, der Jungfrau in Menschengestalt erschien und hörbar zu ihr sprach. In der Regel aber teilen sich die Engel uns auf telepathischem Weg mit.«

Sind Sie von der Existenz der Engel restlos überzeugt?

»Es bleibt mir gar nichts anderes übrig. Ich habe so viele Beweise erhalten, sie haben mir so oft, auch in kleinen, alltäglichen Dingen geholfen ... Nur eines ist nötig: daß wir an sie glauben und ihnen vertrauen.«

Wie fängt man es an, mit den Engeln zu kommunizieren?

»Jeder von uns hat einen Engel, und um mit ihm zu kommunizieren, braucht man nur an ihn zu denken, zu ihm zu beten, zu ihm zu sprechen. Er steht immer in Kontakt mit uns, und unser Denken ruft ihn herbei: Wenn wir an ihn denken, kommt und handelt er. Wenn man dagegen nie an ihn denkt und sich nie um ihn kümmert, ist die Kommunikation schwieriger. Der Engel braucht ein Band, eine Verbindung, und die kann nur in unserem Denken bestehen. Früher glaubten alle an den Schutzengel – heute, fürchte ich, glauben nicht einmal alle religiösen Menschen an ihn. Und doch ist das ganze Evangelium voll von Engelerscheinungen – von der Verkündigung bis hin zu Christi Tod und Auferstehung.«

Wie lautet der Inhalt der Engelbotschaften, die Sie emp-fangen?

»Die Engel erzählen mir vom Paradies oder ›der Harmonie‹, wie sie es nennen. Sie beschreiben es mir und erklären mir, wie wir uns einst wiederbegegnen werden, wenn wir die Erde verlassen. Sie sagen, daß es dort keine Zeit gibt, kein Vorher oder Nachher, nur ein Immer. Sie wiederholen oft, daß jeder einen Engel hat, auch scheinbar böse Menschen.«

Wie kommt es, daß manche Menschen böse sind, obwohl ihnen ein Engel zur Seite steht?

»Der Engel erteilt gute Ratschläge, aber außer ihm haben wir auch noch einen Teufel an unserer Seite, und deshalb werden wir immer wieder in Versuchung geführt.[26] Manche Menschen sind empfänglicher für die Ermahnungen des Engels, manche eher für die Einflüsterungen des Teufels. Das ist von vielen verschiedenen Faktoren abhängig: von unserem jeweiligen Temperament, von den äußeren Umständen, von unserer Herkunft. Aber wir können nicht beurteilen, wer wirklich böse ist. Vielleicht ist selbst der Schlimmste nicht wirklich böse, auch wenn er es zu sein scheint. Wir dürfen nie das Gleichnis von den anvertrauten Talenten [*Matthäus* 25, 14-30; *Lukas* 19, 11-27] vergessen. Die Engel respektieren stets unsere Willensfreiheit: Sie üben nie einen direkten Einfluß auf uns aus, sondern beschränken sich darauf, uns gute Gedanken und Regungen einzugeben. Es liegt dann an uns, sie zu befolgen.«

Sprechen die Engel auch vom Teufel?

»Manchmal, aber sie verlieren nie viel Worte über ihn. Sie ziehen es vor, von der wahren Wirklichkeit zu sprechen, von der Harmonie, wie sie sie nennen.«

Bleibt der Mensch – den Aussagen der Engel zufolge – im Jenseits so, wie er auf Erden war?

»Natürlich, er behält seine grundlegenden charakterlichen Merkmale: Wie könnten wir uns sonst wiedererkennen? Wir müssen unsere Lieben so wiederfinden, wie wir sie – oder sie

uns – verlassen haben. Was wäre das für ein Paradies, wenn wir uns nicht wiederfinden und wiedererkennen könnten?«
Existieren die himmlischen Hierarchien wirklich?
»Ja, so wie es in der heiligen Schrift steht. Sie wurden erschaffen, als Gott die Engel schuf, noch vor dem Menschen. Die Engel sind immer glücklich und zufrieden, weil sie sich schon im Paradies befinden. Sie haben ihre Wahl bereits getroffen und den Lohn dafür empfangen. Sie erklären, daß man des Paradieses niemals müde wird; sie sagen aber auch, daß es keine Worte gibt, mit denen man diesen Zustand angemessen beschreiben könnte. Wir hier auf der Erde können nicht einmal begreifen, was die Ewigkeit wirklich ist. Mit Gewißheit ist sie keine unendliche Dauer, wie es uns scheinen könnte – sie ist eher ein fortwährendes Sein. Wir müssen einfach vertrauensvoll abwarten, was uns im Jenseits zuteil werden wird.«
Haben Ihnen die Engel erklärt, warum der Mensch ein Leben auf Erden durchmachen muß?
»Weil das Leben eine Prüfung ist. Und wie könnten wir die himmlische Seligkeit richtig würdigen, wenn wir nicht die Probleme des irdischen Lebens kennten? Auch Adams und Evas Sünde war für uns eine Gnade: Wenn wir alle im irdischen Paradies geblieben wären, hätten wir nie die Schönheit der himmlischen Dimension, die uns nach dem Tod erwartet, zu schätzen gewußt. Das Leben auf Erden ist eine Prüfung, und der Ausgang dieser Prüfung ist endgültig und unwiderruflich.«
Diese Prüfung dürfte manchen von uns aber ziemlich ungerecht erscheinen: Es gibt doch so viele und so riesengroße Unterschiede zwischen dem Leben des einen und dem des anderen!
»Nein, sie ist nicht ungerecht. Die Engel haben mir gesagt, daß jeder Mensch, bevor er auf die Erde kommt, eine blitzartige Vision seines möglichen künftigen Lebens hat und auf ihrer Grundlage seine Wahl treffen kann. Wir entscheiden uns selbst für unser Leben: Es ist keine Ungerechtigkeit Gottes, wenn der eine gesund und glücklich, der andere krank und elend wird! Wir sind wie Zellen, wir existieren schon immer

TAFEL 37
Engel begleiten in der christlichen Tradition die meisten Darstellungen des Heilsge-
schehens in der Buchmalerei wie in der Gestaltung farbiger Kirchenfenster.

TAFEL 38
Die Erde gehört dem Menschen und der Himmel Gott, doch die Leiter, die Himmel
und Erde miteinander verbindet, ist die Domäne der Engel. Auf dieser Miniatur

aus einem angelsächsischen Manuskript des 11. Jahrhunderts sehen wir Gott die Leiter herabsteigen und dann dem ihm zu Füßen liegenden Abraham verkündigen, er werde »ihn zum großen Volke machen« (1. Mose 12, 2).

TAFEL 39
Die griechische Siegesgöttin Nike diente als Modell für die christlichen Engel. Stuckrelief aus dem Garten der Villa Farnesina, heute im Museo Nazionale (Rom).

TAFEL 40
William Blake (1757–1827): Macht, Energie, Sonnenhaftigkeit und Herrlichkeit des Erzengels. Blake war ein visionärer Maler und Dichter. Er war davon überzeugt, unter der Führung der Engel zu stehen, und erklärte, die himmlischen Boten hätten ihn in der Kunst des Malens unterrichtet (siehe dreizehntes Kapitel).

im ewigen Denken Gottes. Wenn wir geboren werden, beseelt Gott diese Zelle, entzündet sie gleichsam: Und in diesem Augenblick sehen wir und entscheiden wir uns für die bestimmte Anzahl von Prüfungen, denen wir uns stellen wollen. Dann vergessen wir diese Wahl vollkommen und verbringen unser ganzes Leben ohne jedes Wissen um unsere Verantwortlichkeit. Die Zelle ist der unversehrte, heile Teil von uns. Sie ist von der Erbsünde unbeeinflußt, weil sie vor Adam und Eva erschaffen wurde. Aus dieser unversehrten Zelle wird dann einst unser Leib der Herrlichkeit hervorgehen. Er wird unserem physischen Körper gleichen, aber besser, jünger und gesund sein – so wie der Leib Christi und der heiligen Jungfrau, die beide ja frei von der Erbsünde waren. Die Art und der Schwierigkeitsgrad der Prüfungen, denen eine Zelle im Laufe ihres Lebens unterworfen wird, hängen also von ihrem Mut ab, da sie sich ja selbst frei dafür entschieden hat. Von Reinkarnation sagen die Engel nichts.«

Aber die großen Geister, die Genies, die außergewöhnlichen Menschen scheinen von uns verschieden zu sein, irgendwie schon »vorbereitet«; man könnte meinen, daß sie von früheren Erfahrungen profitieren ...

»Sie sind Menschen wie wir, sie unterscheiden sich von uns nur durch ihre Geistesgaben. Im Paradies ist die Seligkeit für alle gleich. Man könnte uns mit ebenso vielen Gläsern, Kannen und Krügen vergleichen: Jedes Gefäß enthält so viel, wie es fassen kann, und das reicht ihm.«

Besteht in der anderen Dimension die Möglichkeit einer Höherentwicklung?

»Ja, im Fegefeuer. Dort gibt es übrigens auch keinerlei Strafen – außer der Gottesferne. Indem wir uns läutern und weiterentwickeln, gelangen wir schließlich zur vollkommenen Anschauung des Vaters. Und der Engel bleibt auch im Fegefeuer an unserer Seite. Es ist seine Pflicht, uns zu helfen, den höchstmöglichen Zustand zu erreichen.«

Viele Menschen, die an die Schwelle des Todes gelangt, dann

aber wieder zum Leben zurückgekehrt sind, berichten von
Begegnungen mit Lichtwesen: Handelt es sich dabei wirklich
um Engel?

»Gewiß. Das sind die Schutzengel – und in manchen Fällen
ist es auch Christus.«

Was halten Sie von den sogenannten »Rettungen durch
Engel«? Manche Menschen sind ja davon überzeugt, be-
stimmte lebensgefährliche Situationen nur durch die Hilfe
einer himmlischen Wesenheit überstanden zu haben.

»Ich kenne selbst einige solche Fälle. Manchmal ist es tatsächlich der Schutzengel, der sich als Retter betätigt, manchmal
sind es Menschen, die in jungen Jahren gestorben sind. Mein
Sohn Armando etwa hat mir erzählt, daß er bestimmten Menschen beisteht und mit bestimmten Aufgaben betraut worden
ist – so zum Beispiel, gewisse unbedachte Handlungen, wie
etwa den Selbstmord, zu verhindern. Es kommt gelegentlich
auch vor, daß diese Retter für kurze Zeit sichtbar werden –
und dann eben, wie man immer wieder hört, in Gestalt junger
Menschen. Ich werde Ihnen einen solchen Fall erzählen, der
mir von Pater Roschini, meinem langjährigen Seelsorger und
Betreuer, berichtet worden ist. Ein mit ihm befreundeter
Geistlicher, ein Missionar im Amazonas, verirrte sich einmal
im Urwald. Er fing an zu beten, flehte um Hilfe, und plötzlich
hörte er eine Stimme. Er hob den Kopf und sah einen Jungen,
der ihm auf italienisch sagte: ›Pater, Sie haben sich verlaufen.
Sie müssen diese Richtung einschlagen ...‹ Und dann beschrieb
er ihm den Weg, den er nehmen mußte. Der Missionar wun-
derte sich zwar sehr darüber, mitten im brasilianischen Urwald
einem Italiener zu begegnen, doch er versuchte, sich die Weg-
beschreibung gut einzuprägen, und blickte in die angegebene
Richtung. Als er sich wieder dem Jungen zuwandte, war dieser
verschwunden. Er folge dem angegebenen Weg und war bald
gerettet ...«

Warum, glauben Sie, ist Ihnen die Gnade dieser übernatür-
lichen Kontakte gewährt worden?

»Der Herr bedient sich vieler Kanäle, und nur Er weiß warum. Meiner Meinung nach hat das nichts mit etwaigen persönlichen Verdiensten zu tun. Wir ›Kontakthersteller‹ sind genau wie alle anderen Menschen. Höchstens, daß wir diesen Zweck in ›strategischer‹ Hinsicht besser erfüllen. Ich habe diese Tatsache nach langem Zögern akzeptiert, und das gleiche gilt für meinen Mann. Heute sind wir froh darüber, aber unser Name soll unbekannt bleiben. Er spielt keine Rolle – was zählt, ist die Botschaft[27].«

Warum gibt es heutzutage so viele Charismatiker, werden so viele Botschaften empfangen?

»Weil der Bedarf daran so groß ist. Der Einfluß der Kirche ist heute im Abnehmen begriffen, also bedient sich Gott anderer Mittel, um den Glauben zu stärken. Außerdem ist es so, daß manche Dinge einen größeren Eindruck machen, einfach überzeugender wirken, wenn sie von Laien vorgetragen werden: Wir verfügen schließlich nicht über die nötige Bildung, um *von uns aus* über gewisse Dinge zu schreiben! Und schließlich glaube ich auch, daß Gott bewußt nicht allzu religiöse Menschen auswählt, Leute, die nicht ständig mit dem Rosenkranz in der Hand herumlaufen – eben Durchschnittsmenschen, von denen man so etwas gar nicht erwarten würde –, weil dann die Wirkung um so größer ist.«

Hat diese Gabe des inspirierten Schreibens, der Kontakt zu den Engeln, Ihnen seinerzeit geholfen, über den Tod Ihres Sohnes hinwegzukommen?

»Mit Sicherheit hat dieses *Charisma* sowohl mir als auch meinem Mann sehr geholfen, mit dem Schmerz über Armandos Tod fertig zu werden. Trotzdem fehlt uns unser Junge, wir vermissen ihn, und daran hat sich nichts geändert. Er hat uns aber erklärt, daß es ihm bestimmt war, nur kurze Zeit auf Erden zu bleiben. Also warten wir jetzt vertrauensvoll darauf, ihn einst im Himmel wiederzusehen!«

Pater Eugenio Ferrarotti ist ein gütiger und erfahrener Geistlicher. Er wurde vor mehr als fünfzig Jahren zum Priester geweiht und gehört der »Kongregation des Oratoriums vom heiligen Philipp Neri« an. Er war Superior in Turin, und seit fast dreißig Jahren hat er das gleiche Amt in Genua inne, wo er der Kirche von San Filippo vorsteht. Seit längerem interessiert er sich für übernatürliche Phänomene, und zwar, wie er sagt, aus Nächstenliebe: Er will Betroffene besser verstehen, sie trösten und ihnen gegebenenfalls auf diesen Wegen beistehen, die, ohne die erforderliche Vorsicht und Seelenstärke beschritten, erhebliche Gefahren bergen können. Pater Eugenio wurde vor etlichen Jahren von Kardinal Siri zum Exorzisten[28] ordiniert und übt dieses Amt gegenwärtig im Auftrag von Monsignor Canestri, dem neuen Erzbischof von Genua, aus.

Pater Ferrarotti beschränkt sich aber nicht darauf, übernatürliche Phänomene von außen zu beobachten – er erlebt sie im wahrsten Sinne des Wortes auch am eigenen Leib: Wie er selbst im folgenden Interview erzählt, schreibt er nämlich automatisch – und es ist vor allem diese Form von Automatismus, die ihm den Kontakt zu seinem Schutzengel ermöglicht.

Pater Ferrarotti, ist die Realität des Schutzengels Bestandteil der offiziellen Lehre der katholischen Kirche?

»Aber sicher, sie ist ein wichtiges Element des christlichen Glaubens. In der heiligen Schrift werden die Engel ungefähr dreihundertmal erwähnt, und Jesus selbst spricht wiederholt von ihnen. Wenn man also heutzutage diese himmlische Gegenwart totschweigt, so schränkt man gewissermaßen das Wort Gottes ein, man zensiert es und unterwirft es falschen Auslegungen. Die Verehrung des Schutzengels sollte direkt nach der Verehrung der heiligen Dreifaltigkeit, Jesu und der Muttergottes kommen. Der Schutzengel ist ein wunderbares Gottesgeschenk. Unsere Seele ist zu wertvoll und zu zerbrechlich, um in dieser Welt allein gelassen zu werden. Die Wanderung ist so gefahrvoll, und unsere Mittel sind so unzuverlässig, daß die göttliche Güte dafür gesorgt hat, daß wir von der Geburt bis zum Tod von einem Engel geleitet werden. Von dem Augenblick an, da unsere Seele die Schöpferhände des himmlischen Vaters verläßt, bis zum leiblichen Sterben weicht er nicht von unserer Seite. Die Begräbnisliturgie erinnert uns an diese Tatsache: So bittet man bei der Grabweihe Gott, die Seele des Verstorbenen von seinen Engeln ins Himmelreich geleiten zu lassen. Ja, es gibt Engel überall um uns. Sie erleuchten uns, behüten uns, führen uns und verteidigen uns während unserer ganzen Heimreise zum himmlischen Vater.«

Wie stellt man den Kontakt zum Schutzengel her?

»Vor allen Dingen, indem man an ihn denkt. Solange man nicht an ihn denkt, sind ihm praktisch die Hände gebunden. Allerdings läßt er uns auch dann noch seinen Beistand und seinen Schutz zuteil werden, und wer weiß, wie oft er uns schon aus spirituellen und körperlichen Gefahren gerettet hat! Mein Heiliger etwa, Philipp Neri, ging einmal in Rom durch eine sehr enge Gasse, die an der einen Seite durch einen tiefen Graben voll schmutzigen Wassers begrenzt wurde. Plötzlich kam eine Kutsche an: Die vier Pferde waren durchgegangen und ließen sich nicht zügeln, Platz zum Ausweichen gab es nicht – da wurde der Heilige an den Haaren in die Luft gehoben und auf diese Weise gerettet. Hier in der Kirche hängt ein Gemälde, das an dieses Ereignis erinnert. Wann immer man sich also in einer schwierigen Lage befindet, muß man an den Engel denken, ihn anrufen und sich ihm anempfehlen. Ich tue das oft, vor allem, wenn mir ein Gespräch mit schwierigen, wenig zugänglichen Menschen bevorsteht oder wenn ich ein besonders kompliziertes Problem zu lösen habe. Ich befehle mich in seine Hände und bitte ihn, zum Engel der jeweiligen Person zu gehen und die Angelegenheit in Ordnung zu bringen! Es funktioniert! Darauf bin ich allerdings nicht selbst gekommen, ich habe diesen ›Trick‹ von Papst Pius XI. gelernt. Einmal offenbarte er nämlich Monsignore Roncalli, dem späteren Papst Johannes XXIII., daß er vor jeder schwierigen Begegnung seinen Schutzengel vorausschickte, damit er für ihn das Terrain vorbereitete. Ich kann nur jedem empfehlen, es selbst auszuprobieren! Also noch mal: Man muß an den Engel denken, ihn anrufen, ihm Aufträge erteilen, ihn beschäftigt halten, denn er offenbart sich vor allem demjenigen, der ihn anruft. Manche Heilige wußten ihn immer an ihrer Seite – sahen ihn mitunter sogar in ihrer Nähe in Gestalt eines schönen Jünglings, mit oder auch ohne Flügel. Oder sie spürten eben seine Gegenwart[29].«

Manifestieren sich die Engel immer nur in männlicher Gestalt?

»Meistens ja, und so erscheinen sie ja auch in der heiligen Schrift. Es gibt Millionen, Milliarden von Engeln, nicht nur den persönlichen Beschützer. Es gibt den Engel des Tages, den Engel der Nation, den Engel des Kirchspiels, den Engel der Gruppe: Engel mit besonderen Aufgaben also, wie beispielsweise der, dem Pfarrer bei der Führung seiner Gemeinde zu helfen. Die Engel sind ohne Zahl, und sie bilden eine Brücke zwischen uns Menschen und Gott. Der heilige Thomas von Aquin sagt in der *Summa Theologica,* daß sich im ›Intervall‹ zwischen Mensch und Gott die Engel befinden, die die Menschen lenken und für ihr körperliches Wohlbefinden sorgen.«

Wir sollten also alle an den Schutzengel denken, und wir können ihm auch Aufträge erteilen …

»Ja, und wir sollten seiner Anwesenheit den größten Respekt zollen: Uns hat man schon als Kinder von frühauf dazu erzogen, und ich halte dies für eine außerordentlich wichtige pädagogische Maßnahme. Sie verhilft dem Kind zu einer Sensibilität des Gewissens, die wahrhafte, fromme Gottesfurcht ist.«

Pater Ferrarotti, Sie stehen in einer ganz besonderen Beziehung zu Ihrem Schutzengel: Würden Sie uns darüber etwas berichten?

»Das ist eine wunderbare Sache, die sich ganz von selbst

eingestellt hat. Ich beschäftigte mich schon seit längerem mit Parapsychologie, und vor Jahren hatte mir ein venezolanischer Sensitiver während eines Kongresses hier in Genua sogar gesagt, daß ich sechs Monate später anfangen würde, automatisch zu schreiben. Bis dahin hatte ich nie gedacht, daß ich zu so etwas imstande sein könnte, doch nach der Begegnung mit dem Sensitiven versuchte ich mich wiederholt daran – allerdings ohne Erfolg. Ungefähr ein halbes Jahr später unternahm ich dann einen weiteren Versuch, und sofort begann die Hand, sich mit großer Geschwindigkeit wie von selbst zu bewegen. Es war im großen und ganzen meine eigene Handschrift, nur geringfügig verändert.«

Wie bereiten Sie sich auf das automatische Schreiben vor?

»Zuerst bekreuzige ich mich, bete zum Vater und leere meinen Geist. Sobald der Geist frei von allen persönlichen, äußerlichen Gedanken ist, eilt die Hand los. Die besondere Überraschung für mich aber war, daß jener erste Text mit den Worten endete: ›Ich bin dein Schutzengel.‹ *Den* hatte ich wirklich nicht erwartet! Seitdem ist es aber immer so gewesen: Jedesmal, wenn ich ›schreibe‹, signiert am Schluß der Engel.«

Schreiben Sie oft?

»Nein, eher selten, nur wenn ich das Bedürfnis danach verspüre oder eine Eingebung brauche. Oder auch wenn ich wissen will, ob ich mich in einer bestimmten Situation richtig verhalten habe oder wie ich jemandem am besten helfen könnte. Vor allem ist dieser Kontakt für mich eine Quelle der Kraft und der Zuversicht. Ich bin so voller Freude, und ich empfinde diesen Zustand als eine Gnade, die ich Jesus oder dem Engel verdanke ...«

Sind Sie sicher, daß es sich dabei wirklich um Ihren Engel handelt? Haben Sie diesbezüglich nie Zweifel gehabt?

»Doch, starke sogar. Aber dann habe ich etwas erlebt, das alle Zweifel zerstreut hat. Vor einigen Jahren ergab sich für mich die Gelegenheit, an einer Séance des Florentiner Mediums ROBERTO SETTI[30] teilzunehmen. Ich hatte ihn einige

Zeit früher zufällig kennengelernt und wußte, daß er in Trance Materialisationen bewirkte: Er produziert allerlei – in der Regel wertvolle – Gegenstände, die dann jedesmal einem der Anwesenden überlassen werden. Die Objekte materialisieren sich in seinen Händen, die in diesen Augenblicken ein bläuliches Licht ausstrahlen, wodurch der Entstehungsprozeß sehr gut mitverfolgt werden kann. Ich war mit einem Freund nach Florenz gefahren und hatte eigentlich damit gerechnet, da die vorgeschriebene Teilnehmerzahl bereits erreicht war, der Séance nicht persönlich beiwohnen zu können, sondern die Ereignisse im Nebenzimmer, über einen Lautsprecher zu verfolgen. Es kam jedoch anders: Als Roberto mich sah, forderte er mich auf, einzutreten. Einige Zeit später, mitten in der Séance, als die Materialisation bereits begonnen hatte, hörte ich, wie man mich beim Vornamen rief (keiner der Anwesenden wußte, daß ich Eugenio heiße!). Ich stand auf und ging zu Roberto, dem Medium. Da ließ er mir ein kleines walzenförmiges Stück einer weißglühenden, leuchtenden Substanz in die Hand fallen und empfahl mir, es bis zum Ende der Séance in den hohl aneinandergelegten Händen zu halten. Ich gehorchte. Von Zeit zu Zeit spähte ich allerdings hinein und sah, daß dieses strahlende Etwas sich allmählich leicht verfärbte und zugleich Form und Festigkeit annahm. Ich war sehr froh über mein Glück: Ich hatte nicht einmal damit gerechnet, an der Séance teilnehmen zu können, und Roberto hatte mich nicht nur hereingeholt, sondern mir auch ein Objekt gegeben, das nun in meiner Hand Gestalt annahm! Ich fragte mich, ob es ein Kruzifix oder vielleicht ein Madonnengesicht werden würde ... Am Ende der Sitzung öffnete ich die Hand und erblickte ein Engelchen aus getriebenem Silber! Ich hatte mit allem gerechnet, nur damit nicht! Das war für mich eine Bestätigung meiner automatisch empfangenen Botschaften, und dieses Erlebnis hat mir auch den positiven Aspekt mancher spiritistischer Sitzungen, bei denen nur Geister des Lichts auftreten, klar vor Augen geführt.«

Ich könnte mir vorstellen, daß Ihre Verehrung für den Schutzengel dadurch noch an Kraft und Intensität gewann ...

»Dem Schutzengel gelten meine Verehrung und meine ständigen Gedanken, und ich wünschte, alle liebten diese unsichtbare, aber höchst reale Wesenheit. Ich würde niemals wagen, darum zu bitten, ihn sehen zu können, aber ich weiß mit unerschütterlicher Gewißheit, daß er mir ständig nahe ist. Ich muß oft an das schöne Bibelwort denken: ›Siehe, ich sende meinen Engel vor dir her, dich zu bewahren auf dem Wege und dich zu bringen an den Ort, den ich bereitet habe. Hüte dich vor seinem Angesicht und höre auf seine Stimme‹ (2. Mose 23, 20 f.).«

Wie stellen Sie sich den Engel vor?

»Ich stelle ihn mir von Licht überstrahlt vor, ganz darin eingetaucht. Ja, das Licht kann noch am ehesten als Bild für das himmlische Geistwesen dienen. Tatsächlich schließt mein Engel seine Botschaften oft mit den Worten ab: ›Ich hülle dich in mein Licht, welches das Licht Gottes ist ...‹ Die Engel besitzen keinen physischen Leib, sind aber sehende Augen, hörende Ohren, berührende Hände, liebende Herzen. Ich sehe ihn nicht, dafür sieht er mich, und das genügt mir. Die vollkommene Kenntnis der Zukunft und der Geheimnisse des menschlichen Herzens ist einzig Gott gegeben; der Engel weiß deswegen die Zukunft, weil sie ihm durch unmittelbare Inspiration vom Geist Gottes offenbart wird. Die Geheimnisse des Herzens aber erfährt er auf dem Wege scharfsinnigster und subtilster Schlußfolgerung. Mein Engel hat mir einmal gesagt: ›Das Schwierigste für uns ist, jene Weisheit walten zu lassen, die allein die Grenzen aller Dinge weiß: das rechte Maß!‹ Die Engel besitzen dieses Gefühl für das rechte Maß, und sie lehren es uns durch ihr Beispiel – durch ihre fürsorgliche Güte und Hilfsbereitschaft.«

Was sind konkret die Inhalte der Botschaften Ihres Schutzengels?

»Es handelt sich dabei größtenteils um persönliche Dinge.

Das ist auch der Grund, weswegen ich es vorziehe, allein zu
sein, wenn ich ›schreibe‹. Diese Möglichkeit, mit dem Engel
in direkten Kontakt zu treten, bereitet mir große Freude, aber
ich achte darauf, sie nicht über Gebühr in Anspruch zu nehmen – im Gegenteil, ich bediene mich ihrer eher selten.«

*Erfolgt der Kontakt immer nur durch das automatische
Schreiben?*

»Nein. Wenn ich keine Zeit dazu habe oder nicht in der
rechten seelischen Verfassung bin, aber dennoch einen konkreten Rat brauche, konzentriere ich mich und höre dann in
meinem Inneren eine Antwort, die mir den Weg weist. Dann
fühle ich mich sicherer. Vielleicht kommt auch die Gewißheit,
die ich manchmal in mir spüre, wenn ich Menschen spirituelle
Ratschläge erteile, von ihm, meinem Engel. Allerdings möchte
ich nicht, daß er an meine Stelle tritt, ich möchte mir meine
Persönlichkeit und meine Individualität bewahren. Im übrigen
versucht der Engel nie, die Entscheidungsfreiheit seines
Schützlings zu beschneiden: Er hilft, respektiert aber seine
persönliche Freiheit. Der Engel ist, wie die heiligen Kirchenväter erklären, ein Botschafter des Friedens, der Bußfertigkeit
und des Gebets. *Frieden* in dem Sinne, daß er uns frei macht
und auch äußere, vor allem aber innere, seelische Anfechtungen verhindert; dies ist eine gewaltige, ungeheuer wichtige
Aufgabe. *Bußfertigkeit* wiederum bedeutet, daß er uns Reue
über unsere Sünden empfinden läßt. Dieses Gefühl kommt
zwar einerseits vom Gewissen, entsteht aber zugleich durch
die Ermahnungen des Schutzengels. *Gebet* schließlich in dem
Sinne, daß er für uns betet, weil er uns retten möchte.

Dann möchte ich auch noch an eine weitere äußerst wichtige
Aufgabe des Schutzengels erinnern: die Aufgabe, den Teufel
von uns fernzuhalten. So wird der Engel auch im Augenblick
unseres Todes bei uns sein, um den letzten Attacken des Bösen
entgegenzuwirken. Auch der Erzengel Gabriel wird dann
zugegen sein, dessen spezifisches Amt es ja ist, den Sterbenden
beizustehen. Während der Exorzismen hat der Teufel häufig

gesagt: ›Sie haben ihn mir noch im letzten Augenblick aus den Händen gerissen!‹ Und wer könnte dies getan haben, wenn nicht die Engel ...?«

Auf dem Gipfel eines Berges, dem Punkt, an dem die Erde dem Himmel am nächsten ist, begegnet der erfolgreiche Alchimist – an den Flügeln als nunmehr übermenschliches Wesen erkennbar – seinem göttlichen Führer, der ihm die Wunder der Schöpfung erklärt. Holzschnitt aus dem »Musaeum Hermeticum Reformatum et Amplificatum« (1678).

Fünfzehntes Kapitel

Die »bikamerale Psyche« und die Fähigkeit, den Göttern Gehör zu schenken

Bevor wir diese Zusammenstellung von Überlieferungen und Zeugenaussagen über die Gestalt des Engels abschließen, drängen sich einige grundsätzliche Überlegungen auf.

Wie unzählige schriftliche Quellen aus der Vergangenheit – namentlich die heiligen Texte und die großen Epen aller Völker – belegen, akzeptierte der Mensch einst die Realität übernatürlicher Wesen als eine unbezweifelbare Tatsache und war imstande, ihrer Stimme Gehör zu schenken. Es gab also eine Zeit, in der offensichtlich ein Kanal, ein »direkter Draht« zwischen den Menschen und den Bewohnern der höheren Sphären existierte.

Wenn man von einigen eher seltenen Ausnahmen absieht, scheint sich dieser Kanal heute geschlossen, scheint dieser Draht gerissen zu sein. Folgen dieser Trennung sind das tiefe innere Unbehagen des modernen Menschen, seine – oft täppische und planlose – Suche nach alternativen Lösungen, seine wachsende Sehnsucht nach dem Geheimnisvollen und Transzendenten.

Wie läßt sich diese »Kontaktunterbrechung« erklären? Wie kommt es, daß wir nicht mehr imstande sind, den Göttern Gehör zu schenken? Was ist die Ursache dieses Unvermögens, Stimmen zu hören, die (wie auch die in diesem Buch gesammelten Zeugenaussagen belegen) offenbar noch immer in unserer Nähe erklingen – und Wesenheiten zu sehen, die noch immer willens und bereit sind, uns zur Seite zu stehen?

Eine Antwort könnte in einer der neuesten Entdeckungen

der Psychologie und Neurologie zu finden sein. Sehen wir uns einmal an, worum es sich handelt.

In seinem packenden, reich dokumentierten und zugleich – ein seltener Fall! – ausgesprochen gut lesbaren Buch *Der Ursprung des Bewußtseins durch den Zusammenbruch der bikameralen Psyche* stellt JULIAN JAYNES, Professor für Psychologie an der Universität Princeton (USA), eine von ihm selbst entwickelte Theorie vor, die mir auch in bezug auf unser Thema von größtem Interesse zu sein scheint.

Ausgangspunkt von Julian Jaynes' Argumentation ist unser heutiges Wissen von der Struktur des menschlichen Gehirns. Wie mittlerweile wohl allgemein bekannt, erfüllen die zwei Gehirnhemisphären unterschiedliche Funktionen: Die *linke* ist für die Sprache zuständig, für die Rationalität, das logische Denken, das bewußte Erleben, während die *rechte* mit der Intuition, der Phantasie, der Kreativität und den Emotionen in Verbindung steht. Wir heutigen Menschen lassen uns weitestgehend von der linken Gehirnhälfte leiten. Von den Impulsen und Eingebungen der rechten Hemisphäre bekommen wir die meiste Zeit über nur so wenig mit, daß Jaynes sie sogar als die »stumme Hemisphäre« bezeichnet. Diese eine Hälfte unseres Gehirns macht sich nur in schöpferischen Momenten bemerkbar sowie in jenen seltenen Augenblicken, da uns plötzliche Einsichten, Vorahnungen, Blitze von Hellsichtigkeit, mystische Erleuchtungen oder sonstige religiöse Erfahrungen zuteil werden.

Die rechte Hemisphäre – so Jaynes' faszinierende These – könnte einst die Götter »beherbergt« und die Fähigkeit besessen haben, deren Stimme zu hören. Diesen geistigen Sachverhalt bezeichnet Jaynes mit dem Terminus »bikamerale« oder »Zwei-Kammern-Psyche«. Gemeint ist damit eine archaische Form des Welt- (und Selbst-)erlebens – wobei »archaisch« nicht so sehr primitiv bedeuten soll als vielmehr altertümlich, einer längst vergangenen Epoche angehörend, nicht mehr aktuell. Der Verlust dieser Fähigkeit, den Göttern zuzuhören (also

ihnen zu »ge-horchen«), wäre Jaynes zufolge durch den
Erwerb des Bewußtseins kompensiert worden, eine langwie-
rige, leidvolle und hart erkämpfte Eroberung, die uns zu dem
machte, was wir heute sind – im guten wie im bösen.

Jaynes, ein umfassend gebildeter Mann mit hervorragenden
Kenntnissen namentlich auf dem Gebiet der alten Geschichte
und der antiken Literatur, legt nach Formulierung seiner Theorie eine lange Serie literarischer und archäologischer Zeugnisse
vor, die belegen, daß der Mensch jahrtausendelang *kein
Bewußtsein besaß*, sondern sich ausschließlich von den »Stimmen der Götter« leiten ließ.

So schreibt er beispielsweise im Zusammenhang mit
HOMERS *Ilias:* »Die Helden der ›Ilias‹ überlegen nicht, was
als nächstes zu tun sei. Sie haben kein Bewußtsein in dem
Sinn, wie wir das von uns sagen, und auf gar keinen Fall
verfügen sie über die Gabe der Introspektion. Für uns mit
unserer Subjektivität ist es unmöglich nachzuempfinden, wie
das ist. Als König Agamemnon, der Feldherr, dem Achilleus
seine schöne Gefangene wegnimmt, greift eine Göttin in das
goldene Haar des Peleussohns und ermahnt ihn, nicht das
Schwert zu zücken gegen Agamemnon (1, 197 ff.). Und am
düsteren Strand des Meeres steigt dann eine Göttin aus dem
grauen Gewässer auf, um bei den schwarzen Schiffen dem
Weinenden die Zornestränen zu trocknen. Eine Göttin flößt
mit ihrem Geflüster das süße Verlangen nach der alten Heimat
ins Herz der Helena (3, 129 ff.). Eine Göttin verbirgt den Paris
in einer Nebelwolke vor dem Angriff des wütend heranstür-
menden Menelaos (3, 380 ff.). Ein Gott heißt Glaukos die
goldene Wehr gegen die eherne tauschen (6, 6, 234 ff.). Stets
ist es ein Gott, der die Heere in die Schlacht führt, der in
kritischen Momenten zu den einzelnen Kriegern spricht, der
Hektor vorschlägt und ihn lehrt, was er tun soll, der die Krieger antreibt oder ihre Niederlage bewirkt, indem er einen
lähmenden Bann auf sie legt oder ihr Gesichtsfeld vernebelt.
Götter sind es, die Zwietracht unter den Menschen stiften

(4, 437 ff.), die in Wirklichkeit den Krieg anzetteln (3, 164 f.)
und dann auch die strategische Planung und Ausführung übernehmen (2, 56 ff.). Eine Göttin nimmt Achilleus das Versprechen ab, nicht mehr am Kampf teilzunehmen, eine andere
heißt ihn später, die Troer zu vertreiben, und wiederum eine
andere umkränzt sein Haupt mit goldenen Wolken und läßt
eine himmelhoch aufragende Flamme von ihm ausgehen und
schickt durch seine Kehle einen so fürchterlichen Wutschrei
über den blutdampfenden Graben zu den Troern, daß diese
von namenloser Panik ergriffen werden. Kurzum, die Götter
spielen die Rolle des Bewußtseins.

Handlungen werden nicht von bewußten Planungen, Überlegungen oder Motiven in Gang gebracht, sondern durch das
Handeln und Reden der Götter initiiert.«

Der berühmte altägyptische Begriff *Ka,* den die Forscher
versuchsweise mit »Geist«, »Seele«, »Doppelgänger«, »Lebenskraft«, »Geschick«, »Schicksal« oder »Vorsehung« über-
setzten, muß Jaynes zufolge in Wirklichkeit als eine Art persönlicher Gott aufgefaßt werden, als eine personifizierte innere
Stimme. Vielleicht, so könnten wir spekulieren, die Stimme
eines göttlichen Boten, eines Beschützers oder Wächters –
wofür auch die Form der Hieroglyphe »*Ka*« spräche: »zwei
erhobene Arme mit flachgestreckten Händen, das Ganze auf
einem Querbalken postiert, der ... sonst den Symbolen für
die Götter vorbehalten ist«.

Analoge Anschauungen lassen sich, wie Jaynes zeigt, in allen
frühen Kulturen nachweisen, sei es im präkolumbianischen
Amerika, in China, in Indien, in Mesopotamien oder in Israel.

Mit der Herausbildung des bewußten Denkens, der Entwicklung der Schrift, der Entstehung der Philosophie verliert
die bikamerale Psyche, diese altehrwürdige Instanz von Autorität und Heiligkeit, ihre Identität und büßt ihre Fähigkeit ein,
sich Gehör – und Gehorsam – zu verschaffen. Die archaische
Welt geht unter, und es entsteht – als abschließende Phase
eines langen Prozesses des Übergangs »von einer auditiven

zu einer visuellen Psyche« – die moderne Welt. Was wir
Geschichte nennen, sagt Jaynes, ist lediglich »die langsam
absinkende Flut der Götterstimmen und Göttererscheinun-
gen«.

Unter anderem interpretiert Jaynes auch den Mythos vom
»angeblichen Sündenfall« unter diesem Blickwinkel. So
schreibt er: »Diese kuriose und, wie ich meine, täuschende
Phantasie von einer verlorengegangenen Unschuld hat ihren
Ausgangspunkt nirgendwo anders als im Zusammenbruch der
bikameralen Psyche: Es ist die erste vom Bewußtsein geschaf-
fene große Narrativierung[31] der Menschheitsgeschichte. Man
begegnet ihr in assyrischen Psalmen und hebräischen Klagelie-
dern, im Mythos von der Vertreibung aus dem Garten Eden
wie in den anderen Geschichten von einem Ur-Fall des Menschen aus der Gunst Gottes, den die großen Weltreligionen
als ihr treibendes Motiv voraussetzen. Nach meiner Deutung
handelt es sich dabei um den ersten, tastenden Versuch einer
seit neuestem mit Bewußtsein ausgestatteten Menschheit, zu
narrativieren, was ihr widerfahren ist: das Verschwinden der
göttlichen Stimmen und Sicherheiten hinter einem Chaos men-
schengemachter Direktiven und egozentrischer Partikularis-
men.«

Zwar hat sich die Psyche mit der Zeit unleugbar immer
einseitiger (zur linken Hemisphäre hin) entwickelt, doch ist
die Tatsache der »Bikameralität« deswegen nicht restlos verschwunden, wie manche Erscheinungen unseres Seelenlebens
– Ahnungen, Intuitionen und Geistesblitze aus der rechten
Hemisphäre – zur Genüge beweisen. Die Vorherrschaft der
linken Hemisphäre hat es also nicht vermocht, die andere
Hälfte des Gehirns vollständig aus dem Bewußtsein zu ver-
drängen.

So sind wir ganz erfüllt von einer unbezwingbaren Sehnsucht nach unserem »anderen Geist«, und gewisse Phänomene,
wie sie noch heute immer wieder vorkommen, verweisen auf
ihn: Telepathie und Hellsichtigkeit, Prophetismus, Wahrneh-

mungen von Stimmen und Bildern – und, warum nicht, bisweilen auch die Schizophrenie.

In Anlehnung an SHELLEYS Aussage, »der schaffende Geist« sei »eine glimmende Kohle, die durch irgendeine unsichtbare Einwirkung wie durch einen unbeständigen Luftzug zu rasch vergänglicher Leuchtkraft erweckt wird«, erklärt Jaynes, der bewußtseinsbegabte Mensch von heute sei gänzlich außerstande, das Kommen oder Gehen dieses belebenden, inspirierenden »Windes« vorauszuahnen.

Dennoch halte ich die Hypothese für nicht übertrieben optimistisch, daß unsere »Linkslastigkeit« inzwischen durch eine Wiederbelebung der rechten Gehirnhälfte kompensiert und ausgewogen worden sein könnte, wodurch wir – ohne auf das Bewußtsein zu verzichten und ohne also in einen unzeitgemäßen, archaischen Geisteszustand zurückzufallen – aufs neue beginnen könnten, die Stimmen der Engel und der Götter zu vernehmen.

Ein Märchen über die Engel

Ich muß gestehen, daß mir der Gedanke, ein Schlußwort zu einem Buch zu schreiben, dessen einziger Zweck darin bestand, »Geschichten« über die Engel zu erzählen, gewisse Schwierigkeiten bereitet hat. In dem einen oder anderen Kapitel habe ich – fast unbeabsichtigt – bereits einige Bemerkungen darüber fallen lassen, welchen Wert und welche Bedeutung solche Begebenheiten meiner persönlichen Ansicht nach auch für uns Menschen von heute besitzen könnten. Aber echte, konkrete Folgerungen aus dem vorgestellten Material zu ziehen – das ist schon eine ganz andere Sache.

Das einzige, was ich abschließend wirklich guten Gewissens sagen kann, ist, daß es mir große Freude bereitet hat, diese »Abenteuer mit Engeln« zu sammeln. Es ist eine friedvolle und beschauliche, aber auch aufregende, an Überraschungen reiche Beschäftigung gewesen. Auf viele der hier vorgestellten Berichte bin ich mehr oder weniger »zufällig« gestoßen, und wiederholt habe ich im Verlauf der Arbeit sogar das Gefühl gehabt, daß das Material ganz ohne mein Zutun gewissermaßen »vom Himmel« auf meinen Schreibtisch fiel.

Solange ich an diesem Buch gearbeitet habe, sind die Stunden, die ich ihm widmen konnte, für mich stets die schönsten und besten des Tages gewesen, und mit Bedauern habe ich irgendwann feststellen müssen, daß ich das Ende erreicht hatte. Normalerweise verhält es sich bei mir eher umgekehrt: Wenn ein Manuskript endlich fertig ist und dem Verlag zugeschickt werden kann, atme ich auf. Diesmal ist es so, als müßte ich mich mit Gewalt von einem alten Freund losreißen, den ich schon immer kannte und liebte und mit dem ich in letzter Zeit eine neue, besonders innige Beziehung geknüpft hatte.

Ich weiß zwar, daß ich diesen Freund jedesmal, wenn ich ihn brauche, wieder zu mir rufen kann, doch es macht mich ein wenig traurig, jetzt unseren direkten Kontakt abbrechen zu müssen ... Ich hätte, mit anderen Worten, noch lange an diesem Buch weiterschreiben mögen, und zwar genau wegen dieses Gefühls von Freude und Harmonie, das seine Helden, die Engel, mir – und, wie ich hoffe, auch Ihnen – vermittelt haben.

Aus allen diesen Gründen habe ich es nicht über mich bringen können, ein »wirkliches« Nachwort zu schreiben. Ich ziehe es vor, das Ende offen zu lassen und dieses Buch insgesamt als das erste Kapitel einer langen Geschichte zu betrachten, die erst noch geschrieben werden muß.

Als ich an den letzten Kapiteln dieses Buches arbeitete und mich schon fragte, wie ich es abschließen würde, schickte mir eine unbekannte freundliche Seele (vielleicht ein Leser meiner Artikel?) – einfach so, ohne besonderen Grund – ein Märchen von HANS CHRISTIAN ANDERSEN mit dem Titel *Der Engel.* Es ist ein herzerwärmendes, poetisches Märchen, und ich möchte es als Ersatz für das fehlende Nachwort an Sie weitergeben. Hier ist es: Ich habe darin einige Elemente wiedergefunden, die wir schon in früheren Kapiteln kennengelernt haben. Wer weiß, vielleicht ist es doch mehr als »nur« ein Märchen ...

Der Engel

»Jedesmal, wenn ein gutes Kind stirbt, kommt ein Engel Gottes auf die Erde nieder, nimmt das tote Kind in seine Arme, breitet die großen, weißen Flügel aus, fliegt überall dorthin, wo das Kind gern gewesen ist, und pflückt eine ganze Handvoll Blumen, die er zu Gott hinaufträgt, wo sie noch schöner blühen als auf Erden. Der liebe Gott drückt alle Blumen an sein Herz, aber die Blume, die ihm am liebsten ist, der gibt er einen Kuß, und dann erhält sie eine Stimme und kann in der großen Glückseligkeit mitsingen.«

Seht, all dies erzählte mir ein Engel Gottes, als er gerade ein totes Kind zum Himmel hinauftrug, und das Kind hörte es wie im Traum; und sie flogen überall dorthin im Hause, wo das Kleine gespielt hatte, und sie kamen durch Gärten mit herrlichen Blumen.

»Welche wollen wir mitnehmen und im Himmel einpflanzen?« fragte der Engel.

Und da stand ein schlanker, herrlicher Rosenstrauch, aber eine böse Hand hatte den Stamm geknickt, so daß alle Zweige, voll von großen, halberschlossenen Knospen, ringsum welk herniederhingen.

»Der arme Strauch!« sagte das Kind, »nimm ihn mit, damit er droben bei Gott wieder blühen kann!«

Und der Engel nahm ihn mit, küßte aber das Kind dafür, und das Kleine öffnete halb seine Augen. Sie pflückten von den reichen Prachtblumen, nahmen aber auch die verachtete Ringelblume und das wilde Stiefmütterchen.

»Nun haben wir Blumen!« sagte das Kind, und der Engel nickte, aber sie flogen noch nicht zu Gott empor. Es war Nacht, es war ganz still, sie blieben in der großen Stadt, sie schwebten durch eine der engsten Straßen, wo ganze Haufen von Stroh, Asche und Gerümpel lagen, es war Umzug gewesen; hier lagen Scherben von Tellern, Gipsklumpen, Lumpen und alte Hutköpfe, lauter Dinge, die nicht schön aussahen.

Und der Engel zeigte inmitten all der Vergänglichkeit auf ein paar Scherben eines Blumentopfes und auf einen Klumpen Erde, der aus diesem herausgefallen war und von den Wurzeln einer großen verwelkten Feldblume zusammengehalten wurde, die auf die Straße geworfen worden war.

»Die nehmen wir mit!« sagte der Engel. »Ich erzähle dir davon, während wir fliegen.«

Und dann flogen sie, und der Engel erzählte.

»Dort unten in der engen Straße, in dem niedrigen Keller, wohnte ein armer, kranker Junge; von kleinauf war er immer bettlägerig gewesen; wenn es am allerbesten ging, konnte er

auf Krücken ein paarmal in der kleinen Stube auf und nieder
gehen, das war alles. Im Sommer fielen die Sonnenstrahlen an
einigen Tagen für eine halbe Stunde in den Kellergang, und
wenn dann der kleine Junge dort saß und sich von der warmen
Sonne bescheinen ließ und das rote Blut durch seine feinen
Finger sehen konnte, die er vors Gesicht hielt, dann hieß es:
›Ja, heute ist er draußen gewesen!‹ – Er kannte den Wald in
seinem schönsten Frühlingsgrün nur daher, daß des Nachbars
Sohn ihm den ersten Buchenzweig brachte, und den hielt er
sich über den Kopf und träumte dann, er sei unter den Buchen,
wo die Sonne schien und die Vögel sangen. An einem Frühlingstag brachte der Nachbarssohn ihm auch Feldblumen mit,
und unter diesen war zufällig eine, die noch Wurzeln hatte,
und deshalb wurde sie in einen Blumentopf gepflanzt und ins
Fenster dicht neben dem Bett gestellt. Und die Blume war
von einer glücklichen Hand gepflanzt worden, sie wuchs an,
sie schoß neue Triebe und blühte Jahr um Jahr; sie wurde der
schönste Garten für den Jungen, sein kleiner Schatz auf dieser
Erde, er begoß sie und pflegte sie und sorgte dafür, daß sie
jeden Sonnenstrahl bekam bis zu dem letzten, der über das
niedrige Fenster hinwanderte; und die Blume selber wuchs in
seine Träume hinein, denn sie blühte für ihn, verbreitete ihren
Duft und ergötzte das Auge; ihr wandte er sich im Tode zu,
als der Herrgott ihn rief. – Seit einem Jahr ist er nun bei Gott,
ein Jahr hat die Blume vergessen im Fenster gestanden und
ist verwelkt und darum beim Umzug auf den Kehricht der
Straße geworfen worden. Und diese Blume ist es, die arme,
welke Blume, die wir mit in den Strauß genommen haben,
denn diese Blume hat mehr Freude verbreitet als die reichste
Blüte im Garten einer Königin.«

»Aber woher weißt du dies alles?« fragte das Kind, das der
Engel zum Himmel hinauftrug.

»Ich weiß es!« sagte der Engel. »Ich bin ja selbst der kranke
kleine Junge gewesen, der auf Krücken ging! Meine Blume
werde ich doch erkennen!«

Und das Kind öffnete die Augen ganz und sah in das liebliche, heitere Gesicht des Engels, und im selben Augenblick waren sie in Gottes Himmel, wo Freude und Glückseligkeit herrschten. Und Gott drückte das tote Kind an sein Herz, und da bekam es Flügel wie der andere Engel und flog Hand in Hand mit ihm; und Gott drückte all die Blumen an sein Herz, aber die arme, welke Feldblume küßte er, und sie erhielt eine Stimme und sang mit allen Engeln, die Gott umschwebten, manche ganz nahe, andere in großen Kreisen um diese herum, immer weiter fort ins Unendliche, aber alle waren sie glücklich. Und alle sangen sie, groß und klein, das gute, liebe Kind und die arme Feldblume, die welk auf dem Kehricht gelegen hatte, unter allem Umzugsgerümpel in der engen, düsteren Straße.

Anmerkungen

1 Die von GIAN PAOLO CRESCI herausgegebene Zeitschrift *Prospettive nel mondo* hat im März 1989 die Ergebnisse einer Umfrage über die Engelverehrung in Italien veröffentlicht. Es wurden insgesamt 1070 Fragebogen ausgewertet. Aus dem bearbeiteten Material ging hervor, daß nicht mehr als acht Prozent der Befragten an den Schutzengel glauben und nur zwei Prozent ihn regelmäßig um Schutz und Beistand bitten. – Andererseits fand im Sommer 1991 in München eine umfangreiche Kunstausstellung statt, die dem Thema »Schutzengel« gewidmet war. Dies erachtete sogar das Zweite Deutsche Fernsehen in der Hauptabendausstrahlung der *Heute*-Sendung als berichtenswert.

2 Hier und im folgenden wird *englisch* im veralteten Sinne von »auf die Engel bezüglich, Engels-« (wie in »Englischer Gruß«) verwendet (A. d. Ü.).

3 Sofern nicht anders vermerkt, sind alle biblischen Zitate der Übersetzung von D. LEANDER VAN ESS (also einer katholischen Bibel) entnommen – siehe: Literaturhinweise (A. d. Ü.).

4 Diese Passage ist der Zürcher Bibel-Übersetzung entnommen (A. d. Ü.).

5 DIONYSIUS hatte offenbar Visionen, in denen er die Wahrheit der biblischen Berichte bestätigt sah.

6 Gemeint ist *Lukas* 2, 14: »Ehre sei Gott in der Höhe und Friede auf Erden den Menschen, die guten Willens sind« (A. d. Ü.).

7 Mit *lógia* (Plural von griechisch *lógion*, Ausspruch) werden überlieferte Äußerungen Gottes bezeichnet.

8 DIONYSIUS richtet sich mit diesem Buch an seinen »Mitbruder Timotheus«.

9 Im Original *ángeloi*, »Boten« (A. d. Ü.).

10 *5. Mose* 32, 8; dort heißt es allerdings: »... nach der Zahl der Söhne Israels« (A. d. Ü.).

11 *Jesaja* 6, 3.

12 *Daniel* 7, 10.; *Offenbarung* 5, 11.

13 »Und es geschah, als die Menschen anfingen, sich auf der Erde zu vermehren, und ihnen Töchter geboren wurden, und die Söhne Gottes die Töchter der Menschen sahen, wie schön sie waren; da nahmen sie sich überallher die Weiber von allen, die ihnen gefielen« (*1. Mose* 6, 1 f.).

[14] Diese Passage ist der LUTHER-Bibel entnommen, da sie hier der von der Verfasserin zitierten italienischen Version besser entspricht. Der an der betreffenden Stelle Angesprochene ist der König von Tyrus (A. d. Ü.).

[15] Aus der Tatsache, daß die Stimme in der ersten Person sprach, folgte für Lorber zwingend, daß es Gott selbst war, der ihm seine Texte diktierte.

[16] Gemeint ist die Stelle der Opfermesse *(Oblation)*, an der es heißt: »Und so beten wir beim Lobpreis des wahren und ewigen Gottes in den Personen die Verschiedenheit, in der Natur die Einheit, in der Majestät die Gleichheit an. *Diese preisen die Engel und Erzengel, die Cherubim und Seraphim,* die nicht aufhören, wie aus einem Munde Tag um Tag zu rufen: Heilig, heilig, heilig, Herr, Gott der Heerscharen. Himmel und Erde sind erfüllt von deiner Herrlichkeit.« (A. d. Ü.)

[17] Hier und im folgenden werden – ungeachtet der jeweiligen Nationalität der genannten Heiligen – die in deutschen Kalendarien und Nachschlagewerken üblichen »germanisierten« Namensformen verwendet (A. d. Ü.).

[18] Reklusen (wörtlich: »Eingeschlossene«) waren Menschen, die sich zu Askese und Gebet einschließen oder sogar einmauern ließen (A. d. Ü.).

[19] Oblaten und Oblatinnen (wörtlich: »als Opfer Dargebrachte«) waren Kinder, die von den Eltern der Kirche als künftige Mönche oder Nonnen geweiht wurden und von frühauf eine klösterliche Erziehung genossen (A. d. Ü.).

[20] Siehe den Fall der kleinen GIORGIA (zwölftes Kapitel).

[21] *Qualcuno è tornato*. Armenia 1981 und 1988.

[22] Als *synchronistisch* bezeichnete Jung das sinnvolle zeitliche Zusammentreffen von zwei Ereignissen (gleich ob innerer oder äußerer Natur), ohne daß diese kausal voneinander abhängig wären (A. d. Ü.).

[23] Diese Vorstellung stimmt weitgehend mit dem überein, was SWEDENBORG über die Engel sagt (vgl. sechstes Kapitel).

[24] *Devas* (wörtlich: »Glänzende«) bedeutet auf Sanskrit »Götter«. In der theosophischen beziehungsweise theosophisch beeinflußten Literatur wird das Wort fälschlicherweise mit »Engel« übersetzt (A. d. Ü.).

[25] GIORGIA konnte diese für sie instinktive und natürliche Bewegung nicht näher erläutern.

[26] Auch SWEDENBORG spricht, wie wir uns erinnern werden, von

dieser zwiefachen Beeinflussung des Menschen und erklärt sie für die notwendige Bedingung unserer Freiheit.

[27] Tatsächlich sind die von Frau GIULIANA empfangenen Botschaften durchweg anonym veröffentlicht worden. Die Bücher können über die »Libreria Propaganda Mariana«, via Acciaioli 10, I-00186 Rom, bezogen werden.

[28] Exorzist, hier: Geistlicher, der den dritten Grad der katholischen niederen Weihen besitzt.

[29] Pater PIO beispielsweise war ein großer Verehrer des Engels. Wann immer ihn jemand um seinen Segen bat, sagte er: »Der Engel des Herrn begleite dich und öffne dir alle Türen!« In seinem Buch *La verità su angeli e arcangeli* (»Die Wahrheit über Engel und Erzengel«) gibt GIUSEPPE DEL TON an, von Pater Pio die folgenden Worte gehört zu haben: »Man hält es nicht für möglich, wie gehorsam die Engel sind!« Einer Frau aus Turin, AMELIA BENEDETTI, soll der Stigmatisierte zum Abschied gesagt haben: »Wenn du einmal meine Hilfe brauchst, schick mir deinen Schutzengel.« Einer anderen Frau, ADA STURLA aus Genua, die ihn darum gebeten hatte, sie aus der Ferne spirituell zu betreuen, antwortete er: »Bitte deinen Schutzengel um Hilfe und schicke ihn her zu mir, wann immer es dir nötig erscheint ...«

[30] Cerchio Firenze 77. *Oltre il silenzio*. Edizioni Mediterranee, Rom 1984.

[31] Unter »Narrativierung« versteht Jaynes jene sinnstiftende Tätigkeit des Bewußtseins, die darin besteht, Eindrücke und Erfahrungen entsprechend einer »privaten« Logik zu filtern, miteinander zu verknüpfen und in einen geistigen »Zeitraum« zu stellen. Die dadurch entstehende niemals abgeschlossene »Lebensgeschichte« stellt das Selbstverständnis des narrativierenden Menschen dar (A. d. Ü.).

Literaturhinweise

ADLER, GERHARD: *Erinnerung an die Engel.* Herder, Freiburg 1986.

ALIGHIERI, DANTE: *Die göttliche Komödie.* Deutsch von Friedrich Freiherr von Falkenhausen. Insel, Frankfurt 1974.

ANDERSEN, HANS CHRISTIAN: *Sämtliche Märchen in zwei Bänden.* Deutsch von Thyra Dohrenburg. Wissenschaftliche Buchgesellschaft, Darmstadt 1974.

DIE APOKRYPHEN. *Verborgene Bücher der Bibel.* Herausgegeben von Erich Weidinger. Pattloch, Augsburg 1990.

BELLOW, SAUL: *Humboldts Vermächtnis.* Deutsch von Walter Hasenclever. Kiepenheuer & Witsch, Köln 1976.

BIBEL – *Die ganze Heilige Schrift des Alten und Neuen Testaments.* Nach der Übersetzung D. Martin Luthers. Deutsche Bibel-Gesellschaft, Stuttgart 1985.

BIBEL – *Die Heilige Schrift des Alten und des Neuen Testaments.* Verlag der Zürcher Bibel, Zürich 1987.

BIBEL – *Die Heiligen Schriften des Alten und Neuen Testaments,* übersetzt von D. Leander van Eß. Pöschel & Trepte, Leipzig 1923.

BONAVENTURA, JOHANNES FIDANZA: *Das Leben des heiligen Franz von Assisi.* Aus dem Lateinischen übersetzt von Dr. Emmeram Leitl. Herder, Freiburg 1956.

CACCIARI, MASSIMO: *L'Angelo necessario.* Adelphi, Mailand 1986.

CHAGALL, MARC: *Mein Leben.* Hatje, Stuttgart 1958.

COPPINI, BEATRICE: *La scrittura e il percorso mistico. Il ›liber‹ di Angela da Foligno.* Editrice Ianua, 1986.

CORBIN, HERNI: *Il paradosso del monoteismo.* Marietti, Genua 1986.

DA RIESE, FERNANDO: *Padre Pio da Pietralcina.* Edizioni Padre Pio da Pietralcina, 1984.

DEL TON, GIUSEPPE: »Il ritorno degli angeli: servitori e custodi«. In: *Prospettive nel mondo,* Nr. 151/152, 1989.

DEL TON, GIUSEPPE: *Verità su angeli e arcangeli.* Giardini, 1985.

DIONYSIUS AREOPAGITA: *Gerarchie celesti.* Tilopa, 1981.

DOUCET, FRIEDRICH W.: *Die Toten leben unter uns.* Ariston, Genf/München 1990 (4. Aufl.).

EGGENSTEIN, KURT: *Der Prophet Jakob Lorber verkündet bevorstehende Katastrophen und das wahre Christentum.* Verlag Mehr Wissen, Düsseldorf 1989.

FELICI, ICILIO: *Fatima.* Edizioni Paoline, Mailand–Turin–Rom 1979.

FINDHORN FOUNDATION, THE: *The Findhorn Garden.* Harper & Row, London 1975.

FIZZOTTI, LUIGI: *Il segreto di Teresa.* Edizioni Eco, S. Gabriele 1980.

GANDHI, MAHATMA: *Gandhi commenta la Bhagavadgita.* Edizioni Mediterranee, Rom 1987.

GIOVANNI PAOLO II: *Gli angeli. Catechesi al popolo di Dio.* Edizioni Michael, Monte Sant'Angelo, o. J.

GIOVETTI, PAOLA: *Qualcuno è tornato.* Armenia, 1988.

GIOVETTI, PAOLA: *Therese Neumann di Konnersreuth.* Edizioni Paoline, Mailand – Turin – Rom 1989.

GOETHE, JOHANN WOLFGANG: *Faust. Der Tragödie erster Teil.* In: *Goethe's sämtliche Werke,* 11. Band. Reclam, Leipzig o. J.

GRAHAM, BILLY: *Angels.* Pocket Books, New York 1977.

GROËR, HANS H.: *Die Rufe von Loreto.* Herold, Wien 1987.

HÜFFER, G.: *Eine geschichtskritische Untersuchung der Frage des heiligen Hauses.* 2 Bände. Münster 1913–1921.

JAFFÉ, ANIELA: *Geistererscheinungen und Vorzeichen. Eine psychologische Deutung.* Walter, Olten und Freiburg 1978.

JAYNES, JULIAN: *Über den Ursprung des Bewußtseins aus dem Zusammenbruch der bikameralen Psyche.* Rowohlt, Reinbek 1988.

JUNG, C. G.: *Erinnerungen, Träume, Gedanken.* Aufgezeichnet und herausgegeben von Aniela Jaffé. Walter, Olten und Freiburg 1987.

JUNG, C. G.: *Psychologische Betrachtungen.* Eine Auslese aus den Schriften von Carl Gustav Jung, zusammengestellt und herausgegeben von Jolande Jacobi. Piper, München, Zürich 1982.

JUSSEK, EUGENE G.: *Begegnungen mit dem Weisen in uns. Gespräche mit Yan Su Lu.* Deutsch von Helmut Gerstenberger. Goldmann, München 1986.

KAFKA, FRANZ: *Tagebücher 1910–1923.* Fischer, Frankfurt 1983.

KRESSER, G.: *Die Wahrheit über Loreto.* Graz 1926.

KÜBLER-ROSS, ELISABETH: *Über den Tod und das Leben danach.* Deutsch von Tom Hockemeyer. Die Silberschnur, Melsbach 1989.

LORBER, JAKOB: siehe EGGENSTEIN, KURT.

LUCA DI SAN GIUSEPPE (Padre): *Santa Chiara di Monte Falco.* Tipografia Nazzarena, Trevi 1889.

MACLEAN, DOROTHY: *Du kannst mit Engeln sprechen.* Deutsch von Dr. Dorothea und Dietrich S. Aquamarin, Grafing 1990.

MAHARISHI MAHESH YOGI: *Bhagavadgita.* Edizioni Mediterranee, Rom 1981.

MANN, THOMAS: *Der Tod in Venedig und andere Erzählungen.* Fischer, Frankfurt und Hamburg 1956.

MONTONATI, ANGELO: *Le mani che guarirono la città*. Edizioni Paoline, Mailand – Turin – Rom 1985.

MOODY, RAYMOND A.: *Das Licht von drüben. Neue Fragen und Antworten*. Deutsch von Lieselotte Mietzner. Rowohlt, Reinbek 1989.

MOODY, RAYMOND A.: *Leben nach dem Tod*. Mit einem Vorwort von Elisabeth Kübler-Ross. Deutsch von Hermann Gieselbusch und Lieselotte Mietzner. Rowohlt, Reinbek 1977.

MOOLENBURGH, H. C.: *Engel als Beschützer und Helfer des Menschen*. Deutsch von Felicitas Schätzl. Bauer, Freiburg 1989.

NEUMANN, THERESE: siehe SPIEGL, ANNI; STEINER, JOHANNES und GIOVETTI, PAOLA.

PASOLINI, PIER PAOLO: *Teorema oder die nackten Füße*. Deutsch von Heinz Riedt. Piper, München 1990.

PLATON: *Sämtliche Dialoge*. 7 Bände. Deutsch von Otto Apelt. Felix Meiner Verlag, Hamburg 1988.

RILKE, RAINER MARIA: *Die Gedichte*. Insel, Frankfurt 1986.

RING, KENNETH: *Den Tod erfahren – das Leben gewinnen*. Mit einem Vorwort von Elisabeth Kübler-Ross. Deutsch von Charlotte Franke. Lübbe, Bergisch Gladbach 1988.

ROBERTS, JANE: *Gespräche mit Seth*. Von der ewigen Gültigkeit der Seele. Ariston, Genf/München 1984 (4. Aufl.).

ROBERTS, JANE: *Das Seth-Material*. Ein Standardwerk esoterischen Wissens. Ariston, Genf/München 1989 (3. Aufl.).

ROSSI, PAOLO ALDO: »Il ritorno degli angeli. Gli astri e i cieli«. In: *Prospettive nel mondo*, Nr. 153, März 1989.

RYZL, MILAN: *Die biblischen Wunder*. Deutungsversuche der Parapsychologie. Ariston, Genf/München 1990 (4. Aufl.).

RUSHDIE, SALMAN: *Die satanischen Verse*. Verlag Artikel 19, Verl 1989.

SANTARELLI, GIUSEPPE: *La Santa Casa di Loreto*. Loreto 1988.

SORGE, J. MARTIN: *Reinkarnation aus neuer Sicht*. Ariston, Genf/München 1990 (3. Aufl.).

SOURCES ORIENTALES: *Génies, Anges et Démons*. Editions du Seuil, Paris 1971.

SPIEGL, ANNI: *Leben und Sterben der Therese Neumann von Konnersreuth*. Miriam, Jestetten 1963.

STEINER, JOHANNES: *Visionen der Therese Neumann*. 2 Bände. Schnell & Steiner, München und Zürich 1977, 1978.

STEINER, RUDOLF: *Die geistigen Wesenheiten in den Himmelskörpern und Naturreichen*. Rudolf Steiner Verlag, Dornach 1984 (Steiner Gesamtausgabe Bd. 136).

STEINER, RUDOLF: *Geistige Hierarchien und ihre Widerspiegelung in der physischen Welt.* Rudolf Steiner Verlag, Dornach 1981 (Steiner Gesamtausgabe Bd. 110).

SWEDENBORG, EMANUEL: *Himmel und Hölle, aufgrund von Gehörtem und Gesehenem beschrieben durch E. S.* Aus dem Lateinischen von Dr. Friedemann Horn. Swedenborg Verlag, Zürich 1977.

THOMAS VON AQUIN: *Die katholische Wahrheit oder Die theologische Summe.* Deutsch von C. M. Schneider. 12 Bde. Regensburg 1886–1892.

VOLBDEN, AMADEUS: *Il protettore invisibile.* Edizioni Mediterranee, Rom 1985.

SACHBÜCHER AKTUELLER ESOTERIK

in Balacron mit Goldprägung und cellophaniertem, farbigem Schutzumschlag

DAS SETH-MATERIAL –
EIN STANDARDWERK ESOTERISCHEN WISSENS
Von Jane Roberts

Das Seth-Material, das erste von Jane Roberts' »Seth-Büchern«, zeigt den Weg auf, den eine Intellektuelle über Ärzte, Psychologen und Parapsychologen bis zur freien Entfaltung ihrer psychischen Gaben und deren Anerkennung ging. R. van Over, Professor für Parapsychologie an der New York University, erklärte: »Seth ist die Trancepersönlichkeit einer zuhöchst ASW-begabten Sensitiven.« Und das US »Library Journal« schrieb: »Seth vermittelt faszinierende Wissenserfahrung und philosophische Erkenntnis … höchst lesenswert.« Dieses Buch ist eine Fundgrube esoterischen Wissens und innerer Erfahrung über Gesundheit und Krankheit, über Bewußtsein, Träume, die Seele, die multidimensionale Persönlichkeit und höherdimensionale Wirklichkeiten. 448 Seiten, geb., ISBN 3-7205-1339-4.

DER SCHLAFENDE PROPHET
PROPHEZEIUNGEN IN TRANCE 1911 BIS 1998
Von Jess Stearn

Über Tausende von Meilen diagnostizierte der »Mann mit den Röntgenaugen« Krankheiten und brachte Kranken gerade dort Genesung, wo der Kunst der Schulmedizin Grenzen gesetzt waren. Unerhört und unfaßbar, wie dieses parapsychische Phänomen geologische, wirtschaftliche und politische Veränderungen aufspürte, die sich erst Jahre nach seinem Tod verwirklichten. Die Konfrontation seiner Prognosen mit wissenschaftlichen und den bereits feststehenden Fakten zeigt, daß die von ihm angekündigten Umwälzungen, soweit sie nicht bereits eingetroffen sind, jederzeit stattfinden können. 301 Seiten, geb., ISBN 3-7205-1041-7.

DIE 17 LEBEN DES EDGAR CAYCE
ABSCHIED UND WIEDERKEHR DES »SCHLAFENDEN PROPHETEN«
Von W. Howard Church

W. Howard Church eröffnet mit seinem Werk eine völlig neue, nämlich geistighistorische Dimension: Er wertet Cayces weitverstreute Aussagen über seine vergangenen und künftigen Leben systematisch aus und entwirft ein faszinierendes Gesamtbild. Sie erfahren nicht nur, welche tief im Unterbewußtsein verankerten Erfahrungen aus früheren Leben Edgar Cayce beeinflußten, sondern erkennen auch in einem Ausblick in die Zukunft Umwälzungen von gewaltigem Ausmaß. 232 Seiten, geb., ISBN 3-7205-1485-4.

ARISTON VERLAG · GENF/MÜNCHEN
CH-1211 GENF 6 · POSTFACH 176 · TEL. 022/786 18 10 · FAX 022/786 18 95
D-81379 MÜNCHEN · BOSCHETSRIEDER STRASSE 12 · TEL. 089/724 10 34

SACHBÜCHER AKTUELLER ESOTERIK

LIEBE IST MEHR ALS EIN GEFÜHL
PARTNERSCHAFT, SEXUALITÄT, SPIRITUALITÄT
Von Safi Nidiaye

Ein neues und von herkömmlichen Vorurteilen befreites Verständnis der Liebe und aller Aspekte der Sexualität vermittelt Safi Nidiaye, die zuhöchst sensitive Autorin. Aufgrund ihres intuitiven Wissens übermittelt sie uns faszinierende Trancebotschaften über Liebe, Freiheit, Heterosexualität, Homosexualität, Promiskuität usw. Die Schranken psychologisch-intellektuellen Denkens und eingewurzelter pseudomoralischer Wertschablonen werden in diesem Buch überschritten, das ein Hohelied auf die Liebe in Freiheit ist und seinen Wert in Ratschlägen hat, damit »jeder Tag ein Fest sein kann«. 240 Seiten, geb., ISBN 2-7205-1621-0.

TAROT DER LIEBE – MIT NEUEN KARTEN FÜR POSITIVE LÖSUNGEN IN PARTNERSCHAFT UND FREUNDSCHAFT
Von Wulfing von Rohr und Gayan S. Winter

Neu an diesem Tarot sind nicht nur die neukreierten schönen Karten, die dem Buch beigefügt sind, sondern auch Thematik und Deutung. Zum erstenmal stehen in einem Tarotbuch Liebe, Partnerschaft, Familie, Freundschaft im Mittelpunkt. Jede Tarotkarte verweist auf eine Chance oder Lösung unter Partnern. Es geht um klare psychologische Zusammenhänge, die für den Alltagsgebrauch Geltung haben. Einfach in der Systematik, aufbauend in der Deutung und leicht auch für jeden Laien erlernbar, kann sich diesen Tarot jedermann zunutze machen. 216 Seiten, 22 Abb. und 23 Tarotkarten, geb., ISBN 3-7205-1553-3.

TANTRA – DIE KUNST DES BEWUSSTEN LIEBENS
Von Charles und Caroline Muir

Was die sexuelle Revolution und »Befreiung« der 60er Jahre nicht gebracht haben, ermöglicht Ihnen altindisches Tantra. Dieses praktische, ansprechend illustrierte Buch der Kunst bewußten Liebens erschließt Ihnen die zeitgemäße »verweltlichte« Anwendung tantrischer Liebeslehren. Sie gelangen durch intensiviertes bewußtes Erleben zu optimalem sexuellem Genuß und erleben mit Ihrem Partner ungeahnte Höhenflüge sowohl körperlicher wie auch seelisch-geistiger Dimension. Dieses subtile Buch einer eher heiklen Thematik eignet sich auch zum Schenken. 200 Seiten, 20 Abb., geb., ISBN 3-7205-1619-9.

DIESE FASZINIERENDEN BÜCHER ERHALTEN SIE IM BUCHHANDEL

Ein umfangreiches, farbiges Bücher-Magazin mit sämtlichen Titeln unseres auf Medizin, angewandte Psychologie und Esoterik spezialisierten Verlagsprogramms können Sie gratis anfordern bei

ARISTON VERLAG · GENF/MÜNCHEN
CH-1211 GENF 6 · POSTFACH 176 · TEL. 022/786 18 10 · FAX 022/786 18 95
D-81379 MÜNCHEN · BOSCHETSRIEDER STRASSE 12 · TEL. 089/724 10 34